立人天地

歌德与拿破仑：一次历史性的会见

【德】古斯塔夫·塞普特（Gustav Seibt）著 ◎ 赵蕾莲 译

GOETHE UND
NAPOLEON
EINE HISTORISCHE
BEGEGNUNG

黑龙江出版集团
黑龙江教育出版社

目 录

第一章

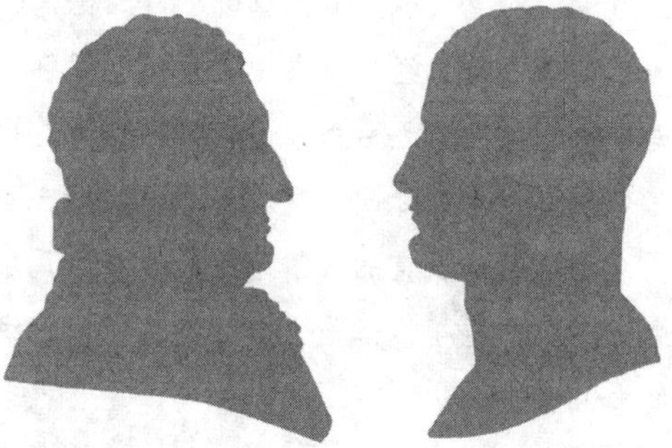

驻守弗劳恩开阔地旁歌德故居的士兵

1806年的魏玛：与拿破仑失之交臂带来严重后果

所有这一切都是拿破仑影响的后果。拿破仑这位革命的继承人和克服者，他把革命出口到德国。1806年10月，即便歌德曾经如本书中所权衡的那样，也还没有与拿破仑像两年之后那样面对面的见面，也没有观察过拿破仑。尽管如此，这次几乎达成的会面成为歌德人生中后果最严重的政治事件，这要比瓦尔米连续炮击的后果严重得多，他当时曾津津乐道地讲述过当时的炮击事件。

歌德两次险些在战争中丧命，然后又险象环生，幸免于难。第一次对他造成致命威胁的就是1792年9月20日下午在瓦尔米（Valmy）①的连续炮击。第二次是1806年10月15日黑夜：普鲁士在抗击拿破仑军队的耶拿（Jena）战役和奥尔施苔特（Auerstedt）②战役中失利，整个萨克森-魏玛-埃森纳赫（Sachsen-Weimar-Eisenach）③公国连同其公爵官邸都面临分崩离析的威胁。

在瓦尔米附近的那次威胁是歌德自找的，当时他是以平民身份陪同公爵卡尔·奥古斯特（Carl August）④，公爵是普鲁士重骑兵的领军人物，参加普鲁士与奥地利结成的联盟军战役中，为的是反对法国。歌德在这些日子里一直在高级军官的圈子中活动，他认为："谁要是参与到一场战争中，完全身处一支被整编的部队里，那么，无论他参与的部队是属于哪一个部门的，他都应该保持坚定，并且不惧怕危险。"⑤ 也就是说，歌德在普鲁士和奥地利联盟军的前头。当联盟军遭遇到法国对手时，一场战役开始打响了。在没留神的瞬间，十几颗子弹从身旁擦过，在他的骑兵连前面落下，子弹在柔软的土地上翻滚着打转，把泥浆溅到马匹和骑兵身上。

然而，歌德冒的风险更大。"我常听说人们对大炮的恐惧心理，我想知道

---

①瓦尔米（Valmy）是法国的一个地名。——译者注

②奥尔施苔特（Auerstedt）是德国中部图林根州的一个村子。——译者注

③萨克森-魏玛-埃森纳赫（Sachsen-Weimar-Eisenach）是德国图林根的几个小国，经1603年、1672年、1680年的划分和1826年的重新划分，萨克森-魏玛-埃森纳赫公国自1877年起名称改为萨克森大公国，占地3610平方公里。——译者注

④卡尔·奥古斯特（Carl August，1758—1815）是萨克森-魏玛-埃森纳赫公爵，截止1775年受母亲监护，1772年起维兰德任其教师。他与歌德的友谊使魏玛成为德国精神生活的中心，在歌德的建议下，他促进科学与艺术的发展，1791年建立了宫廷剧院，并且聘请赫尔德和席勒到魏玛公国。耶拿大学也经历了迅猛发展。他在政治上靠近普鲁士。——译者注

⑤引自《在法国的战役》（*Campagne in Frankreich*），第376~384页。

情况到底如何。”他骑马来到一个刚刚被占领的堡垒外围工事前，在那里俯瞰被打得千疮百孔的屋顶、随处可见成捆的小麦以及在小麦上那些随时都有生命危险的伤员。他观察着屋顶上噼啪作响的炮弹。他独自一人在高处骑马前行："我现在完全置身于军团中，炮弹从那边飞到这里；声音已经够奇妙了，就仿佛这声音是由陀螺的嗡嗡声、水的咕咕声和鸟鸣声共同组成的。"毕竟是被雨水冲刷变软的土地保护了他，使他免遭炮弹反作用力的威胁，免受已发射炮弹回击的危险。（S.8）

歌德在有生之年都无法忘记他此时此刻经历的情况；他反复讲述过这段经历。1806年4月，沙皇亚历山大一世的妹妹，魏玛公国的公主玛丽亚·鲍洛夫娜（Maria Paulowna）[①]记载，歌德描述了人们习惯于称之为"对大炮的恐惧心理"的情况，这位公主在她的法语随笔中写出这个词的德文词Kanonenfieber"对大炮的恐惧心理"：用来"描绘一种通常被称为'对大炮的恐惧心理'的词"（"une description de ce qu'on appelle communément das Kanonenfieber."[②]）。十五年后，歌德在其战地报道《我也在香槟[③]！》（*Auch ich in der Champagne*!）中对此进行了详尽的描绘，这就是我们熟知的《法国的战役》（*Campagne in Frankreich*）这本书。歌德表现出了自然科学家[④]那种训练有素的描绘技巧，他客观地描绘了一个威胁生命的瞬间。

> 人仿佛置身于一个非常炎热的地方，炎热完全渗透开来，以至于人会觉得与他所处的元素完全相同。双眼从未丧失其敏锐，从未丧失明晰；然而，世界却仿佛有一种棕褐色与红色一样，这色彩使得这状况以及各种物

---

①玛丽亚·鲍洛夫娜（Maria Paulowna）是魏玛卡尔·奥古斯特公爵的儿媳、俄国沙皇亚历山大一世的妹妹。——译者注

②《格鲁马赫》第六卷（*Grumach VI.*），第39页。

③香槟（Champagne）是法国东北部历史和文化地区。当地盛产的名酒被冠之以"香槟酒"。——译者注

④歌德不仅是诗人，是作家，而且还是一位出色的自然科学家，他从事色彩学、植物学、骨骼学的研究。作者在此强调歌德作为自然科学家的特点。——译者注

品更让人恐惧害怕。我无法注意到血液的流淌，而我更多地觉得，一切都在那种炽热中被吞噬了一样。此刻，以下情况就由此得到了澄清：人们可以在什么情况下称这种状况为一种恐惧心理。

当时战役还没有打响，傍晚情况证明，法国人顶住了，经受住了考验。歌德显然用回顾的方式记载了这个瞬间，称之为世界历史的一个新时期："你们可以说，你们曾经在场。"然而，他乐于向年轻的女士们讲述他的那次撞大运：他不仅讲给魏玛公主听，还讲给他毕生最后爱恋的女性——年轻的乌尔里克·冯·莱沃佐（Ulrike von Levetzow）听，1822年，歌德把新鲜出炉的《我也在香槟！》赠送给了她。

更值得一提的是，尽管歌德曾经把这两个瞬间——1792年的瓦尔米和1806年的魏玛——彼此联系起来，但是他对第二次亲身经历的战争即耶拿和奥尔施苔特之夜却几乎只字未提。和1792年"对大炮的恐惧心理"（S.9）相比，1806年战事的震撼作用更强，是的，从某种意义上说，这给予这个生命一种新的方向。我们必须根据歌德周围人的陈述重构我们对此了解的一切情况。

耶拿的最后一场战斗在将近16点时进行，持续了几个小时，地点是在魏玛东部出口处，在伊尔姆（Ilm）河岸的一片小树林"魏比希特"（Webicht）中。在这场战斗之后，普鲁士人才穿过城市，朝埃尔福特方向撤退。从大约17点30分开始，法国军队开始追击普鲁士人。歌德日记中记载了外在的进程，只是篇幅少得可怜："普鲁士人溃逃（Deroute）①。傍晚5点，炮弹穿过屋顶。傍晚6点30分时，法国猎手们（Chasseur）②进入城市。傍晚7点，失火，抢劫，可怕的夜晚。我们的房子因为坚固和幸运得以保存下来。"③

乐于写作的魏玛人不断向四面八方寄送如倾盆大雨般的信件，因此魏玛给

①这是法语。——译者注
②这是法语，指法国"士兵"。——译者注
③1806年10月14日歌德日记，第263页。

后世留下了许多对那个伴随抢掠和暴行的“可怕的夜晚”更为详尽的描述。我们可以读到，法国士兵用锤子敲打房门，撬开门锁，砸碎家具，抢劫贵重物品，（S.10）清空储藏室，纵火，人们会遇到生命危险：野蛮的歌唱和虐待以及他们的强奸行为。然而，公爵官邸城市有教养的社交圈子是秉承世界主义的，并且足够无拘无束，为了赞誉法国占领者，特别是绝大多数无可厚非的军官阶层具体的行为和骑士风度（Courtoisie）①这些例子。这种体验的范围是很大的。克里斯多夫·马丁·维兰德（Christoph Martin Wieland）②不仅报道，他在73岁高龄时平生第一次亲眼目睹战争，却“完全安然无恙”，而那些朝他走去的“轻骑兵和猎手一看到我就变得像羊羔一样温顺”，他们凑合着喝了一打半葡萄酒；还有，“在7、8点钟时，响应缪拉亲王（Murat）③的命令，一个士兵（Gensd’arme）④充当护卫（Sauve Garde）⑤来到我家里，过了一会儿，帝国元帅内伊（Ney）⑥亲自登门，他以上面提及的王子的名义向我宣告，我直接处于皇家保护之下，他肯定跟我说了我这辈子听到的最有约束力和最谄媚的话。”⑦ 在此，维兰德作为一位法国人熟知的、与法国人友好的著名作家⑧受到保护，使他免遭所有灾祸。

在当时多种多样局面的另一端有类似于歌德的大舅哥克里斯蒂安·奥古斯特·乌尔普尤斯（Christian August Vulpius）遭遇的情况：这位作家、图书馆员年轻的妻子被强奸了。还有歌德的法兰克福同乡和朋友，画家格奥尔格·迈尔修

---

①这是法语。——译者注

②克里斯多夫·马丁·维兰德（Christoph Martin Wieland，1733-1813）是德国著名作家，其小说《阿伽通的故事》是德国第一部教育小说，他出版的杂志《德国通讯》非常成功。其作品全集是洛可可风格最纯粹的代表。他曾任魏玛卡尔·奥古斯特公爵的老师。他的儿子路德维希·维兰德是克莱斯特的朋友。——译者注

③缪拉（Murat，1767-1815）是法军杰出的骑兵统帅，拿破仑麾下的著名元帅之一，那不勒斯国王，1800年娶了拿破仑最小的妹妹卡洛琳娜。——译者注

④这是法语。——译者注

⑤这是法语。——译者注

⑥内伊（Ney）即米歇尔·内伊（Michel Ney，1769-1815）自1804年起是拿破仑手下最著名的元帅之一，骁勇善战的传奇式英雄。——译者注

⑦《维兰德书信》（*Wielands Briefwechsel*），1月17日，第143页。

⑧维兰德是德国启蒙时期作家，赞同法国启蒙思想。——译者注

尔·克劳斯（Georg Melchior Kraus）的悲剧性命运。这位年已古稀的老人负责王侯自由绘画研究所，在研究所里，主要是贵族和市民出身的女士练习版画艺术。在10月14日夜里，克劳斯成了法军士兵抢劫行径的牺牲品。他不得不交出他拥有的一切，当他再也拿不出任何葡萄酒时，士兵们不仅虐待他的肉体，还摧毁了他用金丝和银丝编织的绘画。他的房子被大火吞噬。这位无家可归的老人先是逃到宫殿里，继而又逃到他的出版商朋友贝尔图赫（Bertuch）的家里。遭受虐待的结果是，克劳斯患上最严重的疾病，他于11月5日离世，也就是在那个恐怖的夜晚过去三周之后。他的葬礼是歌德晚年参加的唯一一次葬礼。（S.11）

这种事情也是会发生的，但是，假如我们把目光从个别的案例移开，转而抬眼看看整体形势，那么，我们不得不断言，魏玛还算是幸运的，尤其在与损失惨重的耶拿形成鲜明对照时。一个由四万多名士兵组成的军队连同它的辎重部队，一起进驻魏玛公国这个拥有七千居民的官邸城市。男人们筋疲力尽，并且被刚过去的那场战役折磨得暴躁易怒，他们主要是忍饥挨饿，口渴难耐。拿破仑的军队不习惯于采用增援部队，而擅长漫长的战线，通过征调穿越地区的人员来补充兵力。魏玛公国此时不仅是战争场所，而且还是法军敌人普鲁士的两个德国同盟者之一——另一个同盟者是布劳恩施魏格（Braunschweig），即联盟军总司令的国家。因此，魏玛无法指望得到宽恕，也无法指望免于战争蹂躏。在宫殿附近，有五处楼房被点燃，一股笔直的烟柱直冲云霄，这股烟柱向分散在各处的部队指明了它们的集合地点。人们以为，这座城市在四个角落着火了，十分恐惧。然而，正如约翰娜·叔本华（Johanna Schopenhauer）[①]所描写的那样："人们想要摧毁可怜的魏玛，但是，上帝是有恻隐之心的。"[②] 老天行善：这一天没有刮风，太阳美妙而清晰地落山于埃尔福特之后，火势没有蔓

①约翰娜·叔本华（Johanna Schopenhauer，1766–1838）是作家，哲学家叔本华的母亲。她于1806年迁居魏玛，在那儿举办了一个很有影响的文学沙龙，歌德喜欢拜访该沙龙。——译者注

②这是约翰娜·叔本华10月19日致信儿子阿尔图尔·叔本华时写的。参见克贝尔：《解放战争时期的魏玛》（Kebbel:*Weimar in der Zeit der Befreiungskriege*），第20页。

延，神奇的是，没有任何火星溅到堆放在街道的炸药上，甚至这些普鲁士撤军时留下的弹药桶中有一部分炸药是敞开着零散堆放的。

魏玛这座小城逃过了一劫。虽然官方记载，抢劫10月16日才停止，然而，损失是可以纵观把控的。除了弗维尔克胡同的五座庄园被烧毁以外，完全被洗劫一空、被疯狂毁坏或者被烧毁的房子似乎不超过两打——然而其中就有冯·施泰因夫人家的房子。一位城市历史学家这样用数字统计了最大的财产损失：

> 在一个白天和两个黑夜之内，该城居民除了已经损失139851帝国塔勒现金以外，还减少了3242头成群放养的牲畜和专门供屠宰用的牲畜，其中马匹就多达109匹。6846魏玛舍菲尔（Scheffel）[①]粮食，9286公担[②]做饲料用的干草，339个茅草屋里的茅草，40836升葡萄酒，25779升啤酒，8605升白兰地，总共价值为56840塔勒的衣物，价值为21432塔勒的银质物品，价值为11250塔勒的家具，价值为69403塔勒的日用品和供销售用的布匹。[③]

对于魏玛公国而言，首先是棘手的政治时期。“在此期间我们真想成为魏玛与埃森纳赫的公爵。”这句话应该是这个国家的统治者暨歌德的朋友（S.12）卡尔·奥古斯特在普鲁士失败之后撤退时坐在一面鼓上说的[④]。尽管这位公爵针对柏林的政治和普鲁士国王弗里德里希·威廉三世（Friedrich Wilhelm III.）多次表达过怀疑性的评价，但他还是在战争开始之前与魏玛传统的霸主普鲁士结成了联盟，这样，魏玛公国组成了一支700人的部队。但是，卡尔·奥古斯特主要作为指挥官在普鲁士的军队里发挥重要的作用；他率领先头部队，本来应该穿越图

①舍菲尔（Scheffel）是一种旧的粮食容量单位，相当于50–222升。——译者注

②公担（Zentner）在德国为50公斤。——译者注

③克贝尔：《在解放战争中的魏玛》（Kebbel，*Weimar in der Zeit der Befreiungskriege*），第26页。

④提姆勒：《卡尔·奥古斯特》（Tümmler，*Carl August*），第159页。

林根森林，迎着法国人向法兰克推进。当这项计划因拿破仑的神速而失败时，卡尔·奥古斯特成功地率领一个分遣队跨过易北河撤退到北部，并且没有任何伤亡，（S.13）这样就脱离了毫无衔接的混乱，并且脱离了剩余普鲁士战士的大规模逃亡。这个成功案例没能逃过拿破仑那敏锐的目光。拿破仑早在耶拿和奥尔施苔特就认为这些将军碌碌无为，但拿破仑在此看到一个显得比其余的普鲁士将军更有能力的敌人。这位卡尔·奥古斯特还比其他图林根的统治者们更勇敢，那些统治者们只知道小心谨慎而巧妙地避开困难，脱离战争。

然而，魏玛王室手上还有一张拿破仑皇帝不能否认的王牌：魏玛王储卡尔·弗里德里希（Carl Friedrich）1804年与俄国沙皇的一个妹妹大亲王玛丽亚·鲍洛夫娜结为伉俪。我们上文已经了解到，她是歌德讲述战争经历的听众。拿破仑不得不考虑提防沙皇亚历山大一世，他于1805年与奥地利结成同盟，在奥斯特里茨战役中也是法国的对手，现在沙皇又与普鲁士联盟，而迄今沙皇还没有被法国人打败过。拿破仑大概当时就在思忖着，要把沙皇亚历山大一世拉到自己的一边。在这种情况下，太强硬地对待魏玛公爵这样一位与俄国沙皇有如此亲近的亲戚关系的王侯，就成了禁忌。法国的政策从总体上看显示这样一种趋势：把普鲁士同它的萨克森邻居分开，然后着力煽动萨克森人内心根深蒂固的反普鲁士的仇恨情绪，事实证明，法国的这个政策是成功的。

否则，魏玛公国的命运大概就真的会像卡尔·奥古斯特一段时间以来所预料的那样，而且就像布劳恩施魏格公国实际上遭遇到的那样。倘若如此，魏玛公国也绝不会成为那时德国唯一没有从版图上消失的侏儒国。然而，在输掉战役的那个瞬间是极其有威胁性的。一国之君正处于境外，向北行军，因此无法联系上他。魏玛公爵的母亲安娜·阿玛丽娅（Anna Amalia）于10月14日仓皇离开王宫。魏玛公国的王子们正在普鲁士的军队中效力。这样，只有公爵夫人露易丝（Luise），即卡尔·奥古斯特的妻子，在代表合法当局。在公国最高的顾问当局即“枢密小组”（Geheimes Consilium）的支持下，该枢密小组由克里斯蒂安·高特洛普·沃伊格特（Christian Gottlob Voigt）和威廉·恩斯特·冯·沃尔措根（Wilhelm Ernst von Wolzogen）阁下以及真正的枢密顾问（Geheimer Rat）约翰·沃尔夫冈·冯·歌德（Johann Wolfgang von Goethe）阁下组成。歌德这时候主要负责文化事务，（S.14）比如领导宫廷剧院和图书馆，还有负责耶拿大学的运作，管理大学的科学陈列室，但他是不受拘束的，他与同事和亲近的朋友沃伊格特的往来书信说明了这一点，歌德还对魏玛公国的其他政治问题了如指掌；当然，在这样一个紧要关头，公爵夫人迫切指望歌德谏言献策。

首先是公爵夫人露易丝发挥了重要作用。不久前在歌德的领导下重建的魏玛宫殿成了寻求帮助者的逃亡堡垒，其中就有夏洛特·冯·席勒（Charlotte von Schiller）和冯·施泰因夫人。这时，公爵夫人恳请已经到达魏玛的法国将军拉普和缪拉，停止抢劫，然而，公爵夫人的恳请是徒劳的，因为，让仁慈惠及公国，这是皇帝的特权，他们没有这个权力。

拿破仑，法国所向披靡的皇帝，于10月15日光临魏玛宫殿。国家历史撰写者长期以来为当天和翌日在他与公爵夫人之间进行的一些情景感到高兴。在此人们发现了一个例子，她临危不惧，维护女性尊严，这个例子使人们回忆起与公爵夫人露易丝同名的人，普鲁士的露易丝。据历史记载，魏玛公爵夫人露易丝庄重威严而镇定地会见了凯旋者拿破仑，这是男人几乎都做不到的。她自己偏爱用法语记录这个瞬间，在致信她的哥哥时，她说，拿破仑皇帝起初对她“非常不礼貌”（très-impoliment）[①]。另外一个目击证人报道说，拿破仑只是冲着在台阶上恭候他的公爵夫人大喊一句：“我为您感到遗憾，夫人”（Je vous plains，Madame）[②]，然后又补充道，“我将摧毁您的夫君”（J'écraserai votre mari）[③]。说完他就把公爵夫人冷落在一旁，径直回到他的房间里[④]。

第二天早晨，还有在10月16日晚第二次会晤时，拿破仑皇帝仍然显得倨傲

①这是法语。——译者注

②这是法语。——译者注

③这是法语。——译者注

④巴雅诺夫斯基：《露易丝》（Bajanowski，*Louise*），第287、288页。

无礼，然而他做好了谈话的准备。事实上，露易丝的确没有被吓倒，而面对拿破仑对她丈夫冗长的责备，露易丝回敬道，魏玛传统上就有与普鲁士的联盟关系，她还指出，皇帝也必须尊重士兵的荣誉。拿破仑如此絮叨地进行威胁，这让人们推测，他大概从一开始就另有打算，而不是消灭魏玛。（S.15）

他甚至开始亲自骑士般地向坚强勇敢的公爵夫人献殷勤，后来，他抓住每个机会重复这种殷勤。最重要的是，他要求，卡尔·奥古斯特立刻出现在他面前，还有，魏玛公国马上脱离与普鲁士的联盟。这两点要求都无法不顾忌当时的情况，因为无法与公爵取得联系，人们甚至不清楚公爵停留在什么地方。这样就开始了临时的魏玛国家领导机构——现在叫作“行政管理委员会”（Conseil administratif）[①]——一个关于魏玛公国生存的中枢机构，这个领导机构刚好存在两个月，一直到1806年12月15日和16日，双方在波森（Posen）签署和约，魏玛被作为“主权国家”纳入由拿破仑领导的莱茵联盟（Rheinbund）[②]中，该机构才得以取缔。拿破仑皇帝进行威胁，偶尔还大呼小叫，而相反，他周围的人，尤其外长塔列朗（Talleyrand）[③]则进行劝慰和安抚。虽然卡尔·奥古斯特立即被弗里德里希·威廉三世开除普鲁士的联盟（S.16），此举通过普鲁士国王于10月21日从马格德堡（Magdeburg）[④]以及10月24日从居斯特林（Küstrin）发出的信函正式完成，但是，公爵也善于躲避所有其他要求，眼下则一再通过拖延时间来躲避最终与拿破仑的亲自会晤。公爵这一招不仅把魏玛公国的大臣沃伊格特和歌德推向绝望的境地，而且还使年轻的代办弗里德里希·冯·米勒（Friedrich von Müller）——后来的“米勒首相”、歌德的一位亲

①这是法语。——译者注

②莱茵联盟（Rheinbund）是1806年7月12日成立的联盟，由16个南德和西德的诸侯国组成，旨在保障法国对中欧的影响。——译者注

③塔列朗（Charles-Mauricede Talleyrand，1754-1838）是法国政治家和外交家，以善于保全自己政治生命著称，在法国大革命时期、拿破仑时期、波旁王朝复辟时期和路易-菲利普时期均任高官。1802年帮助拿破仑成为“终身执政”。他参与将波旁亲王当甘公爵绑架至巴黎处死，事后销毁罪证。使拿破仑权力得以巩固。1804年被任命为宫廷侍卫长，1806年成为贝尼文托亲王和公爵。——译者注

④马格德堡（Magdeburg）是德国萨克森-安哈尔特州首府。——译者注

密的朋友——陷入绝望，他不得不尾随从一个胜利迅速冲向另一个胜利的拿破仑皇帝，匆忙赶往波兰境内深处的腹地，就是为了能够继续和约谈判，而米勒生动地描述了他对拿破仑皇帝的拜谒，这些栩栩如生的描绘一再使魏玛公国的领导层在恐惧和希望之间浮游不定。

卡尔·奥古斯特和稍后的王储面对来自沃伊格特和歌德的催促并没有马上跳起来，以便在捷报频传的皇帝拿破仑那里充当提出请求的人，这一点至少显示了一种敏感的等级意识。11月30日，公爵才到柏林造访法国外长塔利朗。而在岁末年初时，在法国重新承认他为主权王侯几个星期之后，公爵才回到他的国家魏玛公国。但是，卡尔·奥古斯特迟疑不决，他不愿意让人们在魏玛看到其特别歇斯底里的情绪，这种举止是否也表现出其政治上的远见呢？12月5日，他从柏林写信给他的枢密小组："我们夹在法国和俄国之间的处境是非常尴尬的。""我们绝不可以胆大妄为到把与后者的关系完全弄僵！"[①] 对于后来必要的改弦更张，那也只能是无奈之举，因为人们看得出来，公爵经过艰难抉择之后才加入到拿破仑的联盟体系中。

11月9日，沃伊格特给米勒公使写信说："承认我们的政治存在，这对于我们而言是种了不起的事。"这种政治生存首先是得到了拯救，然而，其代价如此巨大，以至于人们开始感到震惊。作为莱茵联盟的成员和拿破仑实际的附庸，魏玛不得不提供800人的部队配额，不仅到1808年春就要准备好供几乎8万名士兵宿营的住处和2.2万匹马，魏玛还被迫承担220万法郎的军税，据推测，这相当于魏玛公国全年的收入额。（S.17）

法国就以这些军税支付其巨额的军费开支——普鲁士在蒂尔西特（Tilsit）条约[②]中甚至被强加了更重的负担，同时，法国手中掌握着一个向战

①PB2，第500号，第384页。（参见书后注释，下同）

②蒂尔西特（Tilsit）条约（1807年7月7日至9日）：蒂尔西特（Tilsit）原来是普鲁士北部一个地方，现在是俄罗斯苏维埃茨克。拿破仑在耶拿、奥尔施塔特一级弗里德兰打败俄国后，1807年7月7日至9日，法国分别与俄国和普鲁士在此签署蒂尔西特条约。该条约为拿破仑的盟友萨克森国王创立一个新的华沙大公国，在德意志北部设立威斯特法伦王国，从而确立了拿破仑在中欧和西欧的霸权。——译者注

败国持续施压的把柄，这些战败国一再请求延期付款和减少付款，但最后都是徒劳。枢密顾问沃伊格特在12月14日痛心疾首地总结道："这种仿佛一道亮光一样被吹灭的富裕使得如此长久地帮助公国为富裕而工作的祖国的朋友①感到非常难过。"②

歌德肯定积极地参与了所有这一切。尽管他早就已经从更机密的日常政治活动中隐退，但他毕竟始终属于公爵周围最密切的领导圈子。此外，他与魏玛公国这个小国家有三十年的交往，因此，威胁这个小国家的生存也直接牵动他的心。歌德的绝大部分生活费有赖于魏玛公国，而且，他作为作家和学者的身份也依赖于魏玛公国的认可：这个国家的精神基础设施早就已经为他的需求而设置，（S.18）这些精神的基础设施包括图书馆、科学陈列馆、大学和剧院。人们经常谈论，作为一个作家，歌德实现了一种贵族和市民的和解；或许称他生活于其中的状态为共栖更精确，即宫廷与学术生涯的共栖。为此，魏玛及其宫廷支持这种审美，歌德在这里可以找到文学创作（还有通俗科学的报告）的诱因、舞台和读者，此外还有找到更为广泛的机会去制定艺术政策。相反，在耶拿，歌德作为自然科学研究者和语文学家也找到了合适的场所，在这里，他可以使自己免除社会义务，他可以与朋友和同事辩论，进行昂贵的实验，作为科学政治家在现场，作为批评家在《耶拿文学汇报》（*Jenaische Allgemeine Literatur-Zeitung*）上撰文影响整个德国的精神生活。

这种长年以来围绕歌德生长起来的文化体系在耶拿和奥尔施苔特战役爆发几周内就受到如此威胁，这在此前和此后都从未有过。歌德的日记、书信和在老年时撰写的《日报和年报》（*Tag-und Jahreswechsel*）中都回顾了歌德的一种关切，这种关切可以跟踪到具体哪一天，甚至个别情况下可以跟踪到哪一个小时。"晚上到公爵家。由于他不在期间的一些担忧。""到公爵家

①沃伊格特在此是指他自己。——译者注

②盖格尔：《旧魏玛》（Geiger，*Alt-Weimar*），第115页。

告别。”“由于时局状况到枢密顾问沃伊格特家里。”“中午到尼德洛斯拉（Niederroßla）司令部找公爵。”这些是歌德在9月16日至24日写的日记要点。在二十年之后，歌德在《日报和年报》中撰文写到与沃伊格特进行的“忧心忡忡的商谈”以及“在尼德洛斯拉司令部里与我的公爵进行言简意赅的商谈”[①]。歌德当时似乎并非很有信心。在耶拿战役前四天，歌德写了一首题为《战争之歌》（*Kriegslied*）的诗，其中有一个诗句“我没有抱任何希望”，据说，甚至维兰德都因为这句诗而生他的气[②]。在前一天傍晚，歌德散步来到普鲁士人的军营，在这里，成片的混乱局面让歌德感到心情压抑。沃伊格特也持悲观论。10月4日他就给歌德写信说：“最好的将军说，这仅仅是幸运，一切都建立在幸运基础上，而且一切都被幸运盘算。可是，难道迄今为止幸运不总是在惠顾对立的那一面吗？”他思忖着：“可这不仅仅是幸运；法国人打仗如此精通战术，就像一个优秀的棋手在棋盘上应付裕如一样，而我们是新手，还是多个人参与。”[③]（S.19）

在这种背景下，这种怀疑不足为奇，歌德完全持怀疑态度地看待他的公爵参与战争。那么，歌德日记中“言简意赅的商谈”应该是什么意思呢？“言简意赅的”，这听起来有“明确的”和“孕育不幸的”两层意思。

在耶拿战役之前那一周里，歌德还与普鲁士军队领导层过从甚密，歌德几乎每天在宴会桌上看到他们。10月2日，歌德不得不把他在宫殿里使用过的房间腾出来，给王侯霍恩洛厄（Hohenlohe）使用。耶拿战役之后，拿破仑又住进了歌德的房间。普鲁士军官弗里德里希·路德维希·奥古斯特·冯·戴尔·玛尔维茨（Friedrich Ludwig August von der Marwitz）在他的回忆录中描绘了歌德阁下的形象：阁下非常热心，“根本看不出学者和诗人的气度，只让

①这些史实见证的话被非常广泛地汇编到格鲁马赫（Grumach）主编的第六部分中，第136～138页，此外，这些见证的话还见于歌德日记历史批评版的评论中。

②格鲁马赫（Grumach）第六部分，第148页；法尔克（Falk）描绘的1806年10月10日战事。

③《歌德与沃伊格特通信》，第三卷，第147号，第132页。

人看出他作为大臣的姿态。他仅仅身穿专门出入宫廷穿的衣服，衣着极其考究华丽。他脸上扑粉，戴一个束发带，身穿刺绣的宫廷服装和一件马甲，下身着黑色真丝的长裤，脚穿白色真丝长袜，腰佩一把时髦的剑，胳膊下手托着一顶丝绒的小三角形帽子，而不是礼帽”。接下来就是那句充满等级意识的话，（S.20）它后来激怒了冯塔纳，“他是一位伟大的、英俊的男人，他懂得等级的尊严，有自然的、自由的体面，尽管这自然的、自由的体面并不是一位贵族男人所拥有的。”①

在此期间，歌德还不得不保护当时在普鲁士司令部工作的玛森巴赫（Massenbach）上校，避免他干这种蠢事：出版一个反对拿破仑的宣传小册子。歌德的这种谨慎有十分充足的理由：就在几个星期之前，拿破仑在巴伐利亚下令让部下枪毙了出版社书商帕尔姆（Palm），这位书商传播了一个匿名的作者写的极端敌视法国人的宣传小册子《德国处于至深的侮辱中》（*Deutschland in seiner tiefsten Erniedrigung*）。玛森巴赫后来向魏玛公国的枢密顾问歌德表达了谢意，感谢歌德对他的制止。歌德厌倦了毫不间断的政治辩论，傍晚，按照他的方式，歌德到与他交好的出版商弗洛曼（Frommann）家里通过科学的谈话和绘画使自己平静下来。以下这个情况也证明了，歌德不愿意被政治压倒：作为魏玛宫廷剧院的负责人，在10月13日傍晚还让人上演一个喜剧《竖琴姑娘范松》（*Fancon，das Leiermädchen*），而当时空了一半的剧院里只有一些普鲁士军官，此举引起了演员的不满。自从1805年到1806年冬天以来，歌德的家里早就有普鲁士军官驻扎。

在耶拿战役后的那个夜里，政治的忧虑上升到精神的威胁。歌德本人从来没有用言语表达过这种忧虑和威胁感——“可怕的”是他的日记体现的最强烈的表达——然而，歌德身边的工作人员弗里德里希·威廉·里莫尔（Friedrich Wilhelm Riemer）在他1841年出版的《关于歌德的报道》（*Mitteilungen über*

①格鲁马赫（Grumach）第六部分，第142页。

Goethe）中非常翔实而可信地描绘了这些过程，里莫尔当时是歌德的儿子奥古斯特的家庭教师，与歌德家人同住在弗劳恩开阔地旁的房子里。这份报道之所以是可信的，是因为他精确地透露了：他对歌德家的结构地形非常熟悉，而且因为他作为一个合格的见证者，将自己亲眼所见之事与道听途说的事区分开来。一个细节大概可以直观形象地说明这一点：普鲁士人在歌德家花园后墙撤退时，也就是在比人还高的所谓的"农田墙"后撤退时，里莫尔解释说："我看不见他们，而是只听到叫喊声，并且发觉步枪枪尖的碰撞声和其他武器被从花园墙上递出去的声音。"① 我们应该可以相信这样一位描写如此细致入微的人。

我在此没有必要事无巨细地重复里莫尔已经刊印的冗长讲述，也不至于用魏玛的谣言、流言蜚语和添枝加叶的说法去抹平里莫尔的讲述。关键的事实是：歌德和里莫尔在歌德家附近的弗劳恩城门处用葡萄酒和啤酒款待了第一批法国轻骑兵，并且向他们保证，普鲁士人已经走了——这是一个重要的信息，这样可以避免作战行动。后来人们清楚的是，歌德趁这个机会碰到了一个未曾谋面的熟人，他就是歌德年轻时在法兰克福的恋人丽丽·雪纳曼（Lili Schönemann）的儿子，她后来嫁给了提尔克海姆（Türkheim），她的儿子此时成了一名法国军官。歌德跟他一起走到宫殿。歌德在宫殿让人通报家人，他们要安排元帅连同一些骑兵的住宿——这可谓一个明智之举，这肯定是歌德自己想出来的措施，这确保歌德的家受到保护，不会遭到暴力行为的损毁。当抢劫和大火在魏玛这座城市开始肆虐时，在歌德位于弗劳恩开阔地附近的庄园后屋里，围绕家庭主妇克里斯蒂安娜·乌尔普尤斯（Christiane Vulpius）聚集在一起的不仅是歌德的家人和下人，而且还有来自周边邻里各种各样逃过来寻求帮助的人。但是，前排俯瞰弗劳恩开阔地的房间都留给了被等待的客人们；人们为元帅及其身边亲近的人（Entorage）②把饭菜摆放到餐桌上。

---

①读者现在可以很轻松惬意地在格鲁马赫（Grumach）第六部分看到里莫尔的这份报道，第150～154页。

②这是法语。——译者注

里莫尔的描述中很重要的是，眼前呈现出歌德所住房子的轮廓。这座房子通过一个内设庭院分为前排代表性的区域和后面私人的、留给工作用的区域。前面楼下是佣人房间和楼梯间，在二层楼上有黄色的大厅、朱诺房间（Juno-Zimmer）①和乌尔比诺房间（Urbino-Zimmer）②。后面是克里斯蒂安娜的房间、厨房、歌德的卧室、他的书房和他写作用的房间。

歌德不久就从宫殿回到家里，可是，内伊元帅让人左等右等都不回，他在接下来的几个小时内也没有回家；在这中间前面的佣人间里住着16个阿尔萨斯的士兵。里莫尔在前排的房子旁放哨，等待着内伊元帅的归来；而歌德回到后屋休息了。里莫尔亲身经历的事发生在房子的前面部分。黑夜只有从"远处点灯的房子那高高跳跃的火苗得到必要的光亮"，在夜阑人静的深夜，（S.22）两个法国狙击手（Tirailleur）③，也就是说，两个荷枪实弹的步兵猛砸门，希望进门。第一次人们把他们赶走了，人们提到正在等内伊元帅，并且告诉他们，已经有士兵住在这里。但当他们再次返回并且以把门打破相威胁时，里莫尔让他们进来，给他们拿来葡萄酒和食物，这使他们情绪如此高昂，以至于他们当时就要求见房子的主人。里莫尔匆忙朝后走，为了去找歌德，希望歌德以他的身份地位使这两个士兵息事宁人，别再折腾了。

里莫尔这样写道：

> 他也这样做了，没有感到震惊，或者似乎没有感到震惊……尽管歌德已经脱去外衣，只穿着宽松的睡衣——他一般戏谑地称这睡衣为先知的大

① 朱诺（Juno）是古希腊神话中主神朱庇特的妻子。1823年，柏林的克里斯多夫·弗里德里希·路德维希·舒尔茨赠送歌德朱诺塑像，该塑像放在魏玛歌德故居二层楼的一个房间里，该房间以朱诺的名字命名，当作会客厅和音乐沙龙使用。朱诺的大理石头部塑像高1.14米，在罗马被发现，1622年进入鲁多维希（Ludovisi）的收藏品中，因此该塑像又被称为鲁多维希的朱诺。——译者注

② 乌尔比诺（Urbino）是意大利一座城市，保留文艺复兴时期一座官邸城市的特征。在魏玛的歌德故居中有一个房间充当会客厅，蓝色的墙壁上悬挂着许多画像和铜版画，其中乌尔比诺公爵（他生活在15世纪意大利）的画像最大，因此该房间被命名为乌尔比诺房间。——译者注

③ 这是法语。——译者注

衣——他走下楼梯，问他们想让他做什么，他们是否能够用公平合理的方式得到所有他们要求的东西，因为这座房子已经有士兵驻扎了，还在等待有随行人员的元帅。他威严的、引起畏惧的形象，他那有修养的表情似乎引起了他们的尊重，他们突然变成了彬彬有礼的法国人，他们斟满葡萄酒，然后恳请歌德与他们碰杯。

歌德又可以抽身回屋了，这两个士兵继续喝酒，后来犯了困，但因为他们不甘心只住在门厅里，就走上楼梯，占上了为内伊元帅准备的床。当内伊元帅在10月15日清晨天刚破晓之后终于出现并且了解到夜间发生的事时，他怒不可遏地冲上楼梯，用“刀刃把这两个家伙从床上赶走，他们没能匆忙地离开房间和这座房子。我还看见他们慌慌张张地走过去。”里莫尔这样写道，“我当时还不无担忧，担心他们会顺手牵羊地拿走银制的餐具和类似的宝贝。”

如此过分，如此格外让人不爽。然而，当内伊元帅早晨驻扎进来，派一个卫兵站到房前，以此维持秩序和安静之后，里莫尔才了解到更糟糕的情况。里莫尔和住在房子里的人交谈时，听人们说“这两个偷农作物的人（Maraudeurs）[①]已经跑到房主歌德的房间里，威胁他的生命，而我以为他们还睡在床上。这时，歌德的妻子朝着一个冲进房子的人大喊救命，这个人把歌德从那两个疯子手中解救出来，把那两个人轰走，把他的房间和前屋的门都锁好，闩上。”（S.23）里莫尔在这里中断，然后补充道：“我对歌德遇到的危险着实震惊不小，他曾在我不知情的情况下面临着生命危险，但歌德自己却从来没有发觉这一点。”

在歌德的家里发生了这样戏剧化的事情，这件事在乐于八卦的魏玛当然很快就传开了，例如，丹麦人考厄（J.H.C.Koes），亚当·奥伊伦施莱格尔（Adam Oehlenschläger）的朋友当时正在魏玛做客，他在10月16日的日记中就

①这是法语。这里用“偷农作物的人”比喻偷偷闯入元帅房间睡觉的人。——译者注

写道："两个偷偷闯入元帅房间睡觉的士兵在醒来后闯入了歌德房间，他们把刺刀抵到他的胸前。"[①] 各种各样添枝加叶的说法流传开来：人们传说，歌德的女人克里斯蒂安娜扑到歌德的前面，以此救了他一命，她马上给要行凶的两个人几个银制的烛台。歌德日记中记载了在他家出入的法国将军的名字——拉纳（Lannes）[②]、维克多（Victor）、奥热罗（Augereau）[③]，这些日记记载也流露出，这个瞬间是紧张的：10月15日"忙于房子的保卫措施"。10月16日："在（拉纳和奥热罗之间）的安全空隙中是最大的担忧。做安保的努力。"不言而喻的是，这些大牌的战争将军不是单独来的，在一夜之间，歌德的房子不得不为四十个人准备床位。但然后局面就平静下来，歌德与法国的官员进行彬彬有礼的但政治上有效的沟通，这些官员有临时城防司令丹策尔（Dentzel），还有歌德在1790年就在威尼斯结识的、四处周游的艺术专员多米尼克·维旺·德农（Dominique Vivant Denon）[④]。德农抢掠战败德国的艺术品收藏，从而筹备在建中的巴黎拿破仑博物馆。但是，他在魏玛找不到什么可以带走的艺术品。歌德为耶拿的自然科学陈列室求情，说好话。在星期四的晚上，也就是10月16日晚上，歌德得以认为自己得救了并且是安全的。他在日记中写道："亲力亲为地关心一些军人。"第二天，一封对于歌德而言起安抚平静作用的保护信寄达，这封信是城防司令丹策尔写的，他了解当时的状况，因为丹策尔曾在耶拿大学读书。法国占领军继续礼貌地对待歌德这位著名的诗人。德农让歌德和维兰德绘制勋章的外形轮廓，以便差人照此制作勋章，而且这是在战役后的一个星期！歌德在10月20日致信艺术鉴定专家迈耶尔（Meyer）说：（S.24）"我们的征服者至少注意一些人就算好的了，不能总是用平均主义的眼光看待整体。"歌德从他那个角度同样让文学家约翰内斯·丹尼尔·法尔克（Johannes Daniel

①格鲁马赫（Grumach）第六部分，第155页。

②让·拉纳（Lannes，Jean，1769–1809）是法国将军、第一帝国元帅。——译者注

③奥热罗（Augereau，Pierre François Charles，1757–1816）是法国陆军军官。——译者注

④多米尼克·维旺·德农（Dominique Vivant Denon，1747–1825）是法国艺术家和考古学家。——译者注

Falk）的德语爱国杂志禁止“仙境乐土[①]和塔塔罗斯[②]”，正如他在战役前劝阻玛森巴赫出版其充满激情的、会引火烧身的著作一样：“麻烦事已经够多了，这样一个蠢货只能徒增麻烦。”[③]

歌德对于10月14日那天夜里发生的事情倍感折磨，他这一辈子都持续淡化它，我们真可以说，歌德对那时发生的事情避而不谈，保持缄默。与瓦尔米发生的对大炮的恐惧不同，那时他可是对胆量的一种阐述，而这次的局面简直就是一种屈辱。“我们活了下来！真是奇迹，我们的房子免于抢掠和大火的侵袭。执政的公爵夫人和我们一起度过了最可怕的几个小时，我们要感激她，使我们对未来的幸运心存一些希望，现在，宫殿得以保存完好，这一点也要归功于她。皇帝于10月16日抵达。”这是歌德发给负责外交接待的尼考拉斯·迈耶尔或者出版商哥塔（Cotta）的公报，这种公报通常包含这句话：“奇怪的是，这些不幸的时日被最美丽的阳光陪伴着，照耀着。”[④]在写给哥塔的那封信中，歌德用寥寥几行字勾勒出他所看到的作家歌德面对的新局面：“在那个不幸的夜晚，我的手稿是我最大的担忧，而且这种担忧并不是空穴来风，因为他知道抢劫犯在别人家中曾非常恶意地对待手稿，他们把手稿撕碎，然后到处乱撒。经历这个时期之后，我将抓紧把我更多的手稿拿去印刷。犹豫不决的日子一去不复返了，我们将在舒适惬意的时光中用希望彼此恭维谄媚，完成我们的尝试，实施我们筹划的事情。”[⑤]歌德在任何别的地方都没有像在这里这样如此明晰地说出那个夜晚及其对他产生的后果。12月9日，他感谢出版商提供一笔预付款，并且承认，“我在最苦难的时刻回忆起您友好的想法，并且在困境中希望您热心相助。”这一点让我们认识到，歌德在这些非常时刻盘算着这种

---

①Elysium是指希腊神话中的仙境乐土。在此比喻对战事的乐观估计。——译者注

②塔塔罗斯（Tartarus）是希腊神话中冥府的深渊，是宙斯放逐仇敌的地方。在此比喻杂志中仇视法国人的言论。——译者注

③《歌德与沃伊格特通信》，第三卷，第150号，第132页。

④WA，第四卷，第十九部分，第5255～5257号，第204～206页。（参见书后注释，下同）

⑤《歌德与哥塔》（*Goeth-Cotta*）第一卷，第142页。

可能性：必须依靠出版社的酬金生活。1806年到1807年岁末年初辞旧迎新时，歌德给身在柏林的亲密朋友蔡尔特（Zelter）写信，这就已经让人感到平静了："我至少并无大碍、安然无恙地度过了那些艰难的时日。"（S.25）19世纪20年代写在《日报与年报》中的记载内容谈论"最大的不幸"，"它在10月14日突然向我们袭来"，然后歌德就谈论正在创作中的《色彩学》："过于匆忙地逃亡的手稿"。[①]

在灾难过去后的那些日子里，歌德几乎每天都"在宫廷里"，傍晚，他常拜访刚搬到魏玛的约翰娜·叔本华。他关心朋友和同事，尤其是在耶拿的朋友和同事，耶拿比魏玛遭受的痛苦更多。在耶拿，拥有二十栋房子的半个城区烧得精光，耶拿大学的植物研究所和矿物质陈列室遭受了极大的损失。战后，耶拿城的相当一大部分变成了救治战争伤员和奄奄一息者的战地医院，供给负担很重。只要魏玛国家统治的命运还没有被决定下来，耶拿大学的幸存就不能被看成是有保障的。有人曾听拿破仑说过，德国的大学太多了。不久，位于普鲁士哈勒（Halle）城的大学就被关闭了。

歌德在一个文件夹"1806年10月14日危机影响"中收集了一些实证，这些实证关乎他的亲身经历和活动[②]。这再一次说明了，"歌德的档案记载"——恩斯特·罗伯特·库尔特尤斯（Ernst Robert Curtius）在一篇敏锐的文章中有这样的称法——能够承担一种生存方面的即心理治疗的作用。这也再一次证明，对可怕事件进行档案记载和归类如何帮助歌德重新找到内心平衡。在叔本华夫人傍晚举办的社交活动中，并没有什么能妨碍他消磨时光，他这样做同样也是要找到内心平衡：在那里，人们用纸剪成花朵，然后把纸花贴到灯罩和炉灶上。

10月24日，歌德终于可以开始自己的工作了。他和里莫尔一起又重新编辑起

---

①MA，第十四卷，第173页。（参见书后注释，下同）

②第一次出版和评论在《1806年的歌德、魏玛和耶拿。根据歌德的私人档案记载》中，由理查德和罗伯特·凯尔主编，莱比锡1882年（*Goethe，Weimar und Jenaim Jahre* 1806.*Nach Goethes Privatacten*，hg.von Richard und Robert Keil，Leipzig1882）。官方著作中较新的印刷品破坏了最初的内在联系。

了自从年初就开始的新版作品。在接下来的几年里，与歌德最初的打算相比，歌德出版的作品数量更高，目的性更强，这都是1806年10月危机的后果之一。

10月31日，公爵的母亲安娜·阿玛丽亚回到了魏玛，歌德继而在她家里也度过很多时光。倘若我们汇集歌德每天与宫廷的联系，（S.26）汇集他与沃伊格特和枢密小组之间密切的书信往来，再考虑到，人们还在继续期待公爵的出现，那么，我们就会非常高度地评价歌德在那个棘手的时期里在政治决策方面发挥的作用。他无论如何都非常精确地构想了与拿破仑谈判的过程，他也提出了重要的建议，无论如何，他都主张王储毫不迟疑地动身去拜谒拿破仑皇帝。用一个20世纪的词来说，我们必须把他和沃伊格特称为“身体力行的践行政治家”，他们着力建立同战胜国占领军的良好关系，另外，与王侯·列奥波特·弗里德里希·弗兰茨（Leopold Friedrich Franz）位于附近的安哈尔特-德绍（Anhalt-Dessau）类似，这完全是凭借几十年来与普鲁士专断打交道积累的经验。此外，在歌德的头脑中还有一个更具有普遍意义的动机，这个动机决定了他在整个拿破仑时代所持的态度：拒绝那种做出仿古典艺术风格姿态的、仇视敌人以至达到登峰造极地步的祖国之爱。

从今天的角度来看，仿佛这是国家社会主义的未来在发挥作用的一种前兆，在歌德看来，这种前兆就以这种形式出现：与世隔绝的教授们人为复兴古老过时的精神走向。1806年11月18日，歌德对里莫尔说：

> 我们的文化即基督教本身把我们引向通告、不分彼此、卑躬屈膝，还把我们引向所有的社会美德，在所有这些社会美德中，人们乐于屈服，即便牺牲自己的情感和感情，而那些情感是人们在鄙俗的自然状态中就能够得到的权利。从抵抗精神而言，我们之所以会倔强并执拗地面对胜利者，是因为希腊语和拉丁语根深蒂固地存在于我们头脑中，而凯旋者很少或者根本就不懂这些事情，凯旋者是幼稚的而且毫无品位。这就是教授们的自负，就像手工业的自负、农民的自负，还有更多诸如此类的自负一样，正

如这种自负会损害拥有自负者一样，自负还会使拥有自负的人变得可笑。

歌德还接着说，现在重要的不是固执己见，也不是气馁消沉，而是要狡黠机灵。在战役失败后的第一时刻，歌德就找到了那种态度，据说，他在接下来的十年里都一直在忠实于这种态度从未改变。由此就得出他拒绝所有固执的态度，他视之为自我摧残。合作而非抵抗成了歌德的准则。当魏玛的生存没有得到保障时，当法国的强制管理像"在别人家里肆无忌惮、无所顾忌地"（payse conqius）[①]进行威胁时，魏玛枢密顾问歌德用法语和德语为占领军编写了一份详尽的概览，内容涉及魏玛公国的科学和艺术机构，也就是说，（S.27）一份关于他负责领域的卷宗——在危机的时刻还是对他自己的人生成就的一种描述，但这也是一个机会，可以为他的公爵就资助和促进艺术发展说好话。

然而，歌德于1806年底致信在柏林的蔡尔特时说："关心公共事务，这并非困境，方法是，这些公共事务通过合适的人得到了足够的关照；这样我就得以躲进小楼成一统，思考我的内心世界。"这是对朋友蔡尔特这种通报的一个回应：朋友说自己在柏林已经成了"市政的"，也就是在被占领的普鲁士的资金中承担了一种市民的市政管理的职能[②]。尽管如此，歌德在为魏玛的事宜并非附带担忧的情形下写出这样一句话，这一直很奇怪，几乎就是可疑的。

歌德很有可能是在战役之后危机四伏时期最引人注目的人物之一。歌德让人拒绝了至少是取消了与胜利者拿破仑见面的机会。从10月14日到月底的这段日子里，他几乎每天都去宫廷，这是他积极关心国家命运的证明。他只有一天缺席，没有到宫廷去：10月16日。据说，在这个星期四，歌德与其枢密小组中的两个同事，即枢密顾问沃伊格特和沃尔措根一起出现在拿破仑皇帝在宫殿进行的一次接见会议上，目的是让拿破仑这位征服者保存魏玛公国，让军队士兵

①这是法语。——译者注

②MA，第二十卷，第一部分，第140～142页。

停止在这个时刻还继续进行的抢劫。枢密小组还特别希望，该枢密小组作为代办机构，能够得到接受。沃尔措根同时致信一位跟拿破仑很熟悉的元帅："皇帝大人或许可以赏脸了。"说要把"魏玛看成德国文学一个集中点。让皇帝允许政府的代表享受幸福，让拿破仑陛下显示出其充满尊重的敬畏，并且提出这种措辞：让该政府完全屈从于拿破仑的御座"。[①] 在这个时刻，只有通过枢密顾问歌德，（S.28）德国文学才可以不经寻觅地而且印象深刻地展现在拿破仑的眼前，除了维兰德的名字之外，歌德的名字大概是唯一让拿破仑知道的名字；然而，维兰德与歌德不同，他没有公职。

然而，歌德请假没来。他用铅笔写了便条给沃伊格特，上面写着："在这可怕的时刻，我的老毛病又犯了。请原谅我不能过来。我几乎不知道，我是否能把这张便条带走。"[②] 沃伊格特把歌德写的这张小纸片塞到他的卷宗里，上面记载道："担保者（praes）[③]。1806年10月16日，当我作为'行政管理委员会'（Conseil administratif）[④]的成员同枢密顾问沃尔措根先生正想去拜谒皇帝和国王拿破仑时。沃伊格特。"歌德在最后一分钟用可以想象的、随随便便的方式回绝了。拿破仑是否知道歌德的回绝，人们事先是否通知他歌德的到场，这些我们都不得而知。

人们对这个其实令人难以置信的过程进行了评价。人们指明了歌德家里的紧张局面——"在安保空隙中最大的担忧"——还指明了一种固有的尴尬：意料之中，拿破仑皇帝对公爵严厉指责，歌德不得不违背自己的信念去捍卫他的公爵，为他说话。沃伊格特接下来有关这次拜谒的记载中，由于公文规范而克制地表达了当时激烈的境况："皇帝陛下如此仁慈，详细阐明了一些理由，出于

---

①巴雅诺夫斯基：《露易丝》（*Bajanowski，Louise*），第290页。

②《歌德与沃伊格特通信》（*Goethe-Voigt*），第三卷，第149号，第132页以及第421页上的评论。此外还有提姆勒：《歌德作为国务活动家》（*Tümmler，Goetheals Staatsmann*），第62页以及官方著述中的评价，第三卷，第339页，还有施苔格尔：《歌德每日变化中的人生》（*Steiger，Goethes Leben von Tagzu Tag*），第四卷，第757页。

③这是拉丁语。——译者注

④这是法语。——译者注

这些理由，陛下不喜欢本国参与普鲁士战争。”[①] 现在，人们恰恰会不假思索地相信歌德在这样一个瞬间的外交策略；出人意料的是，他做出了完全不同于公爵夫人的回应。而他自己家里的危险局面本来是可以通过一位仁慈的皇帝得到缓和，并且安全可靠，可事实却并非如此。

我们现在来说“老毛病”。这个表达不仅对于他而且对于他周围的人来说都是常用的说法，指痛苦的肾绞痛。正如歌德在日记中记载的那样，在1806年初，肾绞痛曾经多次折磨他，带来了“可恶的——或者可怕的——夜晚”，以及“丧失的白天”[②]。歌德的大舅哥乌尔普尤斯在2月25日简要地写道：“歌德又生病来着。每个月他的老毛病都犯一次。”[③] 夏洛特·冯·施泰因经常参加歌德星期三的报告会，在3月12日写道：“很遗憾，他周期性发作的毛病经常中断报告。”“他的病痛是非常痛苦的。”[④] 在魏玛，人们并非不知道，（S.29）这是什么病症。法尔克1806年3月致信约翰内斯·冯·米勒时写道：“歌德每个月都要犯肾绞痛，这截去了他的尿路。”[⑤] 据说歌德在1月时曾经说过：“但愿亲爱的上帝赐予我健康的俄国人的肾脏，就像那些在奥斯特里茨阵亡的俄国人那样的肾脏。”[⑥] 尤其为了诊治这个毛病，歌德在许多年以后，于1806年再次寻觅卡尔斯巴德温泉镇（Karlsbad）在哪儿。他勤勉地用喷涌而出的热温泉水治疗他的新陈代谢问题。他感觉到病痛明显减缓。事实上，1806年下半年歌德的日记、书信和报道中再也没有出现关于这个“毛病”的任何记载——10月16日那张便条是个例外。1806年岁末，歌德致信卡尔·奥古斯特公爵时甚至明确地写道：“所以我乐于这样说，卡尔斯浴疗使我感到很舒服，我在今年冬天根本没有再严重地犯病。”然而，接下来的这一句话就显得预示不详而可疑：“然

①PB2，第433号，第333页。

②例如，歌德日记中以下时间对此的记载：2月3日、2月25日、2月27日、2月28日、5月25日。

③格鲁玛赫（Grumach）第六部分，第18页。

④格鲁玛赫（Grumach）第六部分，第21页。

⑤格鲁玛赫（Grumach）第六部分，第26页。

⑥格鲁玛赫（Grumach）第六部分，第12页（1月31日）。

而，我从10月14日开始受痛苦折磨，当然也有肉体上的痛苦，这与我太亲近了，以至于我无法表达这种痛苦。”①

这听起来像一个借口托词。我们永远都无法知道，歌德对沃伊格特说的“老毛病”以及沃伊格特不得不理解为熟知的肾病犯了这种内容仅仅是个借口，还是歌德在“那些可怕紧张的日子”中真的被如此痛苦的病痛折磨得失去了战斗力。这是不能排除的，甚至不是不可能的。然而，歌德在年终时写给蔡尔特和卡尔·奥古斯特的信中不明确的说法也没有办法解答疑惑：歌德逃避了，正如他在一生中总是逃避不利局面一样，尤其逃避所有他最亲近人的葬礼。而当我们读了歌德10月31日写给远方的谢林那封回顾“那些可怕的紧迫事件”的信件时，我们又会质疑：“我的健康几乎没有动摇，自从我从卡尔斯温泉镇回来，我就一直感觉很舒服，这正是我所希望的状态。”这种说法与他10月16日用铅笔写在那张便条上的戏剧性告病很难吻合。那么，歌德这一天是真的病了，还是他逃避了一种心灵上的苛求？

假如是后者，那么，这也是可以理解的。歌德这位德国最著名的作家，可以推测，拿破仑皇帝知道他的名字，然而，歌德这位大作家却要作为战败者，作为乞求者出现在拿破仑的面前（S.30）；歌德肯定能想到，拿破仑和他打招呼时可能不会收敛他恼火与倨傲的态度，正像皇帝前一天傍晚在宫殿的台阶上与公爵夫人打招呼时那样。倘若如此，那就不会有恰好两年之后在埃尔福特进行的自由对话：在埃尔福特，他们所处时代的两个伟人按照几刻钟的时限彼此交谈。歌德可能担心他的房子出问题，他可能也感觉身体不适，然而，他也尤其可能没有兴致面对这种局面。在这个意义上，汉斯·提姆勒关于“失灵”的说法说到了点子上，尽管我们必须承认，歌德的缺席并非决定性的，因为最终魏玛的命运并非依赖于他的干预。法国士兵对魏玛城的劫掠已经结束，在一位鞋匠公开地跪在正启程的皇帝拿破仑面前之后——这一幕情景马上被画家用彩

①《歌德与卡尔·奥古斯特通信》（*Goethe-Carl August，Briefwechsel*），第一卷，第345号，第352页。

绘的形式永远固定下来。

可是，歌德这样至少少了一幅有趣的印象。与同事沃伊格特不同，也与朋友蔡尔特不同，歌德还无法亲眼看到五年来在欧洲大陆纵横驰骋的那个男人。撇开受到侮辱的公爵夫人不谈，被打败的魏玛人不是不能接受拿破仑本人的，不仅有总会被打动的代办米勒，而且还有呆板的沃伊格特，他给爱诽谤他人者波伊提格尔写信说："自从我（10月16日）与冯·沃尔措根先生拜谒他以来，他美丽的眼睛让我更加信任他，我对他的信任从来不会被削弱。"①我们不得不产生疑问，这样的一句话是否专门写给尽人皆知的拿破仑信件监督审查部门的。

抑或歌德在这些日子以来已经从更远的距离见到了拿破仑？这个问题简直太吸引人了，以至于我们无法不去探究这个问题。10月15日的日记写着："由于皇帝抵达而到宫廷去。"歌德日记的批评评论者为此引用了魏玛宫廷的日志，即宫廷每天记载的内参资料，说皇帝及其"身边亲近的人"（Entourage）②"在四点左右"到达王宫，还有其他诸多状况。然后上面写着："尊贵的公爵夫人殿下（serenmissima）③（原文如此）与在场的女士们和先生们……特别是为魏玛公国效力的宫廷侍臣们一起在台阶处迎接皇帝，并且把上文提到的皇帝陛下引领到大厅，（S.31）在那里，最高层的人物彼此告辞，赶赴他们的套房里。"④这是那个臭名昭著的台阶情景的官方版本，当时，拿破仑先是具有威胁意味地与公爵夫人露易丝打招呼，然后把她冷落在一旁。我们很难想象，歌德会不知道这幕情景。当公爵夫人临去世时，歌德毕竟在1830年2月10日与艾克曼的谈话中特别提到"她用以抵抗拿破仑的意志力"。他当时"由于皇帝抵达"而留在宫廷中，他会因此而在事件的背后成为这丑陋一幕的目击证人吗？歌德对此从未作特殊声明，这个事实并不能对这个问题作出否

①盖格尔：《老魏玛》（Geiger，*Alt-Weimar*），第110页。

②这是法语。——译者注

③这是拉丁语。——译者注

④《歌德日记》（Goethe，*Tagebücher III*，2）第三卷，第二部分（1801—1808年评论部分），第881、882页。

定回答——正如我们所知道的那样，歌德对太多的问题保持了缄默；考虑到他第二天不出席拜谒，他就有足够的理由保持沉默了。当然，他的日记记录也可以把在场仅仅视为一种出谋划策，他在拿破仑皇帝抵达之前就已经参与了这种出谋划策的活动。那么，歌德在那个下午为什么不会出现在“那些恰恰在场的女士们和先生们”之中呢？假如歌德当时在场，那么，歌德与拿破仑的见面就不应该在1808年的埃尔福特，而是在1806年的魏玛。我们在下文中还会证明，歌德在接下来的几年里在他的日记中多次描述他不愿意与拿破仑会面。拿破仑在10月15日蓄意恼火而倨傲地亮相，这是歌德拒绝会面的一个主要原因。这个问题一直探寻不到答案：当拿破仑身穿著名而朴素的外衣，迈着征服者的步伐走向台阶时，歌德是否站在人群中，就像玛尔维茨对我们描述的那样，脸上扑粉，身穿朝廷服装？这一直是一个值得思考的问题。

不管怎样，纵观耶拿战役及其产生的后果，没有第二个政治事件像歌德没有与拿破仑见面那样如此直接地影响到歌德个人的生活。10月14日以后的那些危机时日促使歌德彻底调整了他个人的生活。他结婚了，并且整理了他的财产。他保证著作，目的明确，至于正在创作过程中的作品，他很快地完成了《色彩学》的创作，这些举动一起构成了歌德的生活图景，引人注意、生动充沛。（S.32）歌德早在10月17日就给宫廷牧师威廉·克里斯蒂安·君特（Wilhelm Christian Günther）写信说：“这些日日夜夜，一个夙愿在我的头脑中成熟了；我想按照市民的礼俗娶我的小女友为妻，她为我做了许多事，而且还和我一起经历了考验的时刻。”歌德告诉牧师，结婚的日子在星期天，歌德问牧师，为此还应该有哪些步骤。“请您看到信使时马上答复他，拜托！”沃伊格特和沃尔措根不得不整理一式三份的教堂结婚预告和交存孤儿院资金等手续，以便婚礼可以如歌德所愿，匆忙举行。婚礼于星期日的上午，即10月19日，在宫廷教堂里举行，婚礼在最小的圈子内进行，里莫尔和歌德的儿子奥古斯特成了婚礼的见证人。这种过分仓促的、在混乱时期闪电结婚的方式让人品头论足，言语丑陋而虚假：说歌德在大炮的轰鸣中、在火灾的辉映下结了婚，还是在一个还有很多伤员正忍受痛苦的教堂里。11月24日的《汇报》评价道，乌尔普尤斯小姐（Dmoiselle）[①]，歌德的女佣，仅仅是幸运而已，而“数千人是失败”。[②]歌德一辈子都鄙视报刊传媒，这种鄙视自打街头小报这种早期形式就有了。魏玛社交圈，尤其是贵族妇女如冯·席勒和冯·施泰因夫人的反应表现出极大的妒忌。这样一来，歌德偏爱在新搬来魏玛的约翰娜·叔本华家里把他的妻子介绍给社交圈，而歌德是在耶拿和奥尔施苔特战役前两天才第一次光顾约翰娜·叔本华举办的社交聚会的。叔本华夫人写道：“他很信任地告诉我这个陌生人和大都市的女人，我将按照必要的礼节对待他的妻子。”而且她写下了这句令人难忘的话：“既然歌德把他的姓氏给了她[③]，那么，我们也就可以给她一杯茶。”[④]

人们没有隐瞒歌德的婚礼与10月14日那个可怕的夜晚之间的内在联系，尽管人们也很少确切地知道这一夜的详情。人们传说，歌德是出于感激克里斯蒂安娜的救命之恩才娶她，或许还因为，他无法让被安置在他家里的法国元帅们相信这个家庭主妇的作用。歌德曾经以最简洁的形式，但也是以最强调的形式记录了这种内在联系：“我们的结婚戒指在10月14日定好。”（S.33）他在结婚后的一天告诉朋友克内伯尔（Knebel）：这样一来，歌德毕生都在手指上戴着耶拿战役和奥尔施苔特战役的日期[⑤]。

政治局势是关键的。公爵并不在国内。他对国家的生存安危似乎没有把握。歌德在这个时刻可以不受他的朋友兼主子奥古斯特的影响而采取行动，奥古斯特虽然没有禁止他这种不符合等级观念的婚姻，但他也不太会承认这桩婚事，他会让这场婚姻失灵。而魏玛宫廷夫人们的反应也说明，歌德在此还违背了哪些顾忌。也就是说，歌德抓住了这个机会，并且选择了简短的官方途径。

①这是法语。——译者注

②在弗律瓦尔特（Frühwalt）的书《歌德的婚礼》（*Goethes Hochzeit*）中对这篇报道的描绘，第46页。

③即歌德娶了妻子后，妻子随他的姓。——译者注

④格鲁玛赫（Grumach）第六部分，第166页。那里也有无数佐证。

⑤即歌德结婚纪念日和这两次战役的日期是相同的。——译者注

枢密顾问沃伊克特不无庄重而又拘谨地对他朋友的做法做出反应："不言而喻，所有免除义务的只言片语和文书碎片都取消了，从前我们的孤儿和穷人还从这些碎片中获取帮助他们的面包——我们曾经就是这个样子（Fuimus）！[①]"[②]"我们曾经就是这个样子"，这只能说明：现在，我们不再是这个样子了。发生了一个历史性的转折。（S.34）他还补充了一个优美的表达友谊的句子："我生命中还留存的东西，就只有这一把骨头（usque ad cineres）[③]我把它都应该献给您。"

歌德不得不以独特的方式告诉公爵这个重要的、在他缺席情况完成的步骤。同时歌德还要调节第二个问题，即他在弗劳恩开阔地旁的房产问题。这座房子按照魏玛标准是相当富丽堂皇的，公爵1794年就出具书面证明是赠予歌德的房产，1801年又书面重申赠予关系，这座房产的税务始终由公国的财政机关缴纳。然而，为了承担税款，财政机关也从一笔"酿酒份额"中获得了收益，这种"酿酒份额"就是指酿造啤酒的权利，该权利属于弗劳恩开阔地旁的那座房子。这个棘手的、难解决的状况不得不通过数额巨大的税收重新浮出水面，进入人们的视线中，而数额巨大的税收因为战败后法国的军税而变得更加必要，更加刻不容缓。在歌德的眼里，这座房产的财产权利模棱两可，而这种不明确性在他本人离世后对于他的继承人奥古斯特以及他的妻子克里斯蒂安娜来说后果都是不明朗的。那样他们娘俩在继承遗产和用益权方面岂不完全依赖一国之君的仁慈和良好意愿了吗？还有，一旦魏玛公国不复存在了，那么，这彼此交织的权益又该如何处置呢？10月14日之后歌德经历一段危机时期，这种经历只能让他觉得，在这个问题上也确立明确的财产关系是非常明智的，也就是说，要确定一个尽可能不依赖政治状况的财产权利。

歌德在12月初就已经尝试，在没有公爵在场的情况下，单独与他的同事沃

①这是拉丁语。——译者注

②《歌德与沃伊格特通信》(*Goeth–Voigt*)，第三卷，第133、151页。

③这是拉丁语，指摧毁整个生存。——译者注

伊格特澄清这个问题。歌德提出建议，作为财产所有人独立支付房产税，并且请求重新获得“酿酒份额”的收益。但是，人们显然无法在国家官员的层面上商讨解决这件事，所以，歌德在危机过后第一次重新恢复与公爵的联系时就不得不谈论他已经结婚的事实，而且还要谈他的财产问题。

歌德大概在12月25日和29日之间给公爵写了一封长信，以谨慎小心的态度、运用心理学方面的熟巧完成了他棘手的任务。歌德首先回忆，他在他儿子奥古斯特过生日时开始写这封信，为了继续阐述：“这孩子一开始就表现良好，（S.35）而且我得以为自己承诺陛下来自远方的默许，我在最不稳定的时刻，通过一条法律的纽带赋予他父亲和母亲，这正是他早就应该得到的。当所有的纽带都消失时，人们就被送回家庭的纽带，而且我现在只能乐于朝家庭内部看。”此时此刻，这种事实状况帮助了歌德：公爵的情人，女演员卡洛琳娜·雅格曼（Carolina Jagemann）在此期间为公爵生了一个儿子，歌德得以看到公爵的这个亲生儿子；通过这个幸运的巧合，这封信渗透着一种歌德与公爵在情爱方面哥们儿义气、同道兄弟的气息。在信的接下来一部分中歌德为公爵描述了一个篇幅更长的概览，关于因法国占领而失去然后又被挽救的东西，他作为最高监督人掌管魏玛公国的艺术机构和科学设施。请看：局势并没有那么糟糕，有些损失可以得到弥补，而且，“当我们纵观所失去的物品时，我们为保存下来的物品倍感高兴”。

然后才到谈论财产问题的时刻。时逢不稳定的时局，歌德看到他的家庭财产和他的动产在消失。“当死神朋友先敲我的房门时”，那么，他的家人该怎么办？歌德写道，他“围绕那些本来计划给我的房产，现在指定某种不过是我的房子的事宜，我以前曾感激您预先加以考虑的善意，为了拥有这座房子我在令人担忧的情况下只缺少一个最后的东西”。也就是说，歌德请求给予他安全感的管理行为：“若某个时日，当我们头上有动摇和倒塌的威胁时，倘若我们脚下重要的财产基础得到加固，这于我和我的家人来说将是一个节日。”这是一句不无果敢的话，因为他不仅让卡尔·奥古斯特回忆起他在耶拿战役后身体面临的危险，而且还指出公国面临的政治威胁。整封信都描述了一种过分的要求，对此，日耳曼学者沃尔夫冈·弗律瓦尔德（Wolfgang Frühwald）做了这样的改写："在唯一的一封信中告诉公爵他的儿子出生了，顺便向公爵报道了他的大臣未经他首肯就完成的婚礼，请求他赠予自己一座房子，向公爵描述了魏玛的损毁，强调被抢救的珍品，这是独特的沟通技巧。"[①] 对于歌德家庭的通报以及歌德的请求，1807年1月7日，卡尔·奥古斯特从柏林做出回应，带着镇定的友好态度，（S.36）尽管不无一种冷漠的气息："你现在很惬意舒适，乐天有为，而且充满革新的勇气，你的房产得到了清偿，这些都是令人喜悦的事；你就长久地享受这种舒服的局面吧！我已经委托沃伊格特去办理，使你的房子完全变成你自己的。"[②]

在歌德这一方面，确保财产背后有什么考虑呢？里莫尔的"报道"有所透露，这份报道斟酌了这个问题：假如10月14日魏玛并没有度过损失，假如拿破仑企以威胁，那么，公爵以及与之相比的诗人会遇到何种境地："尽管歌德不会丢掉性命，他的命运肯定要比他不在魏玛的主子悲惨得多。其他王侯会关心他，并且帮助他重新得到他的权力；而歌德会失去一切，包括不动产、动产和文学宝藏——多年研究的辛苦所得——，倘若如此，他该向谁求助，以便得到保护、稳定和恰当的活动呢？"人们在这种内在联系下还可以回忆的是这个基本的事实：倘若魏玛–埃森纳赫公国被灭，那么，歌德将首先失去他每年1900塔勒的年薪，这是他生活费的最重要来源。据他的大舅哥乌尔普尤斯说，歌德在10月14日之后为法国人安排住处就花掉了他2000多塔勒，超过了他全年的薪水。

歌德向公爵要的，核心就是减少依赖性，我们也可以这样说：以市民的自立取代封建的仁慈。在拿破仑占领的震撼之下，歌德毫不迟疑地也合乎逻辑地

---

①弗律瓦尔德：《歌德的婚礼》（Frühwald，*Goethes Hochzeit*），第54页。

②《歌德与卡尔·奥古斯特通信》（*Goethe–Voigt Briefwechsel*）。衷心感谢约翰内斯·萨尔茨维德尔（Johannes Saltzwedel）先生向我清楚地解释了在弗劳恩开阔地旁歌德故居的产权处境以及对"酿酒份额"的追问问题。

实现了他生活状况的现代化，这一过程不仅实现于法律层面也实现于社会层面。他使自己与克里斯蒂安娜的关系合法化，从而把等级观念方面的顾忌当成了耳边风；他现在成了一位合法市民的家庭之父和房产主人。在这个过程中，他摆脱了其生存状态之宫廷、封建的特征。歌德为自己写进其著作中的内容，完全处于这些年来德国发生的变化这条曲线上：国家的、法律的和社会的建设被激进地更新，（S.37）尤其被简化、被系统化。封建制度盘根错节的国家统治关系被拆散，国家的版图被校勘。在内部，国家和市民社会沿着精确定义的界限在分离。歌德澄清了其个人的各种关系，因此他在政治上也处于时代的洪流中。

所有这一切都是拿破仑影响的后果。拿破仑这位革命的继承人和克服者，他把革命出口到德国。1806年10月，即便歌德曾经如本书中所权衡的那样，也还没有与拿破仑像两年之后那样面对面的见面，也没有观察过拿破仑。尽管如此，这次几乎达成的会面成为歌德人生中后果最严重的政治事件，这要比瓦尔米连续炮击的后果严重得多，他当时曾津津乐道地讲述过当时的炮击事件。1813年，歌德在其讲话“兄弟般地怀念维兰德”（Zum brüderlichen Andenken Wielands）中谈到了“后果严重的那一天，我们陷入惊讶和恐惧中，因为在我们散步时，世界的命运就被决定下来”，而且，维兰德对世界的命运有如此多的幸运[①]。这使我们回忆起歌德那篇关于瓦尔米报道中的句子：从这里，从今天起，世界历史开始了一个新的时期。里莫尔认为，在那天夜里身穿先知睡衣的歌德之所以姿态镇定地出现在士兵们面前，就是因为她回忆了德国士兵曾以类似的姿态出现在法国战役中，“现在轮到德国人了”。[②] 里莫尔在此得以联系到《在法国的战役》那篇文章的结束语，在那里，歌德讲述世界命运，“这命运还要威胁我们12年，直到我们在没有被吞噬的地方被同样的洪流淹没”。

①MA，第九卷，第962、963页。

②里莫尔：《讲述》（Riemer，*Mitteilungen*），第172页。

歌德总是张开1792年到1806年这个时间之弓："当时我迎着世界历史走"，1822年他致信朋友弗里德里希·洛赫里茨（Friedrich Rochlitz）时提到了他的战报，"事后它在我们自己的炉灶上找到了我们。"① "世界历史"，在这里以及在许多地方是指战争，这恰好与歌德毕生认为是值得期待的情况相反。1806年，他第一次遇到了拿破仑，作为这种"世界历史"的展示者。

很罕见的是，拿破仑也直接把这两个事件联系起来：1792年在香槟的战役，以及1806年与普鲁士人的战争。在法国军队1806年10月6日的战地简报中这样写着："在柏林附近，战争的呐喊声变大了；（S.38）两个月以来，我们每天都遇到更大的挑战。同样的对手，同样眩晕的精神状态，这种眩晕的精神状态在14年前，在我们内心不安的情况下，把普鲁士人一直引到香槟的平原地区，这种眩晕的精神状态在他们的委员会中占主导地位。普鲁士人在香槟遭受失败、死亡和耻辱。让我们前进吧，普鲁士军队将遭受到与14年前一样的命运打击！"②

①1822年4月22日。MA，第十四卷，第764页。与1826年《歌德全集报》中相似，WA，第一卷，第四十二部分，第1节，第113页。

②法文版参见莱托-弗尔贝克（Lettow-Vorbeck），《1806年和1807年的战争》（*Der Krieg von 1806 und 1807*），第一卷，第453页。德文翻译见凯尔（Keil），第17页。

第二章

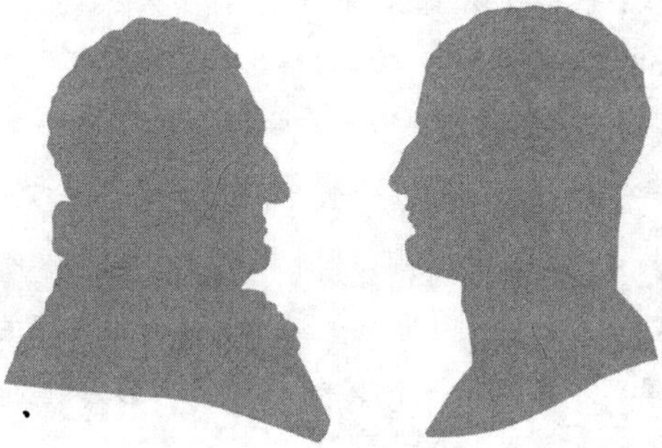

莱茵联盟的德国人

在通往皇帝的路上：读物、讨论、文学创作

尽管歌德不太喜欢交流政治意见——对于他而言，交流政治意见完全有别于与王子劳伊斯（Reuß）、根茨或者莱因哈特这些了解内幕的专业人士进行的了解情况性质的个别谈话——尽管对于他而言，诗艺和政治的关系一直是不连续的，他却开始对皇帝具体的形象感兴趣，而且在他们的埃尔福特会面之前就如此。日记、信札尤其歌德当时最亲密的工作人员里莫尔（他是一个非常可信的证人）的日记中各种简短的说明就证明了这一点。

歌德的侍者约翰·根斯勒（Johann Gensler）于1806年夏天陪同歌德及其随行人员前往卡尔斯温泉镇，在回程途中，在城市后面的庭院里，他打了一架，在德国人记忆中留下了一个持续但无名的印记。歌德在8月7日写下日记：“侍者和马车夫在驾驭台上发生矛盾，这比罗马帝国的分裂更牵动我们的心。”这成了所有歌德的引文中用得最烂的一个[①]；一个多世纪以来，人们一直认为这个引文证明了诗人歌德与政治世界的距离，并且描绘了德意志神圣罗马帝国在日暮途穷时享受[②]的那一点点尊重。（S.39）

而这种阐释早就被人们更正了。这个事件如此重要，以至于歌德第二天在耶拿时觉得有必要对这个暴跳如雷的侍者进行军事逮捕，并且请求警察局，以他的名义结束与这个侍者的雇佣关系：他说，根斯勒的行为一直这么粗野、执拗倔强、粗暴和易怒。尤其在前往卡尔斯温泉镇的路上，根斯勒放纵的情绪“就完全没有节制，他不仅仅轻蔑地对待与我同行的人，在回程上还以各种方式向马车夫发泄他恶毒阴险的情绪，致使他们俩在马车夫的驾驭台上激烈地争吵，而且不顾在场所有人的劝阻，还最终发生了肢体冲突，打起架来；据我所知，根斯勒乱踢乱蹬，不顾所有指示和威胁，一直到耶拿都继续其接近癫狂的状态”。[③] 马车夫从马车的驾驭台上跳了下去，马车在没有车夫的情况下发出辘辘声地继续向前走。这可不是件小事，因为这时很容易发生恶性事故。歌德用日记的体裁并联系个人环境近距离地观察并记载下重要的历史信息

---

①即这个引文被引用次数最多。——译者注

②享受一词在此是嘲讽。——译者注

③施莱夫：《歌德的侍者》（Schleif，*GoethesDiener*），第159～161页。

（S.40）；一个世纪之后，弗兰茨·卡夫卡（Franz Kafka）[①]在1914年第一次世界大战爆发那一天完全类似地演绎了他夏天去游泳的经历。

反正在这几个月里根本就谈不上远离政治。随行人员已经在前一天就获悉“关于宣告莱茵联盟的消息”，并且引起了“反思和讨论”。在法国占据主导地位的莱茵联盟中，有16个德意志国家加盟，7月中旬，这种加盟被盖上印章，德意志罗马帝国也就寿终正寝了。8月6日，皇帝弗兰茨二世（Franz II.）摘下其王冠，这在德意志帝国的国土上是一种悲哀和震惊的行为，10天之后，这个行为的反响也体现在沃伊格特与歌德的往来信件中，这位魏玛大臣说：“这却使我产生一种悲哀的感觉。”“如果诗歌与政治能够相安无事，互相容忍，那么，退位就是一种丰富的素材。神圣罗马帝国现在正在沉沦。”[②]当皇帝和王国在法兰克福第一次从教堂祷告中被删除掉之后，歌德的母亲写给她儿子的书信给人留下更深刻的印象：“我感觉就好像一个老朋友得了重病，医生们放弃了他，我们确信，他将死去，尽管我们确切地知道这种情况，然而，当来信告知他死去时，我们还是感到震惊。”[③]这个过程对于帝国城市法兰克福和对于图林根的各个小国而言都不仅仅是一个象征意义。旧的王国恰恰确保了德国小邦国和最小邦国生存的一种即便仅仅是孱弱的法律基础。1801年签署的吕内维尔和约（Lunéville）[④]把莱茵河左岸划归法国，而1803年的帝国特派代表团协议将僧侣的王侯领地世俗化，从而实现了必要的区域平衡。自从上述和约与协议签署以来，德国的版图就不断地动荡变化。当拿破仑1805年12月2日在奥斯特里茨击败奥地利皇帝和与之联盟的俄国沙皇时，普鲁士中立局面的结束也并不是不可预见的，这种中立局面自从1795年以来确保了北德地区并且由此确保了魏玛公

①弗兰茨·卡夫卡（Franz Kafka，1883-1924）是出生在布拉格的德语作家。——译者注

②《歌德与沃伊格特通信》（*Goethe-Voigt*），第134号。

③市政议员歌德夫人：《全部信件》，路德维希·盖格尔主编（Frau Rat Goethe，Gesammelte Briefe，hrsg. von Ludwig Geiger），第496页，1806年8月19日。

④吕内维尔（Lunéville）是法国东部洛林大区的城镇。1766年并入法国。1801年法国和奥地利在此签订《吕内维尔条约》。——译者注

国的和平。在德国南部和西部建立莱茵联盟之后，在神圣罗马帝国瓦解之后，由办公处进行的一个北德联盟即一个普鲁士王国的联盟这种选择权甚至一闪而过。（S.41）欧洲中部的势力平衡难以预测地被打破了，帝国古老的法律框架被打碎了，这肯定会使德国中部的一些侏儒邦国感到不安。

歌德也表达了这种不安。歌德在日记中从来没有像在1806年夏天这样如此多地谈论政治。歌德在卡尔斯巴德温泉镇逗留时获取了信息，因为这个温泉镇是欧洲世界主义社交圈和外交圈人士的聚会地点。在7月的三个星期内，诗人几乎每天与劳伊斯（Reuß）王侯海因里希十三世（Heinrich XIII.）碰头，此人曾作为将军在奥地利服役——在那儿的地位类似于歌德的卡尔·奥古斯特公爵在普鲁士的地位——他们在温泉泉眼（热的温泉源头）旁碰头，在散步途中或在社交场所见面，这是为了能让对方向他解释“政治”，也为了能让对方“以外交的机智”展开论述，谈谈“威胁我们”①的不幸。餐桌上的话题是民众起义的计划和关于法国军队中由中心操控方法方面的培训消息。正如冯·施泰因夫人报道的那样，歌德甚至在每周三为魏玛贵妇做自然科学方面的讲座时都不得不拿出一刻钟的时间来谈论政治，“或者更多的时间去谈论现在的状况”；这种情况表明，之前的气氛已经紧张到一定程度了；“但他并不喜欢这样做。”②

众所周知的是，歌德不喜欢在较大的社交场合谈论政治。他虽然认真读报，但是以非常规的节奏看报——经常看装订成卷的全年报纸，就像看历史书一样——然而歌德读报却是非常严肃认真的，这一点已经得到了多方证明；尽管如此，我们不得不把他想象成那个时代信息非常灵通的人。如果涉及他自己或者他周围的人，他会很敏捷地对日报做出反应：“向我们报道刚刚过去的事件的报纸”，歌德在1806年10月30日的日记中这样写着，这时正是耶拿战役过去两个星期的时候。歌德经常向出版商哥塔最严厉地抗议关于魏玛的歪曲报道，

① 《日报和年报》（*Tag-undJahreshefte*），MA，第十四卷，第176页。

② 《格鲁马赫》第六部分（Grumach，VI.），第4页（1806年1月8日）。

因为哥塔还出版当时重要的报纸《汇报》（*Allgemeine Zeitung*）。但歌德主要在一个国家最紧密的领导圈子里发挥作用，而作为文学的知名人物，他是无数来客拜访的目标，此外，他无论走到哪里，都乐于被人们看到。（S.42）歌德在此过程中获得了绝大部分的信息。在耶拿战役爆发之前，他就坐在普鲁士司令部的桌子旁，在耶拿战役之后，他又在他家里安顿了一些最著名的法国元帅。除了外交官以外，当时哪会有第二个德国人做出如此直接的、反差大的举动呢？这位年迈的欧洲国务活动家与政治事件以及政治事件的参与者们很专业地接触，然而，这种接触伴随着一种不言而喻的慎重，而这种慎重的态度与歌德对政治党派分歧的反感很好地和谐一致了。关于这些时局问题的信函与日记包含的不过是些暗示信息而已。这样，人们就很容易倾向于低估歌德与重大政治事件的关联。无论如何，歌德与重大政治的关联远远超出了其日常公务活动和对这些活动进行记录所透露出的范围。

1806年8月8日歌德日记中的记载更加引人注目——这是在他的仆人与马车夫在马车的驾驭台上打架之后——日记中写道："我们在路上私谈政治，并且思忖拿破仑的新头衔[①]。关于主观的王子的玩笑。拿破仑的行为和方法又重现了费希特的学说。"陪同歌德的弗里德里希·威廉·里莫尔不无自豪地记录了这个玩笑："从卡尔斯温泉镇返回途中，我与歌德一起杜撰这些名称：我们、拿破仑，在背后做后盾的上帝、世界的穆罕默德（Mahomet）、法国的皇帝、德国的保护人、经验主义的宇宙的确立者和高度评价者等等，根据获得的消息，德意志帝国已经解体了。"[②] 人们就这样谈论着世界历史上一个幻想中的怪兽，也就是仍然从静观的距离来看。上文说的宇宙的"确立者"是影射费希特；而"高度评价者"是在暗示鲁卡斯（Lukas）[③]福音书记载的奥古斯都皇帝，根据路德的说法，奥古斯都皇帝让人"高度评价所有的世界"。穆罕默德使人们

①指拿破仑的皇帝头衔，他1804年称帝。——译者注

②《格鲁马赫》第六部分（Grumach，VI.），第88页（1806年8月8日）。

③鲁卡斯（Lukas）是圣徒保罗的陪伴者和医生，被视为鲁卡斯福音书的撰写者。——译者注

回忆起历史上最伟大的征服者之一，但是也使人回忆起宗教的创建者和立法者，也就是说，一位肩负历史使命的统帅。拿破仑曾抬高自己，自诩为德国的保护人——正如他在两年前把自己封为皇帝一样。他背后有上帝做后盾，这意味着一种力量，他超越传统意义上上帝的仁慈范围——无论如何听起来比这种传统意义上上帝的仁慈更有力量。让人回忆起这一点的还有一种罕见的观点，即把费希特与卡尔德隆合并，这种合并体现在“主观的王子”这种说法上。歌德坐在马车里在耶拿城前关于拿破仑的谈话几乎游戏般地使人感觉到，这次谈话是富于联想的、机智的。尽管这次谈话有现实政治作为诱因，但它不仅仅是一种政治谈话。在这里，皇帝拿破仑成为了广阔历史联想空间中的一个棋子。（S.43）早在年初的时候，歌德就向他的柏林朋友蔡尔特表达歉意，因为他取消了朋友对他儿子奥古斯特的拜访，这是对新老凯撒的另一个影射：正如拿破仑所说，并非每个人都了解，“他在哪一天愿意到来、看到并且取胜”。[①] 这些概念的游戏使我们想起黑格尔关于“世界灵魂”的概念，这个概念的新柏拉图背景恰好符合歌德和里莫尔的突发奇想，那种突发奇想还含有费希特术语。

在1806年之前的魏玛，人们对拿破仑了解多少呢？人们在魏玛当然会经常读报，然而，起初人们似乎对拿破仑这位将军的发迹并不感兴趣。歌德在1799年11月22日的日记中毕竟记录了雾月（Brumaire）[②]以及对执政官执政任期的确立：“傍晚在席勒家里，谈论起圣克卢（Saint Cloud）[③]的新亮相，”在此影射法国反对议会的政变。几天之后赫尔德给克内贝尔写信说：“您对新的执政官有何看法？如果他们持久，我将寄予很大很大的希望；而且，他们将会持久的！”[④] 席勒对此的评论只有口头的说法流传，这些说法是相互矛盾的，它们或许更多地反映了保留这些说法者自己的态度：喜欢拿破仑的哥塔声称，席勒

①WA，第四卷，第十九部分，第116页（1806年3月22日）。
②雾月（Brumaire，法语）是法国共合历的第二个月，相当于公历10月22日到11月22日。——译者注
③圣克卢（Saint Cloud）是法国巴黎大区上塞纳省城市，位于塞纳河左岸，巴黎西郊住宅区。
④赫尔德：《书信》（Herder，*Briefe*），第三卷，第105页。

把波拿巴描述成“高贵的现象”，而卡洛琳娜·冯·沃尔措根（Caroline von Wolzogen）引用了这句话：“我怎么能对他感兴趣呢！一切都死亡了——但我或许不会；我对这个人非常反感——人们从他那里听到的没有一句乐天的话，没有一个名言警句。”[①] 据说席勒早在《华伦斯坦》（*Wallenstein*）中就表达了他对拿破仑的感受，这种说法一直是纯粹的猜测。早在波拿巴出现之前，席勒就熟悉华伦斯坦这个素材，该剧除了普遍的相似之处以外没有任何东西作为依据。歌德1802年3月9日致信席勒时有一种简洁而明显的表达。歌德在准备创作其晚期的革命戏剧《自然的女儿》（*Natürliche Tochter*）时，他着迷地研读让·路易·吉劳德·索拉维（Jean Louis Giraud Soulavie）的《路易十六的历史与政治统治期回忆录》（*Mémoires historiques et politiques du règne de Louis XVI.*），这是本关于最新时代历史的书，以忧郁、喜欢丑闻、完全以宫廷为核心的笔调书写成。然而，歌德在此找到了关于革命的一个巨幅画像，把革命当成一种自然事件：（S.44）

> 从整体来看，这是小溪与河流组成的庞大的景象，河流按照自然的属性，从许多高山和许多山谷流出，相互撞击，最终造成一条大河，形成一种洪水，料到洪水的人遭遇了毁灭，和没有料到洪水的人一样遭遇毁灭。在这个巨大的经验王国中，人们看到的不过是自然，看到我们的哲学家称为自由的东西。我们想要期待，看看波拿巴的人格是否会以这种壮美的和统治的形象使我们喜悦。

拿破仑这位强有力的执政官在此并非是自主的行为人，而是后来雅各布·布尔克哈特（Jacob Burckhardt）[②]在关于我们自己的浪潮那句话中所理解

①席勒：国家版，第四十二卷（Schiller，Nationalausgabe，Bd.42），第355、356页。

②雅各布·布尔克哈特（Jacob Burckhardt，1818–1897）是瑞士杰出的文化和艺术史家之一。——译者注

的一种超越个人、历史潮流的代表人物。“革命的驯兽人”这种思想人物距离这里还很遥远。

克里斯多夫·马丁·维兰德1798年2月11日写道：“我对波拿巴非常感兴趣，自从有人类以来，与他相似的人或许都不足三位，他将成为法国甚至整个欧洲的救世主，假如法国人有理智，让他终生成为他们的统治者。”① 维兰德是魏玛作家中卓越的、有政治头脑的人物，他同样消息灵通，获取信息广泛，而且目光敏锐，有预见性。他利用在普鲁士中立区域的观察位置满足一种自由的、没有偏见的好奇心，他从一开始就关注到拿破仑将军的发迹升迁。在同样一封信中有对维兰德敏锐眼光的考量。信中写着，“法兰西共和国将成为第二个罗马，它不会安稳，直到它把整个欧洲与自己联合起来，也就是说压制和吞噬整个欧洲之后。”这种评价也由一种具有强烈美学色彩的好感承载着：“年轻的亚历山大-凯撒波拿巴早就成为我的英雄。”维兰德早在1797年就这样写道：“他通过他的形象也成为我喜爱的人物。”② 这种关注的佐证俯拾皆是，它们也让人们认识到对拿破仑怀疑的说法——“波拿巴的幸运……或许是整个欧洲的一种不幸。”这是维兰德在1798年9月11日③写的，但是这种论调当然从来没有持续太长。

维兰德作为政治作家的荣誉建立在这种状况的基础上：他早就预言波拿巴会发迹到独立统治，那是在1798年3月，也就是在拿破仑发动雾月政变之前一年半，是在拿破仑称帝之前六年。（S.45）这种预言是在对现实的法国宪法问题进行一种广泛设定的解释框架下发出的，维兰德在他的杂志《新德国通讯》中发表法国现实的宪法问题，作为对话系列“二人交谈”（Gespräche unter vier Augen）。在第二篇对话中，维兰德指责在法兰西共和国中捆扎在一起的“对王权的仇恨”。这个立论的核心在于：王权与民主制一样，倘若没有被统治者

①《维兰德通信》(*Wielands Brief wechsel*)，第一部分，第14单元，第189页，第180号书信。

②同上，第58页，第46号书信。

③同上，第336页，第323号书信。

的一致意见，倘若没有合法性，那么王权是不能持久存在的。王权在这两种国家形式中存在滥用，但是，王权有更稳定的好处，并且能够放弃共和制的暴力行为。读者眼前呈现的是一种在法国大革命的光线下被更新的前景展望，对接受启蒙思想的、乐于改良的、自我限制的、尽可能君主立宪的前景展望。维兰德知道，普鲁士王后会看到他的杂志，并且希望，该杂志可以和“二人交谈”一起被送达到弗里德里希·威廉三世那里。维兰德熟知古希腊罗马关于宪法循环的学说，并且通过研究17世纪的英国革命做好了准备，——英国革命拥有了一个贵族保护人，处于一个独裁者的统治下——这位德国的观察家见证了令人惊讶的却预测准确的可靠信息。

维兰德使用了古罗马的“专政”这个概念，为了在持续危机时主张拯救共和国，以对抗“党内意见分歧的、激进的小派别”所持的共和国的灭亡论。因为，只要波旁王朝存在，就不可能回到君主政体，所以人们就必须寻觅一个专政者。维兰德对拟就的专政者特征简要说明如下：他必须是一个“具有伟大的、崇高精神的可亲的人”，“在战争与和平中具有最大的才华，具有不知疲倦的精力，聪明并且勇敢，具有最坚定的品格，有纯洁的道德精神，其生活方式简朴、不奢华，总是自我的大师[①]……既坦诚又内敛，温柔而又激烈，灵活而又强硬，温和而又无情……”维兰德继续说，“出于诸多考虑，他不应该是真正的法国人，至少不出身于古老的而且知名的家族，甚至假如他有外国的姓氏，那就更好了。”这幅半现实的、半古罗马的形象延伸了一个印张以上的篇幅，然后才开始谈起：“原来是波拿巴！”[②]

歌德用书信的方式相当倨傲而又显宽容地取笑了维兰德的“二人谈话”，（S.46）作为一个衰老的占卜官的产物，“在尚不存在宪法的时候就如此卓越地理解宪法”，并且声称，魏玛在这个出版物的续篇被禁止之前，“以适度的

①即总是能把握住自己。——译者注

②维兰德：《政治著作》（Wieland，*Politische Schriften*），第三卷，第357～359页。

冷漠”的态度接纳了这种说法[①]。我们毕竟可以从中获悉，歌德了解维兰德的预言，而且，这种预言从现实层面讲没有给歌德留下更深的印象。十五年后，歌德在为维兰德致悼词时——这是在拿破仑征战俄国和莱比锡大会战（Völkerschlacht bei Leipzig）[②]之间的那段时间——对维兰德的这段预言表达了应得的赞许和钦佩。歌德称维兰德是第一个重新建议专政统治的人，并且“描绘了那个将重建专政统治的人”。歌德强调，这个成就是在一个期刊中得以实现的：没有什么事先准备，而是每个月让人们即兴地听到。歌德指出，维兰德“善于思考、积极参与，这种睿智是一个典型的德意志人所拥有的”，在这个历史时刻，这种评价是对死者维兰德一种毫无误解的捍卫，也是对指责维兰德之人的反击：那些指责者曾说他缺乏爱国主义，因此也是演讲者的一个自我陈述。[③]

1804年春天，歌德才找到机会，认真研究法国的内部状况和法国统治者这个人物。为《耶拿文学汇报》撰写的两个书评提供了契机。歌德借助卡尔·奥古斯特公爵的资助也就具有很高个人色彩地把这份每周出版六次的书评报纸重新安排在耶拿，作为已经迁往哈勒的《文学汇报》的后续出版物。该报由修辞学教授卡尔·亚伯拉罕·艾希施台特（Carl Abraham Eichstädt, 1772—1848）编审，他很信赖歌德，忠实地实施歌德的指示。这样一来，《耶拿文学汇报》（当时缩写为JALZ）也就成了魏玛文化政策的机关报。恰恰在该报自1804年1月1日创办的最初几年，歌德积极地参与，总是用自己的文章丰富该报。歌德这位枢密顾问特别关注该报出版的所有政治内容。他在这个领域撰写的时评就更加有说服力。（S.47）两份涉及拿破仑的书评就是有力证据，然而，他们也透露了歌德曾认真研究过所评作品[④]。这两个书评传达了在法国占领北德之前歌德对时政信息的掌握情况。

---

①1798年5月2日，歌德致信席勒。

②莱比锡大会战（Völkerschlachtbei Leipzig）是指1813年10月普鲁士、俄国、奥地利、英国和瑞典对法国拿破仑的决战。——译者注

③MA，第九卷，第957页。

④MA，第六卷，第二部分，第560、564页。

第一个被评价的作品——书评于1804年1月11日发表——是出自作曲家约翰·弗里德里希·莱夏尔特（Johann Friedrich Reichardt，1752—1814）之手的一个详细旅行报道，标题是《来自巴黎的亲密信函，写于1802年和1803年》（*Vertraute Briefe aus Paris, geschrieben in den Jahren 1802 und 1803*）。作曲家和戏剧行家莱夏特自从1780年以来给歌德的无数首诗歌谱曲，并且为歌德的小歌剧[①]《贝拉别墅的克劳迪娜》（*Claudine von Villa Bella*）谱曲。他与歌德关系友好。18世纪90年代中期，他们由于政治原因而疏远，因为莱夏特是法国大革命坚定的追随者。《讽刺短诗》中针对他的箭矢就是因为这层原因。歌德通过他对《亲密的信函》的友好书评使得他们二人自从1801年以来再一次走近。莱夏特五彩斑斓的巴黎报道集中在社交圈风度高雅的生活及其娱乐活动，歌德谈论“早餐和午餐、歌剧、戏剧和芭蕾”。但是，这些报道也附带着描绘了关于政治氛围的画面，这种政治氛围出现在拿破仑执政官任期的晚期，已经具有宫廷的特征。这些报道尤其包含对法国第一执政官肖像的细致描绘。作为一个失望的朋友、作为一个普鲁士人——弗里德里希大帝为他描述了伟大的标准——他的批评眼光描绘出了一幅低落情绪而又令人印象深刻的画面。

国家礼仪仪式、阅兵、接见的礼节已经完全具有宫廷的风格。为了统治者拿破仑的安保而必须花费庞大的资金、随时随地的密探工作、在社交圈里“设置陷阱”都表明了一种专政的机制。莱夏特注意到了拿破仑与罗马皇帝塑像的相似之处：“是那种细腻的、阴险挖苦的微笑，人们在波拿巴的双唇上经常看到这种微笑，而这种微笑肯定也曾浮现在皇帝奥古斯特的脸上。”[②]莱夏特仔细观察过执政官拿破仑，他描绘了拿破仑的身体和面部形象，细腻地描写了拿破仑的穿着和肢体动作。后人根据无数描写了解拿破仑的形象，当时的形象还新鲜：大方的仪态，简短、呆板、颐指气使的语调，个人的朴素、

①小歌剧（Singspiel）是一种德国特有的、带有说白的歌剧。——译者注

②莱夏尔特：《亲密的信函》（Reichardt，*Vertraute Briefe*），第一卷，第370页。拿破仑的形象在第292～303页。

不讲究，对奢侈和美的艺术不感兴趣。拿破仑只喜欢悲剧，（S.48）即高乃依（Corneille）的悲剧，“但更多是因为在这个诗人作品里经常如此强烈地而宏大地表达英雄主义的思想而不是因为艺术”。所以拿破仑在早年喜欢莪相（Ossian），“他那忧郁的和无色彩的风格可能以特殊的好感吸引他”。莱夏尔作为观察者评价道，“统治是他唯一的热情和活动”，“他的家里是没有欢乐的”，因为安保预防措施严格规定与他的交往，他生活得“既不寂寞，又不合群，既没有家庭的快乐，又不是皇帝般繁盛而充满欢乐的”，而是走向一种“悲哀的、孤家寡人的暮年”。他生存的不安体现在白天和黑夜颠倒的日常生活中。弗里德里希大帝的胸像装饰着拿破仑的办公室，他和弗里德里希大帝共同的只有铁一般的意志，但拿破仑并没有弗里德里希大帝那种严格恪守的工作安排，这种安排总会为他欣赏音乐、艺术和哲学提供自由空间。值得注意的是，莱夏特虽然描绘了拿破仑性格特征的形象，但也指明了篡权统治的逻辑，这种统治不断受到威胁。这使他的描述超越了令人不爽的偏袒。歌德在其报纸上着重赞扬莱夏特“重要的比喻”，而且，“很好地描绘了许多人物形象和著名人物的性格特征。”

歌德在这一年初注意到的第二本书——发表于1804年3月27日，同样发表在《耶拿文学汇报》上——几乎无法用少量的引文或简短的概述去介绍，因为这本书的信息和思想都太丰富了。这个匿名出版的作品标题是《拿破仑·波拿巴以及在他的执政下的法兰西民族》（*Napoleon Bonaparte und das französische Volk unter seinem Consulate*），出版地标明“日耳曼尼亚1804年”，这本书抹掉出版痕迹，就暗示了这本书的爆炸性内容。不久人们就传开了，谁是这本书的作者：他就是在巴黎生活了几十年的普鲁士伯爵古斯塔夫·冯·施拉布伦多夫（Gustav von Schlabrendorf，1750—1824）。施拉布伦多夫曾作为法国大革命的追随者于1789年来到法国的首都，尽管从此遇到各种危险但都没有离开巴黎，并一直忠诚于最初的革命理想。（S.49）如果我们相信他的传记作者卡尔·冯·瓦恩哈根（Karl August Varnhagen）的描述，那么，他在一个宾馆的房间里过着一种第欧根尼（Diogenes）[①]般的生活，这个房间里堆满了书和文件。在那里，他像一个合群的离群索居者接待德国的巴黎访客，他指导他们在这座城市里的生活，但是，作为狂热的读报人和消息灵通人士，他还经常告诉客人关于政治局势的看法。他把他知道的事写成一本书，这可能还要归功于他的朋友莱夏尔特，他使这本书得以印刷，而且——正如与《亲密的信函》的比较所展示的那样——与那本书有某些同样的表达，在此我们就要问了，这些想法到底是属于谁的。他的书《拿破仑·波拿巴以及在他执政下的法兰西民族》立刻就在整个德国引起了轰动，并且成为拿破仑批评文献的经典——1991年，汉斯·玛格努斯·恩岑斯贝格尔（Hans Magnus Enzensberger）以充足的理由把他收藏的这本书以标题《反拿破仑》（*Anti-Napoleon*）再次出版——这个书名就比个人攻击更有效果。这本书概要地论述内向的拿破仑是如何发迹的，之后就集中精力冷静地分析波拿巴的统治体制。对于21世纪早期的读者而言，这里有很多早期具极权特征的统治画面。

施拉布伦多夫非常清楚地看到，在共和制三权分立之后，尤其通过废除国家的民兵组织，独立法庭评委和新闻自由之后，有一个"新的压力"落在法国社会的头上，这种压力"远远超过腐败的君主政府统治下的旧压力"。[②] 他关于第一执政官安全行为的报道产生令人担心的效果："因此，我们也看到，波拿巴旅行从来不走他事先公开的路线。……他也几乎从来都不在一个地方逗留太久，他在各个地方旅行几乎都迅捷而且不被察觉。"教育体制的单一、渗透到整个社会：军事操练、受操纵的新闻、被监督的剧院、对外国势力及其外交官的颐指气使、国家的宗教政策，还有对日常生活中传统的法国式诙谐的压制，这些都接合成一幅涉及范围广泛的受控画面，这画面不仅仅归咎于拿破仑这个专制者的个人错误，施拉布伦多夫也谈论拿破仑的内向、面无表情，在这

①第欧根尼（Diogenes，公元前404–323年）是犬儒学派最著名的代表。他鄙视社会习俗，过着一种简朴的、纯粹以自然需求为准的乞丐生活。此处指施拉布伦多夫过着非常简朴的生活。——译者注

②施拉布伦多夫：《反拿破仑》（Schlabrendorf，*Anti-Napoleon*），第130、137、187页。

些表情中，（S.50）只有舌头在动，在说话，他还从病理学角度觉得拿破仑敏感多疑。歌德也称赞道，这本书的“写作方法很有特色”，并且事后列出了原书没有的目录，今天哪位书评人会愿意做这种服务性的工作呢？歌德在书评的第一句话里就谈到，作者“并非像完全没有偏见的史书撰写者一样站到一种更高的立场”。北部德国总体上料到的一种不祥之兆就是对法国军队无情的征调，法国军队肆无忌惮地把英军占领的汉诺威洗劫一空。尤其像歌德这种认真彻底研究的读者会得到一种警示，警惕拿破仑在德国长驱直入造成的危险。歌德还要宣传这本书的文学意义：与法国社会生活整齐划一的倾向相反，这本书引用了尤斯图斯·莫伊泽尔（Justus Möser）的“爱国主义的幻想”，为了说明德国以及德国的自由受到的威胁，作者列举了历史学家约翰内斯·冯·米勒（Johannes von Müller）以生花妙笔对卡尔五世皇帝（Karl V.）面临的类似情形进行的生动描绘。尤斯图斯·莫伊泽尔和约翰内斯·冯·米勒是歌德评价最高的两位作者。

施拉布伦多夫对拿破仑的统治体制进行了分析，正如外交政策方面与这种分析的对应物一样，人们还可以读到一本时政的书，歌德两年以后在1806年4月底5月初读了这本书，而且，他觉得这本书很重要，以至于他在其《日报与年报》的晚期概览中再一次提及它：他在概览中说，为了了解当下的政治，他被“根茨的相对力量引导”。他指的就是论战文章《源自欧洲政治平衡最新历史的残篇》（*Fragmente aus der neusten Geschichte des Politischen Gleichgewichts in Europa*）[1]，这是当时重要的自由保守时事评论员弗里德里希·冯·根茨（Friedrich von Gentz）在奥斯特里茨战役前几周开始撰写的，并且附上了一个前言。该论战文章于1806年4月由莱比锡的出版商哈尔特克瑙赫（Hartknoch）出版，这位出版商不敢认明这本书，所以他在标题上注明《1806年的圣彼得堡》为出版日期。

①MA，第十四卷，第176页。

根茨的传记作家戈洛·曼（Golo Mann）认为，（S.51）假如当时公众知道谁是作者，谁是出版商，那么，这篇论战文章足以成为击毙他们的理由。歌德知道，这本书出自何人之手，因为根茨本人曾在4月25日的一封信中向他宣告，尤其前言是“一颗受到我们祖国的命运深深震撼的心灵的产物”，并且请求歌德“对此说一句赞同的话”①。然而，歌德显然觉得这个宣传小册子具有如此强烈的火药味，以至于他早在4月29日就提醒《耶拿文学汇报》的编辑亚伯拉罕·艾希施苔特警惕片面的偏袒倾向，歌德指出，他既然与一位国家大臣和世界胸怀的人相宜，就应该小心谨慎地予以提醒，而对于像《耶拿文学汇报》这种如此详尽地评论介绍和摘录引用的机关报而言，这种小心谨慎并不是没有理由的②。这本书前言火药味很浓，提出了政治的选择可能性：个人统治世界或者“欧洲的促进体系”。根茨用第二个概念是指，正如正文开头就解释的那样：（S.52）“彼此并列存在的以及或多或少互相联系的国家的宪法，不能损害其中的任何一个国家独立或者获得另外一个国家的根本权力，没有任何一方的抵抗。”③最初几章细致入微地分析了欧洲平衡的这一体系的衰败，而且分析时还批评革命前的欧洲和反对革命的欧洲：波兰的分裂就已经严重损害了各个大国体系国际法方面的内在联系，它们要求补偿，而这些补偿要求面临这种威胁：把分裂一个国家的闻所未闻的、违法的过程变成一种常见的模式。此后发生了受到意识形态鼓吹的革命战争，在这些战争中，“自由准则”取代了传统的国际法概念，这样就对旧欧洲的无抵御性起到了推波助澜的作用。这样，对内政策和对外政策的一种功能上的内在联系就得到了暗示，根茨在论文的第四段中展开论述了这种功能上的内在联系。而该文的这个部分很敏锐，在方法上也很果断，而且预示了20世纪的未来会发生世界内战，这部分描述了法国以

①歌德日记2月3日，第817页（对1806年5月2日的评价）。

②WA，第四卷，第十九部分，第128页。依我之见，尽管WA，第四卷，第十九部分，第503页上的说法，所提及的这封信是否真的并不涉及根茨及其《残篇》，这还是值得怀疑的。

③根茨：《残篇》（Gentz，*Fragmente*），第1页。

革命阐述理由、按照拿破仑的方法形成的统治体制特征，并且把这种特征描述为欧洲的危险。

根茨在开头说，其他国家的内部宪法在国际事务中其实并不起什么作用，只有在内部秩序完全崩溃的情况下，才会有一种道德上的干预义务——“失败的国家”（failing states[①]）是一种旧的思维方式。可是，根茨又假定了第二个例外：如果一个大国的内部状况确保其这样一种优势，使得各个国家的平衡总体上遭到质疑，那么，这个大国的宪法也肯定会成为一个国际的主题。根茨在此提到了三个因素：独裁的执政形式、独裁的主要军事特征以及“革命的工具和形式”[②]。概括而言，这本书涉及拿破仑革命后政权立宪的极端主义。这些“残篇”很少提及拿破仑的名字，因为这些残篇正如施拉布伦多夫正好在两年前写的那本书一样，内容涉及结构问题而不是特征问题。（S.53）

在法国社会，人们用革命的方式消除了所有暴力形态、特权和传统的自由权利，在这样的状况下，法国的暴君比被传统束缚的封建君主统治得更没有节制、更独裁：“这个国家现在的统治者把他的权杖伸展到一个难以测量的层面，在这个层面中，他在任何地方都没有遇到高度或者深度、丘陵或者土围墙，甚至都没有遇到会阻止他或者引他偏离篱笆。他执政于单调的王国中心，（S.54）通过一个极其强大的内阁、一个在他面前都会发抖的政府部门、一台张紧的国有机器、一个无时不在和无所不知的警察局、一支完全屈服于他的军队。”根茨的著作随处都是给人留下深刻印象的句子，这些句子把比喻的力量同分析的敏锐联系起来，就像是某种预言。这部著作目光敏锐地描述了公共舆论的弱点，在一个用公民表决的方式适应大众一致意见的体制中，首先向它的追随者提供一点：从一种先前的无政府主义状态、一种内战中解救出来。根茨依据这个政权的军事基础推论该政权的无节制和无休止。拿破仑这位法国的统

①这是英语。——译者注

②根茨：《残篇》（Gentz，*Fragmente*），第54～85页。

治者通过炫耀武力掌握了政权；也就是说，他必须继续获得胜利："只要他下定决心进行统治，维系他的军事荣耀就是他的第一个也是最后一个能让他担心的事。欧洲没有任何其他政府如此密切地、如此多元地、如此无法分开地与军事兴趣联系起来。"此外，这个在内部整齐划一的、对外不可避免地以战争为准的统治体制还以出口革命的准则威胁着欧洲的古老国家，而且完全不依赖于这个问题：这些革命的准则在法国内部得以实现。把颠覆当成对外政策的武器，这是一个工具，它并没有供那些建立在传统的权利基础上的欧洲君主使用，从这个意义上来说，这个工具向拿破仑的法国确保了一种非常规的竞争好处。

这种对拿破仑国家革命的特殊性进行的充满激情、但同时又客观清晰的阐释，解释了其悲观的语调，根茨在其"残篇"的前言中用这种语调提出了普遍统治和国家体制的二者择一问题。从国家层面而言，他不仅仅把那种普遍统治视为卑劣的，而且他并不相信这种统治的和平能力，因为在这样一种霸权的体制中，权利、自由、地方宪法和自己的国籍和风俗习惯都不再是安全的，甚至连个人的财产都是不安全的，更不用说与这种霸权体制联系在一起的物质榨取了。

歌德似乎并没有送给根茨所希望的、他所祈求的"赞同的话"。但很难想象的是，根茨的残篇居然没有给歌德这位长久地生活于小国的大臣留下任何印象，（S.55）他从前可是作为尤斯图斯·莫泽尔的读者来到魏玛的，否则他很难会如此长久地记着这些。歌德向编辑艾希施台特警告这本书的"偏袒性"在歌德看来，主要是指政治倾向的偏袒性。根茨把一种保守的态度进行了理论化处理，而且使这种保守的态度适应其革命的对立面，还用修辞来提高语调，他的这个语调仅仅是在各种状况的压力下形成的。这对于歌德和平的保守态度而言并非是完全陌生的。

根茨再一次进行了尝试，想让歌德相信他的意图。1807年7月，他们在卡尔斯巴德温泉镇见面，这是欧洲社交圈和外交圈热闹非凡的、夏季的十字路口，充斥着各种谈话、谣言和信息，在这个十字路口上，在这几周之内，歌德建立起与德法外交官卡尔·弗里德里希·莱茵哈特之间毕生重要的友谊，这位外交官此后不久就升迁为拿破仑在德国统治体系的最重要的官员之一。但是，歌德也偶然听说了弗里德里希·冯·根茨，这个为奥地利效力的仇视法国皇帝的人。1807年8月3日，歌德在日记中写道："早晨我到根茨那里做客很长时间，先是进行了一场争执性的对话，然后是审美对话。"这次谈话主要涉及亚当·米勒，这位克莱斯特的朋友，当时登上舞台，克莱斯特同样也是一个与法国人不共戴天的人。歌德这个夏天阅读的克莱斯特的《安菲特律翁》（*Amphitryon*）[①]也是歌德与根茨谈话的对象。歌德在这次涉及审美与政治的谈话中大概也获得了关于年轻的、反对法国的柏林和德累斯顿作家圈子的情况。然而，正如《日报和年报》记录的那样，根茨开场时首先"亲切地告诉歌德他的思想，带着对刚刚过去的战争事件的极大的洞见和了解"，"军队的状况，各次战役的成就"，他第一个向歌德讲述了关于在蒂尔西特签署和平条约的事[②]。三天之后，歌德在日记中明确记录根茨动身离开。根据歌德的日记，一年之后，同样是在卡尔斯温泉镇，歌德长年的度假女友、在维也纳生活的玛丽阿娜·冯·艾伊本贝克（Marianne von Eybenberg）给了他"根茨写的关于蒂尔西特和约之后俄国反对英国宣言的著作"，8月5日，歌德又在玛丽阿娜·冯·艾伊本贝克处探讨根茨的这本书，（S.56）这一点明确地指明了这本未出版之书的私密性，很显然，这位维也纳的贵妇不愿意把这本书送人。这可能涉及这本书——或者这本书的几部分——根茨把这本书称作是"对这个问题的思考：现在的情况下，奥地利王室可能做出某种决定，旨在用一种持久的方式把德国从国外的暴力中解放出来。"[③]

---

①《安菲特律翁》（*Amphitryon*）是克莱斯特著名的喜剧。——译者注

②MA，第十四卷，第188、189页。

③根茨：《论国家著作和书信》（Gentz，*Staatsschriften und Briefe*），汉斯·冯·艾加德（Hans von Ekardt）主编，第一卷，第175～212页。历史批评版对日记的评论（第三卷，第二部分，第1141、1142页）推测，内容涉及1809年"奥地利王室的宣言"（《论国家著作和书信》第一卷，第215～239页），而从时间顺序和客观性的角度来看，这种推测是不太可能的。1808年的《思想》在开头包含"一种宣言"的草稿，歌德的表达很可能涉及这部更原则性的著作。1808年夏天根茨的思想也在这里无论如何相互关联地得到了展开——恰好是玛丽阿娜·冯·艾伊本贝克夫人向歌德呈递的那部著作。

在这部著作中，根茨建议反抗拿破仑在德国统治的一种广泛的起义计划，勾勒出由奥地利担任主席职位的德意志联盟，他在书中已经展开论述，后来在维也纳会议上得以探讨。这是一项果敢的、系统地缜密思考过的计划，其前提是："持续德国的现有境况——通过保存奥利地君主制和该君主制——以全体欧洲民众的福祉、自由和愿望——在任何条件下都是无法忍受的。"[①]所以，奥地利的君主制应该利用有利时刻——法国因为在西班牙的战争而受到削弱——迅速扭转局面。根茨希望，德国应该在第一个瞬间取胜，通过一个"宣言"提供一个公正合理的未来。在这份宣言中，德国的王侯们的身份得到保证，确保承认国家状况以及一种联邦秩序，不要被保护国的统治或者霸权，甚至向法国确保以莱茵河确定国界。当时德国保守的反对派还是如此有节制。根茨的著作在理论上如此有说服力，而且在事实上如此充满目测力，正如这位思考的政治家述之笔端的一切一样。透过在六年后就已经出现的事件的光线来看，人们不得不承认这部著作占有优势的政治判断力。这部著作结尾的指明具有预见未来的想象力，指明了德国对欧洲的平衡和安全所起的战略作用。"只要德国不是完全自由的，我们的大陆就没有任何国家能够指望三个月内就保证财产占有状况，保证宁静与独立，因为，欧洲一个自由的中心也提供保护，免遭来自东方的危险，甚至抵抗所有政治格局中最恶毒险恶的格局，即法国和俄国之间的联盟。"

然而，（S.57）1807年和1808年，歌德都无法被根茨说服。歌德觉得根茨说的话值得记录下来，仅此而已。根茨本人非常失望，几年以后，当拿破仑的衰落已经初露端倪的时候，根茨很轻蔑地谈论了歌德的政治性格，他也顾忌到以前歌德给他留下的印象。1813年莱比锡大会战之后不久，根茨在一封信中写道："他是一个可鄙的、自私自利的人和冷漠的人。""我永远都不会忘记，1806年耶拿战役两天前我发现他持有怎样的道德态度。人们只是必须读他的

①根茨：《论国家著作和书信》（Gentz，*Staatsschriften*）第一卷，第177页。

书，千万不要在任何地方看见他或听他说话。”①

这样，我们可以得到这种政治结论，歌德毫无疑问而且按照他的方式彻底地接受了这种政治结论，不管怎样，歌德在1806年末和1807年初时了解到了人们提出的反对拿破仑、反对拿破仑政体及其疯狂占领的重要看法。歌德大概也觉察到了严肃的、被系统阐述的想法，这些想法并非源自国家的仇恨或者个人的仇恨，哪怕源自处于劣势者的偏袒都算不上，而是一些判断，它们的世界主义的视野很可能使得保守的霍夫曼豁然开朗，霍夫曼可是来自旧等级社会的小王国。除此之外，歌德自己还亲身经历了战争狂热。尽管歌德与丹策尔和德农这样的法国高官保持友好的关系，法国军队的这种战争狂热绝对不是令人愉快的。他的公爵几乎被罢黜，而不久就签署的和平条约在财政方面的条款也很苛刻。与往常一样，歌德没有透露任何事，尽管他在这几个月里得到很多信息。歌德1807年春在舞台上公开采取的行动更加重要，也更有深远意义。人们可以看出来，歌德的这个行动考虑到了适应新的状况，尤其考虑到了拿破仑这位伟大的皇帝，他现在在莱茵联盟中还是魏玛的保护人。我们可以用一个简单的句子来领会这个行动，但对于今天的读者来说，这个句子是需要解释的：歌德站到了约翰内斯·冯·米勒（Johannes von Müller，1752—1809）的一边。

为了理解这个态度，我们必须知道，对于歌德及其同时代的人而言，约翰内斯·冯·米勒是谁。非专业的读者最早还是从阿诺·施密特（Arno Schmidt）②厚重的广播剧本（S.58）《米勒或者大脑动物》（*Müller oder Gehirntier*）得知这位作者。在该剧中，施密特把这个案例——明确地出于个人利益（pro domo③）——变成了具有病理学特征的古怪奇事、一个极富天赋者的悲剧。瑞士人米勒对于1800年前后的读者来说毫无疑问堪称同时代最著名的历

①格鲁姆玛赫（Grumach），第六卷，第149页。

②阿诺·施密特（Arno Schmidt，1914—1979）是德国作家，小说富于想象力、荒诞古怪，他进行语言实验。——译者注

③这是拉丁语。——译者注

史学家。作为所有时代最伟大的历史学家之一，他既是学者，又是作家。因为米勒参与杂志《耶拿文学汇报》的编辑工作，歌德赋予他缩略词语（Ths），表示修昔底德（Thukydides）[①]。米勒的主要著作是多卷本的《瑞士联邦历史》（*Geschichte der Schweizerischen Eidgenossenschaft*），席勒的戏剧《威廉·退尔》也从这部著作中汲取创作素材，在卢梭晚期所遭遇的瑞士狂热时，这部著作在读者那里取得轰动性的成功。此外，米勒还写一部世界历史的鸿篇巨制，包括对时事政治的态度，许多评论和撰写好的无数演讲，这些是用德语撰写的最优秀的演讲。作为历史学家，他在任何时刻都是雄辩家，具有一种不自然的、按照古风精细雕琢的激情，这种激情对德国历史学家散文的影响直到20世纪才丧失。（S.59）此外，米勒还是一位出色的写信人，他喜欢把他的各种关系披上一种古典主义的同性情爱的高贵外衣——有些段落完全是迎合时尚、赶时髦（à la mode[②]）。

米勒是欧洲的一位著名人士。1800年，在其荣誉达到巅峰时，他被维也纳宫廷聘用，1804年他被聘到柏林。这两个地方君主的会客厅都向他敞开。在柏林，他成为王室的历史学家，有时担任王储的老师，他致力于委托给他的一项任务：撰写一部弗里德里希大帝的生平传记，为此，国王本人的档案馆没有任何限制地向他开放。不到三十岁，米勒就得以在无忧宫拜访伟大的弗里德里希。在普鲁士的首都，米勒活跃积极地参加文学与政治生活，在收取优厚薪金的前提下，他作为德累斯顿、维也纳和圣彼得堡王室之间的通风报信者发挥作用，除此之外，他还作为国王弗里德里希·威廉三世（Friedrich Wilhelm III.）的枢密顾问发挥作用。尤其在奥斯特里茨战役前后那几个动荡的月份，他与弗里德里希·冯·根茨主要就政治问题通信，这些晚来信件火焰般的情绪至今读来还很有感染力。根茨是一位头脑更敏锐的人，他不仅在风格上向米勒学到很

---

①修昔底德（Thukydides，公元前460年或更早一前404年后？）是古希腊最伟大的历史学家，著有《伯罗奔尼撒》。——译者注

②这是法语。——译者注

多东西，他尤其从米勒关于瑞士历史的个别前言获益匪浅，这些前言充满对现实的关联。根茨对平衡下的定义也几乎一字不差地引用了米勒早年的著作，对1788年“王侯联盟的描述”。在这些“残篇”中，米勒又完全重新认识了欧洲的平衡问题。1806年5月8日，他致信根茨说：“最亲爱的朋友，请您接受我最热烈的拥抱，因为您撰写的杰作充满智慧与情感，前言壮美，能够说出所有的问题。昨天，我从哈尔特克诺赫（Hartknoch）那儿得到这份前言，我一气呵成地把他读完了。在阅读这份前言时我经常认识到，您在和我说话，最卓越的人！您仿佛叫我的名字，提醒我，证明了我们观点的一致！有朝一日，您会知道，我们是同心同德的，我们在神圣的争执中像战友一样彼此爱护。我依然处于迷醉的癫狂中，因为喝了您右手递给我的众神饮品而迷醉。……”① 这是这里占主导地位的热情洋溢、兴奋若狂的语调，在这种语调中，人们喜欢在情感的高度上从称呼“您”变为称呼“你”②。（S.60）

在柏林，米勒在鹰派③圈子内活动，鹰派忧心忡忡地观察着拿破仑的长驱直入，痛苦地抱怨普鲁士优柔寡断的政策。米勒毫无保留地宣告他对拿破仑的憎恨，提到“阿提拉（Attila）④-波拿巴”“像魔鬼一样无所不能”“卑鄙的人”“无耻”，这些都是米勒在耶拿战役和奥尔施台特战役之前在信中的表达⑤。在奥斯特里茨战役之前，米勒还在一篇纪念文章中明确建议国王进行战争，而且是一场“以最大的快捷和最大力量的努力”⑥的速战。实际上，在这个节骨眼上，假如普鲁士参战，在与奥利地和俄国结成的联盟中还会取得成功的。

---

①根茨：《著作》（古斯塔夫·施莱希尔主编）（Gentz，*Schriften，hg.von Gustav Schlesier*），第四部分，第231、232页。

②在德语中用“你”称呼表示彼此关系密切。——译者注

③鹰派即主战派。——译者注

④阿提拉（Attila，卒于453年）是匈奴国王艾策尔（Etzel）。其统治中心是匈牙利，其王国向东扩展到高加索，向西几乎扩展到莱茵河。448年，他强迫东罗马每年进贡，451年打到卢瓦尔河，在一次战役中被打败，452年进犯意大利。米勒在此说明拿破仑像阿提拉一样四处征战。——译者注

⑤施伊普（Schib）：《约翰内斯·冯·米勒》（*Johannes von Müller*），第242～244页。

⑥帕普（Pape）：《约翰内斯·冯·米勒》（*Johannes von Müller*），第237页。

在公开场合他也并非保持缄默。作为宫廷史官，他有责任每年1月在弗里德里希大帝祝寿期间，在皇家科学院发表公开演讲。这是一种历史编纂学的国家行为，在该国家行为中，面对来自南方的、具有威胁性的战争阴云，对外仍毫无动摇屹立的普鲁士王国公开地明哲保身、保全自己。这位身材矮小、其貌不扬的学者长着超大号的脑袋、小细腿和向前突出的肚子，他特别强调荣耀、勇气、力量和真正的伟大，他明确地影射法国的篡权者。1805年，米勒在他的《论弗里德里希二世的历史》演讲中说："一场占领并不像抵制诱惑那么难，理智更看重内在价值的增加，而不是表面的拓展，而且，在特别强调与无足轻重之间寻求高贵、值得信赖的尊重。"[①] 一年以后，当涉及"古老的各个民族的衰落时，"这位世界历史学家警示，在一个帝国内，各个民族的竞争热情会终结，在这个帝国里，"所有卓越品质都被排挤到一座城市里，一座最堕落的城市里"，而地方衰败，后果是："王国大伤元气，变得孱弱。"[②] 米勒属于那种历史学家，他们由于渊博的学识随时都可以信手拈来地进行类比。1806年，他还挖掘出一本关于圣战的箴言集（Dschihad），他的朋友约瑟夫·冯·哈默（Joseph von Hammer）把这本箴言集从土耳其语翻译成德语，米勒为该箴言集撰写了前言。在前言中，米勒赞扬寻求殉道和天堂的那种快乐的、为真主而战斗的信仰的强大，（S.61）着重赞扬"穆罕默德革命"的威力，然而人们不禁要问，这些着重语气针对何种方向，针对自己人还是针对敌人——在此引用这句引文，因为它与"世界的穆罕默德"相似，几乎在同时，歌德同里莫尔在到耶拿前的马车里用以比喻拿破仑："我们在几乎没有训练的部队里看见激动的情绪那种给人沉重的打击，这些部队尽管并非训练有素，但在元帅指挥下，即兴演绎胜利。"[③] 法国的革命军给人的感觉就像参加圣战的人一样。

① 《米勒全集》，第25部分（Müller，*Sämtliche Werke*），第89页。

② 同上，第95、96页。

③ 同上，第310页。引自《穆罕默德的战争战术，旨在宣扬出自先知穆罕默德之口的圣战的前言》（*Mohammeds Kriegskunst. Vorrede zur Posaune des heiligen Kriegs aus dem Munde Mohammed des Propheten*）。

1876年10月27日，就在耶拿战役两个星期之后，拿破仑在穿越普鲁士的勃兰登堡省核心地带取得骄人战绩之后，进驻柏林，而这个国家最重要的要塞几乎不战而降，一个接一个地沦陷。人们几乎可以预料到，米勒会逃离帝都，就跟根茨一年前逃离法国人占领的维也纳一样。然而，米勒却留了下来，在某种程度上有些吓得战战兢兢。三周之后他就表现出为了皇帝的事业而争取：他在柏林的王宫与拿破仑进行了会谈，这次会谈是伟大的法国人的朋友亚历山大·冯·洪堡（Alexander von Humboldt）①牵线的。11月20日，就在欧洲大陆宣告封锁消息之前一天，拿破仑抽出一个半小时与著名的历史学家米勒交谈，这一个半小时是预定计划好的。米勒受到影响而突然改变主意，此丑闻不仅仅在柏林有文献记载。

可是，在耶拿战役之后，米勒的书信表明，当皇帝接见他时，面对这突然的变化，他已经成熟了。他信任地对他的弟弟说："人们现在不再需要伟大国王的历史书写人了，国王的行为是对现今最辛辣的讽刺。他七年来向欧洲声称的话在七个小时之内就变了。……我的愿望是，在法兰西王国内找到一个职位。"他在信中还说，巴黎现在是"这个文明化的世界真正的首都，就像古罗马一样，这是难以言说的、使人升华的精神活动：目光不再看向业已沦陷衰败的欧洲废墟，而是放眼展望世界历史的整个内在联系。"② 除此之外，米勒还说，拿破仑以惬意和尊重接见了他，他说，他了解到很多关于拿破仑皇帝豁达和内心高贵的品质——也就是说，拿破仑不再是阿提拉！

晚上7点，米勒去拜谒拿破仑皇帝，坐在弗里德里希大帝写字台旁的拿破仑站起身，引这位历史学家坐到沙发上。过了一会儿，隔壁的房间里传来背景音乐，（S.62）瑞士牛颈上的铃铛声丰富了背景音乐。他们谈论世界历史，米

①亚历山大·冯·洪堡（Alexander von Humboldt，1769–1859）是德国自然科学家和探险家，是自然地理学与生物地理学经典时期赫赫有名的人物，近代地质学、气候学、地磁学、生态学的创始人之一。著有著名的科普著作《宇宙》。曾长期生活在法国。现在德国最高等级的基金会——洪堡基金会以他的名字命名。——译者注

②《米勒书信》（Müller, *Briefe*），E.本茹（E.Bonjour）主编，第328、329页。关于同拿破仑的谈话，同上，第332～334页。

勒这位学者钦佩拿破仑皇帝广泛的了解和纯粹可靠的理智。谈话首先涉及瑞士与希腊城邦制宪法的相似之处，然后涉及“人类大概并非要创造完美清晰的真理，人需要维持秩序，他们还谈论了一种仿佛更幸福的可能性，那时许多纷争就会停止，而这些纷争是由过于棘手的宪法（比如德国的宪法）和过于强大的军队给国家造成的巨大负担造成的”。同时代的问题反映在这次历史性的谈话中。米勒感到得心应手，如鱼得水。“自从与弗里德里希谈话以来，我从来没有经历过比这更丰富多彩的交谈。”然而，米勒说：“在彻底性和广泛性方面”，他不得不承认，拿破仑皇帝比弗里德里希“有优势。弗里德里希有些伏尔泰倾向”。拿破仑在语气上坚定、有力，但是在他的嘴里，拿破仑同样有某种吸引人的东西。米勒在沙发上可以如此靠近拿破仑，以至于周围站着的人——有些是将军，还有外交大臣塔列朗——中没有一个能听到拿破仑皇帝信任地跟米勒说的话：“许多问题我永远都不会说的。”这个秘密大概涉及来自东部的危险，我们现在引用一下米勒给远在瑞士的弟弟写的第一封信件，他在这份信件中就重述了拿破仑对野蛮人入侵的警示，像迄今为止普鲁士君主制这样的国家面对这些野蛮人也仅仅是一个并不充分的预备防线。几个月后，米勒向卡尔·奥古斯特·凡哈根讲述，米勒向拿破仑提出这样一个问题：“倘若凯撒不被暗杀，那么他会做什么，而且他是否会转而朝向共和制。”对此，拿破仑这样解释：“他可能已向帕尔特人发动了战争！”（“Il aurait fait la guerre aux Parthes!”）[①] 德国和欧洲的内部秩序——保护自己免遭东部各民族的威胁：拿破仑以博学和谦恭（Courtoisie[②]）征服了米勒这位著名的学者，而在这种博学和谦恭的雾霭背后，人们可以认识到政治前景的端倪。塔列朗在其回忆录中尖锐地指明，拿破仑之所以细致地准备了与德国这位聪明人的谈话，就是为了通过知识和对答如流来给他们留下深刻印象，这种说法并不可信[③]。

①这是法语。凡哈根（Varnhagen）：《值得纪念的事》（*Denkwürdigkeiten*），第434页。——译者注

②这是法语。——译者注

③塔列朗：《回忆录》（Talleyrand，*Memoiren*），德语版，第一卷，第324、325页。

米勒被征服了，被吸引住了。他致信弟弟时说，迄今为止，还从来没有哪一位学者被皇帝单独召见。米勒对此怀有听天由命态度：（S.63）世界现在恰恰投身于一个人，而这种态度变成了个人的兴奋："他通过他的天赋及其无拘无束的善良友好征服了我。"半年之后他写道，"人们似乎把我看成了老者之一，这位老者仅仅在后世中而且为了后世活着。历史撰写工作的尊严从未得到比这个人给予更好的实现：他给予世界历史撰写工作最丰富的素材。"[①]关于在柏林宫殿这幕情景及其对米勒影响的消息不胫而走，很快就传播开来，其中少不了这位历史学家的添油加醋，他向四处传播这次神秘的接见。一些爱国人士提醒人们，要记得曾经对战争的鼓吹，其中米勒的声音几乎还没有消散，在这些爱国人士那里，米勒遭到了深深的鄙视，这种鄙视一直到20世纪还影响着国家历史编纂学；在普鲁士国家机器的建立者那里，米勒也遇到同样的鄙视。然而，像亚历山大·冯·洪堡和费希特这样亲密的朋友还是为他辩解。

但是，米勒依然是普鲁士的宫廷历史编纂者。1807年1月，正值弗里德里希大帝诞辰，米勒又在皇家科学院做了一份热情洋溢的演讲。人们几乎再也无法想象一个比这更棘手的诱因了——普鲁士还处于战事中，然而人们不得不把普鲁士看成被打败了；首都柏林生活在法国的占领下，这位演讲人还在不久前表明自己的爱国主义态度是不可信的。人们还能记忆犹新地回忆起他以前的演讲。在这种情况下，米勒于1月29日出现在其最可能持批评态度的听众面前，这一次，他做了一次演讲，题目是《弗里德里希的荣耀》。（La gloire de Frédéric[②]）。

"倘若德意志民族一位有教养的演讲人扪心自问，1807年1月29日，你在柏林的皇家科学院会如何谈论弗里德里希大帝的荣耀？……那么，这个问题可能会吸引他一段时间，然而不久，他会噩梦初醒般地发觉，这种工作并非他的责

①基尔希纳（Kirchner）：《拿破仑与约翰内斯·冯·米勒的对话》（*Napoleons Unterredung mit Johannes von Müller*），第115页，《全集》（*Sämmtliche Werke*），第十七卷，第437页。

②这是法语。——译者注

任。"[①] 四个星期之后的1807年2月28日，人们已经能在《耶拿文学汇报》一份对米勒演讲的法文版书评中读到这些句子了。而撰写书评的人不是别人，正是歌德，他精确地意识到了米勒走钢丝行为，而且极其钦佩他在此发现了米勒的解决办法。（S.64）

歌德和米勒彼此相识了25年。米勒频频前往魏玛，他们几年前还在瑞士相见。席勒曾以竞争者的心态好奇而怀疑地打量米勒这位历史学家，但席勒为米勒确保了这种荣誉：他在戏剧《威廉·退尔》中提到米勒。歌德赞赏米勒这位多学科学者掌握的渊博知识，它们使他能够就其收藏的每一枚金币即兴发表一个关于被描述者的简短报告。1805年，歌德为一个简短的自传写了一份书评，这个自传是米勒为一个配有学者画像的系列丛书撰写的，而今天这次评论被视为歌德在《诗与真》（*Dichtung und Wahrheit*）中描绘自己的人生、反思性作品之一。然而，米勒首先是《耶拿文学汇报》获得了歌德高度评价的工作人员，1803年至1804年冬天，歌德在新创办这份机关报时还以最谄媚的形式要求米勒参与编辑工作，这是第一个参与此工作的国外学者。他们之间签署了一份合同，米勒直至去世为止一共撰写了不少于62份大多长篇幅的稿子，这些随笔更多地涉及事情而不是涉及被评论的书本身。

歌德能够精准地评价在柏林发生的这件事，因为他已经了解米勒前期从1805年至1806年撰写的演讲。米勒在致信歌德时写了他的第一篇弗里德里希演讲："我感觉，围绕伟大的死者不如围绕这个时代去做事，在这个时代，人们太冷漠或者太缺乏勇气，从而忘记了所承担的角色。"[②] 所以，歌德以行家的眼光研究这篇新的演讲，他感到很兴奋。他马上与里莫尔一起把这份演讲翻译成德文，1807年3月3日和4日，这份演讲的德文版就在哥塔的《给有教养的阶层的晨报》（*Morgenblatt für gebildete Stände*）中以《弗里德里希的荣耀》（*Friedrichs*

①MA，第九卷，第565、566页。

②莱茨曼：《歌德与约翰内斯·冯·米勒的关系》（Leitzmann，*Goethes Beziehungen zu Johannes von Müller*），第502页。

Ruhm）这个标题出版。现在，有学识的读者可以想象，那个时代最著名的历史学家是如何完成当时所有能想象到的最艰巨的任务的。

即便过了二百年后人们还会说：辉煌。米勒维护了普鲁士的尊严，并且由此也维护了他自己的尊严，他也同样一直和盛气凌人与奴性毫不搭边。他虽然谈论弗里德里希，但是他把这个主题提高到一个更高的层次，其方法是，他追问弗里德里希大帝的荣耀，并且追问这种荣耀对各个民族的生活起的作用；对于这种伟大的传承人来说，其中的一个作用就是持续地尊重，（S.65）荣耀在后世的心里引起这种伟大。每个人都可以从歌德的版本中读到这十几页了不起的文字，在此我们选择歌德的两个引文肯定就够了，歌德本人为了在《耶拿文学汇报》中发表书评强调了这两个引文。“人们很高兴在历史的构成中、在性格的表达中、在风俗中，通过每个尊重伟大的时代和卓越的人的民族，认识那些影响残留的痕迹。”“也就是说，普鲁士经历了任何幸运和时代的变迁，只要任何回忆虔诚地停留在伟大国王的精神美德上，只要哪怕关于其人生的一个痕迹保留在你们的心灵中，你们就永远都不要绝望。任何英雄都会带着关切观察弗里德里希大帝的民族。”已经过去的、但永远不会消逝的荣耀作为持久尊重和自重的保证：米勒以这个修辞手段成功地对获胜者和战败者同时说话。这样他能够在新主人面前暂时保持鞠躬姿势，并且为了这个演讲的结尾保留这个姿势。在此，这位演讲人直接与弗里德里希大帝这位伟大的死者攀谈：“你将会看到，对你持有尊重把你一直非常热爱的法国人同荣耀的普鲁士人联合起来，在赞扬你如此卓越的美德时，对你的思念会唤起这些美德。”①

歌德在其书评中仅用一句话概括了，米勒的成就在何处：“他在一种值得深思的局势下讲得很精彩，结果，他的话肯定在幸运者的心里引起敬畏和珍重，在身处逆境者的心里引起安慰和希望。”问题涉及战胜者和战败者的共同生活，在战争年代，这是一个如此不言而喻的和艰巨的人性要求。我必须提醒人们注

---

①MA，第九卷，第578页。

意这一点，鉴于指责米勒为“叛变”的同时代的反应，而且鉴于一种更老的历史撰写，米勒在演讲中把这种更古老的历史撰写称为“没有通过的性格测试”，而且这种历史撰写把歌德对该演讲的赞同称为“灾难性的”[①]，还鉴于新的阐释，它们把歌德的翻译仅仅理解为友谊之举。虽然该翻译也是友谊之举——歌德在《日报与年报》中谈到，看到米勒遭到猛烈的抨击，他想向米勒做些“讨他喜欢的事”，尽管这件事仅仅是“一种无碍的翻译”，[②]——不仅如此；倘若没有对这件事的赞同，（S.66）歌德肯定不会出版。而对米勒文章的翻译也并非完全是“无妨碍的”，正如他后来想让人们以为的那样，是一种政治的信号。

更何况情况并未停滞于此。米勒极其热情洋溢地感谢歌德的支持——“在爱琴海水域最狂野的汹涌翻腾中，一个绝望的水手感觉，从来比不上永不离散的朋友给予的帮助更大，对于我而言——因庸俗搞得沮丧压抑的人——永远没有比3月3日和4日的晨报更有帮助的事了。”[③]——他同时宣告，“在文学汇报上偶尔让读者发觉，我相信，我们的德国人现在应该举止最理智，我甚至认为，他们现在做得恰恰很好，以智慧和集体精神准备一种更好的自由，而不是仅仅指望通过哥萨克骑兵和大山猫防坦克炮（Karakalpaken）获得同样的自由。”米勒由此开始探讨了一个很大的主题，在接下来的几年里，歌德也一再探讨这个主题：现在是否开启了法国人和俄国人之间的权力二者择一，在其中，人们必须做出决定，尽可能保存在德国西部的邻居一边，这要比保存在德国东部的邻居一边更好。歌德赞同米勒计划，接下来更是明确要求米勒不要放弃，“按照您的信念去行动，去书写；您特别要像迄今为止一样时不时地在我们的文学汇报中忠实地写下您的思想”。[④]

---

①莱茨曼（Leitzmann）：《歌德与约翰内斯·冯·米勒的关系》(Leitzmann，*Goethes Beziehungen zu Johannes von Müller*)，第484、507页。

②MA，第四卷，第197、198页。

③米勒：《信件》(与本热尔Bonjour)，第338页。

④1807年4月17日。[莱茨曼（Leitzmann），《歌德与约翰内斯·冯·米勒的关系》(*Leitzmann，Goethes Beziehungen zu Johannes von Müller*)，第511页。]

歌德对弗里德里希演讲的评论和翻译并非是“无妨碍的”，这已经可以从中读出来：就在此前的1807年1月19日，开始在《耶拿文学汇报》中发表一个肯定的评论，在该评论中，米勒以修昔底德的缩写作为署名，以莱茵联盟的卷宗为诱因，为全德国的新形势做宣传，也就是为此做宣传：抓住时机进行改革，在内部实现解放，这个机会主要由从撤出帝国联盟的莱茵联盟成员的主权声明获得。米勒写道，伟大的推进者拿破仑皇帝给予德国人很多做好事情的机会，因为拿破仑只不过预先勾勒出基本线路，“这肯定使联盟国有化，这肯定会使得每个德国人都感觉生活在这些圈子中有价值，他让德国人凭智慧意识到这一点”。米勒还毫不避讳地在此明确强调大公爵冯·贝克，即缪拉元帅，（S.67）他是作为典范的、新的德国国君，因为他把他管辖区域的所有阶层都拉过来，“参与公共的救济”。①

《耶拿文学汇报》在这几周内表明自己是新形势坚定的支持者。对《拿破仑法典》（*Code Napoléon*）的一篇长评开启了1807年的“时代性事件”：“假如德国把伟大的皇帝视为英雄，那么，德国就有机会通过他的法典把他当成立法者来结识。”这是1月3日第18专栏里刊登的话。而配合文学汇报发表的《智慧报》（*Intelligenzblatt*）主要刊登来自学术界的新闻，《智慧报》在同一天赞誉“前人并不熟悉的高尚宽容，法国凯旋者以这种宽容、充满对艺术和科学的意识几乎无一例外地试图保护和保留许多德国的重要城市”。1806年10月27日，就在耶拿战役之后，《耶拿文学汇报》的《智慧报》就赞扬拿破仑皇帝对耶拿大学的保护②。诸如此类的评价，尤其关于莱茵联盟和法国立法者的详细评论文章当然有更长的起跑：我们在此看到1806年10月16日战役对新闻工作的直接影响作用，即一种枢密顾问的政策，该政策还没有与魏玛的公爵协商就被实施了。这种新闻工作的策略有那种国家政策方面的维度，这个问题也由此得到解

① 《耶拿文学汇报》，第121～123栏［《米勒作品全集》（Müller，*Sämmtliche Werke*），第二十七部分，第274～276页。］。

② 1806年10月27日《耶拿文学汇报》的《智慧报》，第801～803栏。

答：枢密顾问沃伊格特派人把“几份”《耶拿文学汇报》送给魏玛的谈判代表弗里德里希·米勒，一直送到波兰，拿破仑的主要营地，他在那里推荐这几份报纸，尤其在1807年1月3日带一个拉丁文双行诗的第一份《智慧报》中，人们庆祝刚被命名的“拿破仑山”，皇帝在战役前在那里露营过[①]。在这一年过去三个季度之后，据说，按照沃伊格特的意愿，《耶拿文学汇报》的朗读目录再一次为魏玛在巴黎的外交官很好地效力，一场用拉丁语进行的关于皇帝法典的报告即将举行。“您据此可以看出来，耶拿是阅读《拿破仑法典》的第一个学术场所。”[②] 这是歌德早在1806年11月与里莫尔的谈话中就赞同的政策：合作而不是抵抗。（S.68）

歌德本人也利用这个方针，同样谨慎地向公众传播这一观念，然后他却又通过对约翰内斯·冯·米勒及其弗里德里希演讲的支持而明白无误地向公众宣传。这样，枢密顾问沃伊格特甚至仔细斟酌这个想法，这就不足为奇了：把约翰内斯·冯·米勒这位闻名遐迩的历史学家从柏林聘到耶拿。1807年1月15日，这位枢密顾问在这种情形下给代理人米勒写信：“约翰内斯·冯·米勒将会为我们赢得荣誉和掌声，并且帮助我们继续发展良好的文学思想。我们完全不应该让科学的名声衰落，因为它在全世界发挥重要作用。”[③] 1807年6月6日，哲学家费希特致信他的妻子时简短地谈到了“米勒、歌德和其他莱茵联盟的人”，[④] 这个例子表明，同时代的人多么精确地理解歌德赞同的这种国家政治背景。歌德“善意的”翻译行动是外交行动，而歌德可能在“枢密小组”（Geheimes Consilium）与同僚一起商讨过这次外交行动。

1807年9月，约翰内斯·冯·米勒终于告别了普鲁士国王——“像一个奴

---

①PB2，第531号（第419页），沃伊格特致信米勒，此外还有《耶拿文学汇报》的《智慧报》，1807年1月3日，第7、8栏。

②PB2，第687号（第564页），1807年9月3日。这次讲座主要讲《创造另一个理性的市民阶层》（*transferendi ad alias civitates ratio*）。

③PB2，第537号（第425页）。也参见第440页（第440号），在沃伊格特这里是说，歌德应该通过致信约翰内斯·冯·米勒给予他“更多的推动力”。

④席普：《米勒》（Schib，*Müller*），第268页。

才走狗一样”，他这样感受[1]。他起初想去图宾根（Tübingen），可是他收到了拿破仑的召唤，想安排他当拿破仑的胞弟热洛姆（Jérôme）[2]执政的威斯特法伦（Westphalen）[3]王国的大臣，该王国是德国的新型典范国家。在那里，他主要在中学和大学事务中耗费了两年精力，而且做了针对新秩序的高调演讲。1809年，约翰内斯·冯·米勒去世，歌德和米勒的朋友卡尔·弗里德里希·莱因哈特悼念他，他们把深思怀念的信件献给他。

与早年的朋友弗里德里希·根茨断交是两年前的事。根茨早在1806年就指责米勒缺乏政治果断、有宿命论倾向：迎合所有的事和任何人。他已经通过小道消息了解到米勒会见拿破仑的经历，而且是通过亚当·米勒的一封信，亚当·米勒（Adam Müller）饶有兴致地给约翰内斯·冯·米勒抹黑。根茨提到了断交的真正诱因，即对莱茵联盟的书评，对于根茨而言，主要是大公爵穆拉的表扬是波拿巴体系中最可鄙的现象之一。他写给米勒的绝交信是德国文学史上最了不起的纪实之一，看到这篇纪实后人们不禁要问，人们更多地应该为何而感到惊讶，（S.69）是其从心理学角度看的目光敏锐，还是根茨人性的卑鄙。这封绝交信明确地把米勒的位置更迭从政治领域分析转移到性格特征分析上，在性格特征方面，米勒一直残留着阿诺·施密特时期的色彩。根茨称米勒的全部禀性就是“大自然奇特的败笔”，他用单声部的潜台词概括说：“您是而且依然是偶然留下的印记，总是准备承认一切，重视一切，您永远都达不到彻底的憎恨或者彻底的依恋，您的人生是不断的屈服。”[4]

投降，在这几周内，真正投降的主要是普鲁士的要塞，一个接一个地沦陷，没有被年迈僵化而守旧的弗里德里希二世时代的将军们捍卫。只能从俄国人那里得到拯救——可是，他们就比法国人更好吗？歌德和米勒肯定不得不朝

①席普：《米勒》（Schib，*Müller*），第274页。

②热洛姆·波拿巴（Jérôme Bonaparte，1784—1860）是拿破仑一世的小弟，威斯特法伦王国国王，法国元帅。——译者注

③有人翻译成“威斯特伐利亚”，按照德语音译应该是“威斯特法论”。——译者注

④《根茨与米勒的通信》（*Briefwechsel zwischen Gentz und Müller*），第272页。

耶拿和奥尔施苔特之前所预言的方向发展——普鲁士最终的失败。1807年2月17日，米勒致信他的弟弟时写道："无论我们的世界局势会怎样，我都把它看成迄今为止文明世界的终结。"他当时陈述了这样看待局势的理由。普鲁士的东山再起以及后来人们所称的"德意志的崛起"在这个时刻还是世界上最不确定的事情。在古老的欧洲平衡与霸权之间的争端中，首先是霸权取得了胜利。无论如何歌德的态度仿佛就是这种情况一样。歌德以他的方式，用文学和新闻工作的手段，让自己适应新形势。歌德肯定在耶拿战役后不久就下决心适应新形势。这源自歌德1806年到1807年冬天看到自己卷入的一场不愉快的新闻丑闻。我在前面提到过，由歌德的新出版商哥塔出版的《汇报》阴险而讽刺性地评注了歌德与克里斯蒂安娜的婚礼以及歌德大舅哥妻子遭到强奸的事情，还有关于魏玛的不实报道。1806年12月25日，歌德在一封简短的信中向哥塔抱怨这些情况，这封信就像是一封歌德的恼火长信。然而，歌德把这封长信给年轻的意大利语言文学研究者和美学家卡尔·路德维希·费尔诺（Carl Ludwig Fernow）看过——（S.70）而费尔诺偏偏把魏玛背后议论的闲话传给了生活在德累斯顿的卡尔·奥古斯特·波伊提格尔（Karl August Böttinger），这是一位魏玛古典文学时期爱说闲话的记者：而波伊提格尔又把背后议论魏玛的闲话传给了《汇报》。歌德是否知道，他充满信任地抱怨时，就已经预示着这个严重的后果呢？无论如何他向费尔诺解释说，报纸对魏玛说咸道淡是羞耻的：在这个普遍的废墟中，只有一件伟大的和神圣的事业，那就是"我们的文学尚未被触及的保护神"，人们应该以最令人嫉妒的方式保护好这位保护神，尤其为了预防，"手中掌握德国命运的那个人失去尊重，而我们通过一种更高的精神优势迫使他尊重我们"。费尔诺又把歌德的态度传给了好搬弄是非的人波伊提格尔①，这样，接下来几年的路线就事先被规划好了：在政治上顺从，把精神领域当作民族的圣地加以保护。很显然，这也是《耶拿文学汇报》遵守的准绳。

①格鲁马赫（Grumach），第六部分，第209、211页。

歌德在拿破仑时期建立的最重要的、新的友谊果断地指向了莱茵联盟：与德国人卡尔·弗里德里希·莱因哈特的联系，他在对法外交事务中工作。歌德于1807年6月初在卡尔斯温泉镇结识莱因哈特。在卡尔斯温泉镇，莱因哈特正与家人一起疗养，缓解在罗马尼亚的多瑙河王国做公使时的劳顿，而这次的公使工作又把他暂时带到俄国的战俘营中。莱因哈特（1761—1837）的生平履历很令人惊讶，而且鲜为人知：在法国大革命爆发前，他这位主张改良的施瓦本人曾作为神学家和教育家来到法国，他留在法国，而且历经所有的政府更迭得以确立自己在法国国家事务中的地位，他成为塔利朗的左膀右臂，1799年他甚至作为塔利朗的得力助手成为法国的外交大臣，任职长达好几周。务实的、勤勉的人总是给歌德留下深刻印象，他肯定对莱因哈特的这种事业生涯特别感兴趣。截止1807年7月中旬，歌德与莱因哈特一家已经聚了24次以上，经常是一天聚几次，这是一种密集的交流，令歌德愉快的是，不久，《色彩学》（*Farbenlehre*）就成了他们交流的核心，正如长篇谈话记录证明的那样，莱因哈特这位毫无偏见的外交官能精准理解《色彩学》。当然，政治也发挥不小的作用。歌德在《日报与年报》中的概要指出了这一点："当他作为在眼下给许多人造成痛苦的民族的代表，不能被其余的社交圈接受的时候，这位杰出的人与我的关系更加密切（S.71）。"[①]这段美好的老年之谊在社会和政治层面得以生根发芽：两个德国的世界巨人碰到一起，还因为他们忽略对法国的民族保留态度。1808年，莱因哈特被拿破仑任命为驻卡塞尔公使，而且作为公使成了国王热罗姆的威斯特法伦王国的王室监督人，这大概是莱茵联盟中最重要的外交职位。莱因哈特还在这个职务中与约翰内斯·冯·米勒见了面，他后来不得不组织了米勒的葬礼，他还和歌德紧急就米勒交换了意见。莱因哈特后来充当了年轻的莱茵浪漫派、尤其布瓦塞雷（Boisserée）兄弟及其对中世纪艺术的发现之间的中间人，他这个角色对于歌德而言，今天更多地被理解为这种状况：歌德

①MA，第四卷，第188～190页。

通过他拥有了与拿破仑在德国统治机器中的一种直接联系。

在莱因哈特的来信中，歌德读到他把德国描述成“不过是法国与俄国之间一个广阔的儿童游乐场”，他也听到这种想法：耶拿可以“为了纪念这场伟大的战役而提升为莱茵联盟的核心大学”，耶拿或许会成为拿破仑德国的《耶拿文学汇报》的所在地！歌德祝愿他“在壮美的巴黎一切安好，我嫉妒您在巴黎看到的景象”，接下来莱因哈特答复说：“您本人可能因为我们对现今世界的一致观点而思念巴黎；哦，您为什么不在这里啊。”歌德从莱因哈特那里得到来自皇家权力中心的消息，歌德对这些消息如同对米勒大臣关于皇帝的报道一样感兴趣，歌德偶尔在日记中记录这些消息。此外谁能言简意赅地向歌德通报来自第一手的印象呢？比如关于耶拿战役的第一个纪念日的庆典的消息：“12位德国统治者不被察觉地、恭敬地站在队列里。”[①]

莱因哈特不久就爱上了歌德，与蔡尔特完全类似：他在致信约瑟夫·冯·哈默（Joseph von Hammer）时谈到第一印象就更加有趣，很奇怪，这个记录与玛尔维茨在耶拿战役前的观察一致，该观察说，歌德缺乏某种贵族的潇洒（Désinvolture[②]）。冯塔纳认为，这是容克贵族的等级观念，（S.72）然而，莱因哈特并非贵族，他写道：“他的举止并非完全优雅。在我看来，他的举止有些大胆，而且恰恰因此有某种模糊的特点；假如他仅仅想表现出礼貌，他就会显得有些矫揉造作，而这种特征与他并不相称，因为这是装出来的，但是我已经看到，他使人感到温暖，并且听到他来自内心的沸腾，这样，我就通过利爪识别了这头狮子。”[③]

卡尔·奥古斯特也不得不与他的公国一起顺从地加入莱茵联盟，他在此过程中可远不像歌德那样感觉舒服。1807年7月18日，他终于在德累斯顿晋谒了拿破仑皇帝，当时拿破仑正从蒂尔西特的返乡。这次接见是冷冰冰的，卡尔·奥

①《根茨与米勒之间通信》（*Briefwechsel zwischen Gentzund Müller*），第31、35、39、40、43、45页。

②这是法语。——译者注

③格鲁马赫（Grumach），第六部分，第279页。

古斯特无法给皇帝留下深刻印象，或者唤起拿破仑的好感，比如说，沃伊尔里策尔（Wörtlitzer）王侯列奥珀尔德·弗里德里希·弗兰茨·冯·安哈尔特-德骚（Leopold Friedrich Franz von Anhalt-Dessau）就成功地博得了拿破仑的好感。正如魏玛公爵自己所言，（S.73）他度过了“他一生中最不舒服的几天”，他甚至觉得最近在卡尔斯温泉镇逗留时取得的浴疗成效也被这几天给影响了[①]。下一次在7月23日的见面也失败了：拿破仑在返回巴黎的途中，他听人劝说，不仅顺便到与魏玛争夺萨克森公国中优先地位的哥塔（Cotha）看看，而且还绕道去魏玛，魏玛公国繁重的国家机器对皇帝迅捷匆忙的抵达反应滞后，以至于没有任何有等级身份的人能够在国境线上恭迎他。接着，拿破仑皇帝失去了在那儿久留的兴趣，问候了公爵夫人就大发雷霆地继续赶路，而宫殿里丰盛的宴席一直没有人动。这样，卡尔·奥古斯特也就没有找到机会呈递一份请求，努力争取免除苛税特别税。拿破仑皇帝的不悦也没有因此而缓和：人们向他报告了卡尔·奥古斯特发自波西米亚温泉疗养地的、他个人的“最坦率的表达”（de propos fort libres）[②]。卡尔·奥古斯特不得不往巴黎写一封又一封煞费苦心、精雕细琢的信，最后于1808年初成功地让拿破仑皇帝同意当他的孙女玛丽（即王储的女儿）的教父——不无严格的审查，该审查由不熟悉古老欧洲宫廷礼仪的新任外交大臣让-巴普提斯特·诺姆佩雷·德·尚帕尼（Champagny，Jean-Baptiste Nompère de）[③]负责，他问魏玛公使冯·沃尔措根：“可小公主叫拿破仑吗？”冯·沃尔措根接下来回答：“她叫玛丽亚，可能是随他俄国的外祖母的名字。公主们没有男人的名字。”

政治上的日常生活一直是崎岖的而且毫无光芒。人们不得不由于魏玛战争份额的悲惨配给而在接下来的战争中对抗普鲁士，保护自己。魏玛因为开小

①提姆勒：《卡尔·奥古斯特》（Tümmler，*Carl August*），第173页。PB2，第658号，第532页。

②PB2，第671号，第550页。——译者注

③让-巴普提斯特·诺姆佩雷·德·尚帕尼（Champagny，Jean-Baptiste Nompère de，1756—1834）是法国政治家、外交家、拿破仑一世的外交大臣。——译者注

差而在莱茵联盟中引人注目。人们以严苛态度收缴特别税，尽管魏玛在银行家那儿，比如在法兰克福的贝特曼银行已经没有了任何贷款，单个的魏玛乡镇一直到1923年的通货膨胀时还在支付当时增长的债务。在莱茵联盟的卷宗中，各个成员之间被规定好的本身受欢迎的领土清理，把魏玛公国牵扯进与其邻国的长期争端中。此外还有围绕哥塔优先权的冲突，重要的不仅是象征性的，（S.74）而且还对莱茵联盟的联邦代表大会的影响很有意义，尽管联邦代表大会从来都没有召开过。那个时代的伟大成就在于，公国的管理制度和内部宪法的改造缓慢地开始，很晚之后才结出硕果。歌德处于公国顶级的朋友们——沃伊格特、冯·沃尔措根男爵、外交官米勒和公爵——承载着这个层面的劳累，他们生活得很艰难，抱怨很多。从未公开的冲突也为糟糕的氛围起到了推波助澜的作用，冲突发生在对法国友好的沃伊格特——歌德赞同他的观点——与公爵周围的对立阵营之间，公爵还有他身边亲近的人（Entourage[①]）以及沃尔措根都支持他的反法态度。歌德在这些年里心情愉快，很值得听一下抱怨，与这种展示性的愉悦性情形成对照，尤其这种抱怨代表当时在全德国占统治地位的变革状况的紧张局面。所以，1806年11月末，沃伊格特这位始终不急不躁、客观工作的人致信米勒说："自从世界的状况大变，变得我的情志力量都难以把握的程度，自从连续不断的担忧让我忙碌以来，我开始认为，'死亡对于我而言可能是一种福利'。"[②] 苛求的感觉与屈辱联系在一起，尤其公爵对屈辱是很敏感的。人们暗示他，给塔列朗送一份礼物可能会发挥有利的作用——或许一个带公爵肖像的盒子。然而关键并非这盒子的价钱，因为贝内文托（Benevent）的王侯——即塔列朗——本身不太看重盒子，他经常马上就把盒子搁置在一边，关键是内涵，即放到盒子里面的金钱数额。当时人们觉得8万法郎比较合适。米勒负责传送这件礼物，他还证实这一点，米勒不得不容忍对

①这是法语。——译者注

②PB2，第739号，第611页。

其“8万法郎资助人”的辛辣讽刺，而且还要容忍公爵的指责：“他一旦无事可做，就绞尽脑汁地想各种礼物。”面对这种窘迫的外交手段，卡尔·奥古斯特认为：“现在最好的目标肯定是人们可以追逐的目标。”①

这是一个并非王侯的、也与卡尔·奥古斯特完全不相符的座右铭。情况当然并非一成不变。不久，派人监视可疑的公爵的法国人就愠怒了，因为他们注意到这位公爵与复员的普鲁士军官交往，（S.75）比如冯·米夫灵男爵（von Müffling）和克莱斯特的朋友吕勒·冯·里利恩斯特恩（Rühle von Lilienstern），后者成了萨克森-魏玛的伯恩哈特（Berhard）王子的教育者。米夫灵后来的表述却是一种恶意的夸张②：卡尔·奥古斯特迄今为止把他的帝都变成德国艺术和科学的中心，而现在，他想要把帝都变成德国自由的中心。然而，不可否认的是，这里表明了他解除了反拿破仑的派别，尽管这种接触没有改变歌德的政治态度，但也牵连到了歌德。这样，人们把米夫灵男爵看成歌德小说《亲和力》（*Wahlverwandtschaften*）中少校这个人物的原型。歌德阅读吕勒关于耶拿战役的批评性的书，而且歌德亲自指导米夫灵写这本书的长篇书评，该书评发表在《耶拿文学汇报》上。该报上还有许多关于战役的克敌制胜之书和地图册受到人们关注。歌德一再请目击证人报道战役的过程，他多次参观耶拿和奥尔施台特的战场，由专业人士陪同：朋友克内伯尔和亨德里希（Hendrich）少校。歌德写一个关于战役的叙事作品的想法并没有继续实施，这对于《赫尔曼与窦绿苔》（*Hermann und Dorothea*）的作者来说并非完全不合情理。有教养的军官和当年每个人一样，都努力拜见歌德；而歌德与有教养的军官有无数接触的场合，但主要是社交场合，人们并不能由此得出结论，说他与普鲁士的将军反对派和后来的改良派有特别的接触。尤其法国的竞争对手经常得到到他家里登门拜访的机会。歌德还在公爵夫人那里与普鲁士大臣冯·施

---

①PB2，第562页。

②舒尔策：《魏玛的报道和信札》（Schulze，*Weimarische Berichte und Briefe*），第101页。

泰因（von Stein）一起喝茶，这也说明不了什么。

更有说服力的是一个过分亲热的决定，歌德以此完全在物质上适应莱茵联盟的新形势。这个决定涉及他儿子奥古斯特的未来。尽管奥古斯特在学校适度勤奋，歌德希望他上大学，而且按照他父亲的意愿学习法律。里莫尔1807年9月3日的一份日记透露，歌德展望新形势明确地思考过这些问题："在对话中谈论，在现在的政治状况下，建立人生与方法，谈论一个年轻人应该做什么。这不过是社会的行为，扩展到了一个更大的社会，扩展到了法国人，等等。"[①]（S.76）

国家的地平线朝着以法国占据主导位置的方向发展。歌德在四周以后就告诉一个来访者，想让儿子奥古斯特到海德堡学习法律[②]。"《拿破仑法典》是一个传说（c'est à dire，le Code Napoléon[③]）。我发觉歌德对所有这一切都感到绝望，听天由命。他说，旧事物一去不复返了。帮助建立新事物，这是义务。人比以往任何时候都更是世界公民，国家必须重新构成，在此过程中，某些事先无法超越的障碍现在被消除了。"事情也是按照歌德设想发展的。1808年4月，奥古斯特途经法兰克福，在那里拜访了他的奶奶，来到内卡尔河畔，来到新的、受《拿破仑法典》启发的法学几处中心之一，为了准备跨入职业生涯。对政治未来的判断几乎再也没有比这个步骤更明确的了，而且，这是父亲采取的一个步骤，而不是儿子采取的步骤。这一步就比1807年秋天以来的这个情况更容易理解了：在魏玛公国的领导层，人们已经谈论可能采纳《拿破仑法典》。

歌德是在一本书的鼓舞下才在广泛的、世界公民和帝国的内在联系中进行思考的，他颇受启发地而且引人注目地长时间忙着阅读这本书[④]，恰好在他决定去奥古斯特的未来这几周。这本书就是1807年在哥塔出版社匿名出版的书《罗马和伦敦或者论最近的世界君主制的状况》（*Rom und London oder über die*

---

①格鲁玛赫（Grumach），第六卷，第335页。

②格鲁玛赫（Grumach），第六卷，第354页。

③这是法语。——译者注

④1807年10月15日、16日和17日、11月4日以及12月1日和9日的日记。

Beschaffenheit der nächsten Universal-Monarchie）。歌德如此痴迷这本书，以至于他向出版社打听这本书的作者："这是一种乐意重新接受世界历史的途径，尤其在眼下非常值得感谢，现在人们必须寻找新的前景，因为我们没有明快的远景。"[①] 这位没有被指名的作者是柏林政论文家弗里德里希·布赫霍尔茨（Friedrich Buchholz，1768—1743），今天已经被人遗忘。布赫霍尔茨属于没能冠名不朽的才华横溢之人，因为他们的敏锐完全被献给了时间。作为敌视贵族的市民作家，他在1806年之后成为普鲁士领导层的尖锐批评者，他在其最成功的书《普鲁士的人物》（*Preußische Charaktere*，1808）中以辛辣讽刺的手法介绍了普鲁士的领导层，玛森巴赫（Massenbach）上校可能为这些描述提供了很多材料。这本书歌德也读过。然而，玛森巴赫更多的是掌握当时德语文体的一位好高骛远的历史哲学家，他从整体审视世界历史。后来他发现了圣西门主义，法国孔德（Comte）的实证主义社会学，他全盘考虑了世界历史。这样一来他就成了该专业在德国的先驱。在法国人的时代，他对拿破仑以及德国莱茵联盟的新秩序有好感。他的书《罗马与伦敦》勾勒出近代历史的一种理论，在此只能提纲挈领地介绍该理论。

他说，自从中世纪以来，欧洲连续有两个世界君主制：教皇的神权政治的君主制和英国人的重商主义的君主制。在此，世界君主制并非指一个国家体系中国家支持的统治地位，而是一种标准的统治，建立在机构的基础上。在教皇那里，机构是上帝，他们的手段是教会，带有其主教、牧师和修会以及由此实施的良心强制。英国通过占领世界海洋实行统治，而且还通过欧洲大陆的平衡，这种平衡在英国找到了其最有效的支持者。这个平衡体系使国家忙于彼此之间的战争，（S.78）而几个世纪以来靠赊账——即依靠布赫霍尔茨所称的"长期贷款制度"——生活的英国却通过一个巨大的殖民王国满足它对商品和贸易利益的无限渴望。然而布赫霍尔茨认为，法国在欧洲的扩张是它被从世界

①1807年11月7日，歌德致信哥塔。

海洋和贸易潮流排挤导致的现象，研究平衡的理论家对拿破仑的敌视——布赫霍尔茨明确地提到根茨的《残篇》——因此，这仅仅是一个错误的意识，一个关于真正的因果关系的从修辞角度装饰打扮的错误。布赫霍尔茨说，正如天主教神权政治的世界君主制被德国人凭良心信仰上帝的福音新教[①]推翻之后，一种新的、反对英国的和反对重商主义的福音新教现在也误入歧途了——为什么不通过普鲁士及其与法国的联盟中解决问题呢？正如《罗马与伦敦》这本书所阐述的那样，这个主张就写于1806年的普鲁士和法国之间的战争之前，但还在耶拿战役和奥尔施台特战役之前。布赫霍尔茨认为，拿破仑秉持的反对英国的和反对重商主义的福音新教的态度现在肯定会导致第三个世界君主制，这是一个全世界的新秩序，而且是按照权利的原则。这种权利不应该作为霸权，而是作为骑士的权力发挥作用，这种骑士的权力为所有邻国确保世界海洋的共同财产，并且由此组织英国这样个别国家在重商主义方面占据优势。因为只有陆地才是为个人的财产所创造的；而水和海洋作为液态的元素是供所有人使用的。因此这位未署名的作者宣告自己是法国皇帝的追随者，因为倘若有人拥有权力，那么只有这个人拥有这样的权力：打破英国人的金钱暴君制度（在此没有提出关于犹太银行家丑陋的、先于稍晚时期提出的说明），并且建立对海洋和地球的一种公平的共同拥有制度。

《罗马和伦敦》这本书长达400多页，我在此仅仅提纲挈领地描述的理论被这样介绍：以一种客观的数字材料、历史的细节以及主要经常想象的、概念上的敏锐，让德国人对法国人正在萌芽的仇视显现为无知、感情用事。布赫霍尔茨的著作还追问平衡与霸权的内在联系，在全国反对拿破仑的起义之前，霸权决定了政治讨论。（S.79）这也标明了歌德的历史视角：他鼓掌欢迎地思忖着这种对世界历史的重新接受，布赫霍尔茨尤其使用其无数排比，即以不断重复

①路德宗教改革后兴起的福音新教反对天主教的奢靡与教会的中间作用，主张信徒自己诵读《圣经》，内心对上帝、对基督教有所感悟。——译者注

的“福音新教”反对各种世界君主制，以此勾勒出对历史书版印刷的感知，对于歌德这样一位历史怀疑论者来说，这种感知大概更多地得以作为目的论的进步方案发挥启发作用。对于歌德这样一位从一个没有权力的小国眺望台出发观察的人来说，《罗马与伦敦》中世界历史的线条用其宿命性发挥安慰的——用歌德的话说“明快的”——作用。无论如何，歌德从来没有如此正面地评价一本严格意义上的政治著作。比较显著的是，这本书是他这些年来读过的第一部通篇都对拿破仑友好的著作。

然而，在1807年，由布赫霍尔茨的书实际上产生的仅仅是对不可避免性的屈服，对在波拿巴的体制中使自己适应的屈服①以及对根据占优势的明智采取行动的皇帝的信任，尽管该书表达了乐于接受所有主张的意愿。歌德于1807年秋天读了《罗马与伦敦》；1812年夏天，他才创作了那些献给法国皇后玛丽-露易丝的八行诗节。在此我引用这首诗，为了展示歌德与布赫霍尔茨的构思难以反驳的接近。他在诗里这样写拿破仑：

> 忧郁地思索了数个世纪，
> 他在最明亮的精神光芒中疏忽了这一点
> 一切卑微都消失掉，
> 只有海洋和大地有它们的重量；
> 假如海岸刚被从那个人手里夺取，
> 骄傲的海浪在海岸上粉碎，

① 很显然，自从歌德以来，《罗马与伦敦》这本书再也没找到感兴趣的读者——在此可以马上提出至少两个20世纪的理想读者：敌视英国和关于《陆地与海洋》（*Land und Meer*）的世界历史的卡尔·施密特（Carl Schmidt）以及波拿巴主义者，歌德的敬仰者和敌视英国的浪漫派批评家彼得·哈克斯（Peter Hacks）。然而，布赫霍尔茨期待自己在广泛的程度上被重新发现。吕特格·塞夫尔（Rütger Schäfer）1972年写的博士论文在最好的情况下适合做图书编撰的研究资料，该博士论文得到工会基金会“共同决策”的资助。国家法方面的长篇小说《革命与世界内战》（*Revolution und Weltbürgerkrieg*）仅仅提到施努尔·布赫霍尔茨（Schnur Buchholz），但仅仅一带而过，即在1961年的随笔《陆地与海洋——拿破仑反对英国》（*Land und Meer–Napoleon gegen England*）中。我感谢马丁·摩泽巴赫（Martin Mosebach）向我提供这个信息。

那么，陆地通过智慧的结论，通过权力斗争
进入所有其权利中。

然而，歌德先是与往常一样，在小小的魏玛从事其作为宫廷诗人和剧院经理的工作。“魏玛剧院开演典礼的序曲”开启了1807年9月19日新的演出季，该前奏使人回忆起最近的时光的片段：战役的灾难、魏玛国君不在国内、公爵的母亲安娜·阿玛丽娅在4月辞世。（S.80）尤其克里斯蒂安娜感觉这些光彩夺目的诗行是在与她攀谈，她称这些情景“非常忠诚而且活泼”[①]，其实歌德在这些华丽的诗行中概述了市民的不幸：

哦，婉转表达幸福的，从来没有得到足够
高度评价的和平茅草屋的屋顶，茅草屋将我掩藏！
哦，从未被尊重的狭窄的空间，小灶台！
你这圆桌！你优雅地把父母牵肠挂肚的
优美的儿童圈子包围，
在那儿，火熊熊燃烧！收获以火泉的形态
流向天空，财产忠诚的房子摇摆，
下面火焰燃烧，房子弯下身，抵抗，然后倒塌。
炽热的保护倒了，火焰形成的烟尘卷曲着升腾，
在下面噼啪作响，不堪重负，被压得沉闷，
如此多人的年龄的珍贵的勤奋变成了炭，
坟冢的宁静支配着废墟。[②]

①格鲁玛赫（Grumach），第六部分，第352页。

②MA，第九卷，第235～237页，第37～39行，第195～197行。

社会中家长制的协调一致会生成治愈。在此，“爱国者”并非来自祖国，而是来自家庭之父（Pater familias[①]）：

这样，每个国家都问候王侯，
每座城市都问候最年长者，家庭
欢呼着问候其主人和父亲，
当他们作为大师返回时，
来建造或者建立。
……
谁出色地主管房子，
谁就培养自己并且使自己有价值，与别人
主管共同的本质。
他是爱国者，他的美德
应运而生并且形成了他们一类人。

里面存在着，游戏一般的结果。

市民意识，自然为此为我们栽培
兴趣作为力量。

从这种家长制的市民性转变为有防御义务、整齐划一和必然政治化的国家市民是无法实现的（S.81），同时，普鲁士的改良者开始针对这些国家的市民。歌德的对外态度依然是忠于王侯的，是有权威的。

已经敲响的世界之钟让人们认识到另一部文学作品，它当时当然以间接

①这是拉丁语。——译者注

的、隐晦的、很难破解的方式产生：它就是为节日编写的映射戏剧《潘多拉》（*Pandora*）。这是歌德最难理解的文学文本之一。然而，谁要想在这个文本中找到对法国皇帝及其政治的直接影射，谁就是白费心机。1807年，歌德用普罗米修斯比喻的时代尚未开始。最直接的关联存在于一首为普罗米修斯效劳的战士的诗歌中，它把拿破仑时代战争与抢劫的内在联系纳入最简洁的最有说服力的形式中：

这样果敢地
走到世界里，
我们取得的
会成为我们的。
倘若有人要它，
我们会阻止；
倘若有人拥有什么，
我们会把它消耗

倘若一个人有足够多
还想要更多；
狂野的行列
会使一切空空如也。
这时人们宣告终止！
烧毁房屋，
这时人们装好东西
冲出房子。

然而，真正的时间关联并非处于这些可以被重新认出的现实中。进行创造的和战斗的普罗米修斯的世界与其梦想的和沉思的弟弟艾皮美托伊斯（Eimetheus）的世界是分开的。一方面是实用、斗争、暴力、法律和“父亲的意志”——“真正的男人的真正的庆典是行为”——；（S.82）另一方面是反思、梦想和艺术。潘多拉是所有这些草率的和模糊的礼物已经消失的赠送者，只要潘多拉不再回来——歌德这部为节日编写的戏剧第二部分应该朝着潘多拉回来这个方向发展，但他并未写出第二部分——由普罗米修斯统治的政治争斗世界一直是没有超验的，它就是现世的。《潘多拉》就是一种《艾洛伊卡》（*Eroica*）（贝多芬献给拿破仑的第三交响乐），献给拿破仑的献词部分既不必被写出来，也不必被撕碎，因为她的行为从一开始就被构思设计成残暴的和非想象的。在普罗米修斯铁匠铺的锤锤打打中，产生了武器和大炮，它们是暴力垄断的象征物，倘若没有它们，就不会有权利与和平。谁要是愿意，也可以在此重新找到工业革命。自由，即歌德从来都不相信的革命对政治的承诺，在这个文本中没有什么可寻觅的。自由只能在已经实现的渴望中、在爱中和在艺术的空中王国中找到，艺术的个别体裁从潘多拉的盒子中飘然飞去，而这对于大众而言是无法理解的。潘多拉的返回、可能的和解一直处于这部戏剧的地平线上。从这部戏剧出发，拿破仑及其政治只能被理解为一种文化譬喻的经验主义案例，这种文化譬喻“具有类别的特征”（这是歌德对《潘多拉》诗艺特征的表达），而且是静态的，因此这个文化譬喻无法引向历史哲学，更不用说引向具体的政治了。

尽管歌德不太喜欢交流政治意见——对于他而言，交流政治意见完全有别于与王子劳伊斯（Reuß）、根茨或者莱因哈特这些了解内幕的专业人士进行的了解情况性质的个别谈话——尽管对于他而言，诗艺和政治的关系一直是不连续的，他却开始对皇帝具体的形象感兴趣，而且在他们的埃尔福特会面之前就如此。日记、信札尤其歌德当时最亲密的工作人员里莫尔（他是一个非常可信的证人）的日记中各种简短的说明就证明了这一点。当歌德与里莫尔谈话时，他几乎就是在和自己交谈，他们当时的信任关系就是如此亲密。1807年1月3

日，歌德写给克内伯尔的一封信就写出了这个问题：

当我们听政府顾问米勒讲述时，他带着和约文献从柏林来，那么，我们非常理解，他们是如何征服并且即将征服世界的。如果我们想展望什么，那么我们就必须展望，（S.83）在历史上有可能的最崇高的现象一定出现在这个很有修养的民族巅峰上。只要有可能，人们就否认非同寻常的事物，并且阻止个人正确的洞见，而非同寻常的事物就是由个人的正确洞见生成的。然而，假如我们听到别人单纯描述这位皇帝及其周围的人时，我们就当然会看到，没有什么可以与之相媲美，或者也不会与之相媲美。[①]

在此并不仅仅涉及政治。对于歌德而言，拿破仑成了绝对伟大的人，他以完美的、道德上的驰骋观察着这种伟大[②]。日记记录着逸闻趣事——比如1807年2月12日和7月24日——记录了单个的句子，比如在6月5日："一个德国人可以通过这种方式表达自己对拿破仑优势的自我安慰：这位天才也不是不朽的。"我们可以使用1807年8月8日一个关于里莫尔的说明："有两个简明扼要的表达方式，人们可以借此探讨说出反对拿破仑的全部意见，也就是说：诽谤污蔑（出于想自以为是的心理）以及忧郁"。针对后者，即德国人的哭哭啼啼，歌德在两周前即7月27日致信蔡尔特时就大声呵斥："如果有人抱怨他和他周围的人忍受了何种痛苦，他失去了什么并且担心会失去什么，那么我会抱着关切的态度听他说，而且我也乐于说相关的事，也乐于安慰他。但是，假如人们抱怨担心会丧失某种整体性，而在德国没有任何人在有生之年看到这种整体性，更没有为这种整体性担忧过，那么，我就不得不隐瞒我的不耐心，以便不至于表现出不礼貌或者显得自私。"年轻的爱国主义历史学家鲁登（Luden）就见识过歌

①WA，第四卷，第十九部分，第257、258页。

②接下来的引文不会个别证明，因为人们可以毫不费力地在格鲁玛赫的原始资料收集的数据中或者在日记中找到它们。

德这种冷漠与缄默不语。而谁头脑中还想着来自戏剧序幕的诗行（克里斯蒂安娜觉得这些诗行如此贴近生活），谁就会面对里莫尔的通报瑟瑟发抖："法国人没有想象力，否则他们就不会在耶拿和魏玛烧毁20座房屋，既然他们没有偶然烧毁这些房子，而是点着了这些房子，他们就应该在所有街角点燃整座城市，而且用树墩和花梗烧掉。这就会以不同的方式向世界传播。"（1807年5月16日）现在我们可以很好地相信这个听命于主人的仆人，因为5月26日的歌德日记记录了一个相近的想法："用警句妙语解释法国人的抢劫行为，公开的统治者（coram Imperatore[①]）从他周围的人群显现，并且自我宣告。"（S.84）也就是说，这是一座熊熊燃烧的和正在忍受痛苦的城市，好像一个皇帝传令官的呐喊！这样，法国的军队也就像"一个人"一样，"他没有费力、没有疲惫而且无所畏惧。整体性就是一个伟大的巨人，这个巨人可能在这儿或者在那儿失去了一个手指或者一只手，或者一条腿被枪打掉了，他像好汉（Fieràbras[②]）一样取代这条腿，但是，他从来都不丢掉脑袋。"（里莫尔，1807年10月1日）"拿破仑寻觅过美德，当他找不到美德时，他找到了权力。"（里莫尔，1807年5月27日）十天前对同样的话题颇有嘲讽之意："因为全世界都在抱怨现在统治者的自私自利，所以拿破仑来了，为了使人们不再自私自利。"1808年6月1日，一个想法说明，歌德对政治的道德化态度是多么稳定，这个说法同样是里莫尔传下来的："谈论国家政治，说拿破仑会和西班牙一起完蛋，还说，俄国以前也是和波兰一起完蛋的。我认为，我们的批评家会骂他是一个幸运的模仿者。"关于歌德的两个想法会引发争论：拿破仑并没有与西班牙一起完蛋，而俄国吞并波兰时也没有带着这种要求：把自由和启蒙思想带到那里。但歌德形成了他的评价："像拿破仑这样特殊的人走出了道德性，他们最后像物质的原因一样，像火与水一样。""每个从隶属关系走出来的人——因为这是道德的——在这种

①这是拉丁语。——译者注

②这是法语。这本来是武功歌里的一位撒拉逊巨人的名字，后来指好汉。——译者注

程度上就是不道德的。”（里莫尔，1807年2月）这番话就说在歌德致信克内伯尔两个月之后，克内伯尔谈论了历史的最显著现象；基本的、特殊道德的特征正在凸显。

1808年8月31日，歌德在弗兰岑温泉镇（Franzensbad）度假时读了费希特的《致德意志民族的演讲》（*Reden an die deutsche Nation*）。里莫尔的日记写道，歌德主要对费希特的语言理论做出反应，关于德意志的“原始民族”与该语言理论有联系。“人们更多地被语言塑造，而不是语言由人创造。”“在使用一个外来词的人那里，人们其实并看不出来，他这是什么意思。因为首先，他在使用这个在原始语言中有直接的可理解性和确定性的外来语时，主观意识是不确定的，并且在读者的心里创造一种模糊感。”[①] 然而，歌德这位费希特的《致德意志民族的演讲》的读者在其中得以找到更多的内容：几乎拒绝所有迄今为止统治了德国关于新的、（S.85）讨论拿破仑统治的观点。费希特这位在法国审查的眼皮底下说话的哲学家摒弃了一种欧洲平衡的思想——当德国不统一，而且德国的衰败把欧洲一同拉入不稳定的状态中——同时也摒弃了一个相对的、有善意的世界君主制，因为这种君主制征服者一方以肆意抢劫为前提，莱茵联盟的屈服是期待一位“惬意的”外国统治者最好能给予他们“家庭的幸福”。根据费希特的观点，这削弱了一个民族中所有的努力，这个民族只能通过特殊性而长存。在外国人的桎梏下，费希特甚至认为，就连真正的文学和语言的延续都是没有保证的。歌德一气呵成地读到了费希特的第12个演讲，而上文说的这些段落肯定深深地伤了歌德的心。“作家最高贵的权力和最神圣的职责就是，把他的民族凝聚起来，同他的民族商量最重要的事宜”，尤其在支离破碎的德国，在这里，在帝国宪法结束后，只能用语言和文字确保凝聚力。然而，假如在外来统治的前提下，文学的这个功能过期作废了，而一个民族停止自我统治，那么，放弃其语言就是错误的。费希特提醒人们注意索布人在德国

①格鲁马赫（Grumach），第六部分，第524页。

的统治地位下阴暗的生活状态[①]。

9月15日，歌德回到耶拿时，他听到了“拿破仑到来所引起的谣言”。现在又一次有了这种机会：可以从近处观察拿破仑这位伟大的人，拿破仑两年来一直控制人们的日常生活，包括思想、读物和对话、未来视野以及一大部分歌德和所有其德国同时代人的日常工作。

此外，歌德的朋友维兰德也没有停止对法国皇帝的探究。维兰德这位敏锐的观察家无法就他对拿破仑的期待与自己取得一致。假如拿破仑会获得“荣耀，成为历史上最伟大的统帅，那么，现在还增加一个给所有民族带来幸福的和平王侯的所有光荣”，正如维兰德在1807年8月29日的一封信中所推测的那样，或者“和平不可能的真正原因在于，那个唯一手中掌握着和平的人不愿意要世界和平”？一年之后，在1808年的7月1日[②]（S.86），这一点就令维兰德害怕。拿破仑对他依然具有吸引力。在同一封信中他告诉朋友波伊提格尔，他刚看完歌德《浮士德》的第一部，他引用弗里德里希·施莱格尔的一个著名的表达，弗里德里希·施莱格尔在十年前把《威廉·迈斯特》描述为现今时代的倾向之一——除了法国大革命和费希特的《知识学》，维兰德这位年迈的、依然谨慎地评价时事的观察员现在描述了这个时期新的基本轮廓：

> 我向您承认，我渴望读到这个独一无二的悲剧的第二部。这部悲剧，与《威廉·迈斯特》相比，人们完全更有可能感叹“哎呀”（ô[③]）：不仅是就刚过去的这个世纪而言，还是就所有在埃斯库罗斯和阿里斯多芬以及我们之间流逝的几个世纪而言。人们是否能够以同样的权利说：歌德在诗艺世界里的意义就是拿破仑在政治上的意义呢？难道他们俩不都掌握他们想要的一切吗？难道他们不总是希望最令人难以置信的事和最史无前例的事

①费希特：《致德意志民族的演讲》，第141页，第198～202页。

②《维兰德通信》（*Wielands Briefwechsel*），第十七卷，第一部分，第243、244页和第374、375页。

③这是法语表示惊讶的词“哎呀，哦”。——译者注

吗？他们是不是也知道，这样处理并且招致这种情况，又似乎是最自然的事呢？

维兰德的这番话不经意写出，当时没有任何魏玛人想到，法国伟大的皇帝会“把他的凯旋战车驾驭到这里来”。[①] 这是枢密顾问沃伊格特古典的、委婉的说法。

① 盖格尔：《老魏玛》（Geiger，*Alt-Weimar*），第123页。

第三章

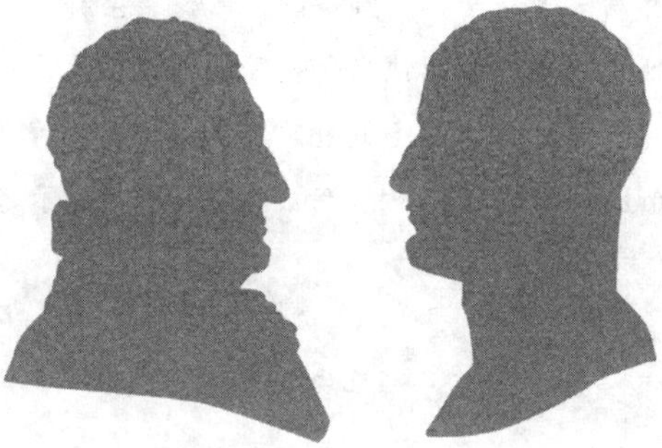

“您是位男子汉大丈夫！”

在埃尔福特与魏玛的会见

作为这个时期最伟大的人，拿破仑的地位在未来的世界历史书中是毋庸置疑的，歌德毕生都不断研读世界历史书：皇帝把他当作平等的人予以承认。拿破仑的谈吐举止，拿破仑说出“您是个男子汉”(Vous êtes un homme)，歌德对皇帝的印象立刻丰满了起来。

在拿破仑天翻地覆地改变欧洲大陆的25年内，（S.87）只有短暂的和平时期。几乎总是在某个地方有战争。拿破仑皇帝打败普鲁士并且以此迫使欧洲中部统一之后，在大西洋和威悉泽尔（Weichsel）[1]之间，没有任何人感觉自己是安全的。1808年春，拿破仑在一场丑陋的宫廷阴谋之后罢免了西班牙王室，这是为了完成对欧洲大陆西南翼的封锁和贸易封锁，然而，这也是出于对波旁王朝根深蒂固的仇恨：但他在法国继承了波旁王朝，然后在意大利南部推翻波旁王朝的王位，因此，他不愿意在伊比利斯半岛上再继续容忍波旁王朝。西班牙的君主及其与他一起衰败的儿子——我们从戈雅（Goya）[2]的残暴画面中了解他们的形象——马上从法国的宫殿消失，这一过程长达数年。荣誉落到王侯塔列朗身上：他拥有瓦伦赛（Valençay）[3]宫殿，但扮演着监狱看守的角色，看守欧洲最古老的王室王储。

半年之后，拿破仑皇帝导演了这次事件，在这场事件中，在其动荡而又多事的执政时期，只有一次在法国境外出现多次被讨论的在欧洲大陆上建立世界君主国的苗头。这次事件发生在埃尔福特，距离魏玛步行只需四个小时，而约翰·沃尔夫冈·冯·歌德在此次事件中不仅仅发挥次要作用。拿破仑从1808年9月27日至10月14日在这座古老的图林根城市召集的欧洲君主大会是一个矛盾的事件：对外，这两个半星期成为拿破仑时期光芒四射的巅峰；拿破仑皇帝的权势从来没有比这时更熠熠生辉；而在事件秘密的内部，在外交领域，在通宵达

①威悉泽尔（Weichsel）是波兰的主要河流。——译者注

②戈雅（Goya，1746-1828）是著名的西班牙画家。画有版画集《战争的灾难》（1863年第一版）。——译者注

③瓦伦赛（Valençay）是法国一城市，这里建于16世纪的宫殿从1803年起属于塔列朗，他1838年死于此。这里指瓦伦赛宫殿。——译者注

旦地工作的国务秘书们的写字台旁，（S.88）在代理人无拘无束地、但亲密地碰头喝晚茶的沙龙里，对于知情人而言，拿破仑尚未竣工的大厦已经显露出第一批裂缝，这已经初露端倪。

我们又不得不钦佩维兰德的政治敏锐度，因为尽管他没有任何内线，没有掌握任何小道消息，他还是立刻就看出了埃尔福特欧洲君主会议神秘的两面性。在此次会议1808年10月13日结束之前，维兰德给一位女友写信说：

> 您按照自然而然的方式了解了全世界都知道的事，所有公开的报纸都在连篇累牍地报道这件事：自从上个月末，埃尔福特市发生了我们这个神奇时代最不同寻常的事件——两个皇帝、四个国王、八个执政的和不执政的公爵以及不计其数的德国、法国和俄国的大人物和豪绅巨富济济一堂，他们聚在一起是为了尽可能结束所有的纷争。……这至少是不得不如此［大概除了两个主要人物以外，没有任何人——就连国王们都不例外——知道，（S.89）一场如此喧闹嘈杂（bruyant①）和星光四溢（brilliant②）、闻所未闻的聚会的真正对象和目的是什么］。③

这两位主要人物就是拿破仑和俄国沙皇亚历山大一世（Zar Alexander I.），西方和东方的皇帝。在埃尔福特欧洲君主大会炫目发光的核心部分，有一个当时没有被看出来的三人关系：拿破仑在争取沙皇亚历山大一世的支持，而这第三个人物，一瘸一拐的塔列朗，贝尼文托（Benevent）亲王和拿破仑皇帝的宫廷侍卫长，他正私下竭尽全力，以阻止东西方联盟的形成。尽管如此，这些人物耗时费力的全体龙套角色也绝对不是多余的：来自萨克森、巴伐利亚、符滕堡和威斯特法伦的四个德国国王、君主总主教达尔贝克（Dalberg）、黑森的

---

①这是法语。——译者注

②这是法语。——译者注

③《维兰德通信》（*Wielands Briefwechsel*），第十七卷，第一部分，第466、467页。

大公爵、哥塔和魏玛的大公爵、普鲁士王子威廉、温森特（Vincent）男爵、奥地利皇帝的特使。同样不逊色的还有12位拿破仑的元帅，他们刚被冠以崭新的公爵头衔，还有拿破仑带来的57000名士兵，他们都是按照身高和长相被特意挑选出来的。不言而喻，法兰西剧院（Théâtre français[①]）的三十名戏剧明星也是不可缺少的——他们当中有世界著名的塔尔玛（Talma），即舞台上的“拿破仑”，拿破仑皇帝喜爱的演员——他们必须在最昂贵的舞台装饰中一个晚上又一个晚上地演出，这些舞台装饰是人们特意用长长的车队从巴黎运来的。从巴黎来的还有地毯、枝形吊灯、银器和瓷器、镜子和瓷制的小人像、小摆设，他们包围着法国的皇帝，而人们匆匆忙忙地在哥塔干精致细巧活的木匠那儿定做了明亮一新的家具。一个世界首都的光芒倾泻到埃尔福特上，这是一座拥有16000居民的城市——恰好是魏玛人口的两倍。与歌德交好的哥廷根历史学家格奥尔格·萨尔托琉斯的妻子卡洛琳娜·萨尔托琉斯参观完埃尔福特并且在魏玛拜访歌德后马上给她的弟弟写信说：“在埃尔福特也只有靠近宫廷的城区可以与巴黎本身相媲美，无论如何，巴黎的光芒比在这里更耀眼，在这里，一座中等城市如此多的富丽堂皇和华丽集中在少数几条漂亮的大街上。请您不要觉得我是在夸张：熠熠生辉的华丽马车（Equipage[②]）和马匹、绶带和肩星、各种各样的军队制服和男仆制服（Livree[③]）的华丽，这景象真的刺眼。”[④] 萨尔托琉斯夫人写道，潮水般涌来的人们永远在拿破仑居住过的总督府前挤得水泄不通，（S.90）人们曾经安排沙皇和其他君主下榻的市民几处房子也不断有好奇的人挤在周围。

这种令人意乱神迷的耗费资金可是经过仔细计算的。塔列朗在他的回忆录中写道，拿破仑还在巴黎时就曾经宣告说：“我的旅行必须是非常漂亮

①这是法语。——译者注

②这是法语。——译者注

③这是法语。——译者注

④《歌德与萨尔托琉斯通信》（*Goethe-Sartorius*），第63页。

的。”“我要通过华丽和光芒（magnificence[①]）使德国惊讶。”而他真正针对的是俄国沙皇。“亚历山大皇帝首先肯定被我的权势完全吸引住了。这样，谈判进展就更顺利、更容易了。”[②] 按照拿破仑的意愿，他要通过一种软硬兼施、恩威并重的手法征服那位尚年轻（刚刚31岁）、英俊帅气、感情丰富的俄国君主。他还要再一次充满激情地向德国人展示，权势在何处。拿破仑此番精心导演的意愿的结果是一种个人崇拜，它远远超过了以往宫廷文化的标准。塔列朗写道：（S.91）

地球上大概有三个人曾经得到人们最高的庆祝礼遇：奥古斯都大帝、路易十四和拿破仑。我当时作为宫廷侍卫长以及当时还作为皇帝亲密的人，能让我在最近处观察到一切。人们向他呈现的崇敬——真诚的、勉强的和虚伪地装出来的崇敬达到了（我对此找不到别的恰切的词来形容）无以复加的地步，达到神化和卑微的想法边缘的谄媚似乎想要相互超越一般。[③]

有深远意义的是，这番话来自一个法国贵族，而不是一位德国的爱国人士。因为，即便塔列朗在复辟时期才写出来的回忆录其可信性在细节地方还经常是值得怀疑的，他描述的拿破仑在埃尔福特登峰造极的庆典上的情形还是毋庸置疑的，所有其他同时代人的证明实在是太多了，对皇帝的崇拜也按照计划在公众中被传播扩散。来自埃尔福特活跃的报纸报道受到审查机构的监督，这也是不言而喻的事。除此之外，就在欧洲君主大会刚刚结束之后，就出版了一份详细的、按照日记的方式记载的两小卷报道，题目是《1808年9月和10月期间处于最高光芒中的埃尔福特》（*Erfurt in seinem höchsten Glanze während der Monate September und Oktober*，1808），该报道广泛地传播了这些天来熠熠发光

①这是法语。——译者注

②《塔列朗回忆录》，第一卷（Talleyrand，Memoiren），第299、300、315页。

③《塔列朗回忆录》，第一卷（Talleyrand，Memoiren），第312页。

的庆典。这份报道的作者是一位名叫台奥多·菲尔狄南德·卡耶坦·阿尔诺德（Theodor Ferdinand Kajetan Arnold，1774—1812）的作家，一个才华横溢的穷光蛋，他平时写一些恐怖小说引人注目。他在欧洲君主会议期间不仅参加了所有公开的活动，肯定还观看了人们热切盼望的晚间戏剧演出，他甚至到了法兰西剧团的舞台后面，因为他的报道绝大部分在描写戏剧。我们甚至可以推测，他接受了一个公开的委托，他凭借这一委托可以获得对于埃尔福特剧院大厅来说有限的座位。阿诺尔德描写光芒中埃尔福特的手法再一次展示了陷于深深的屈辱中的德国，我们可以借用塔列朗的话把这种风格称为言语的奴颜婢膝。

当拿破仑到达埃尔福特时，他在城门处受到等待了几个小时的大众的热烈欢迎，报道描述道：“附近的群山和丘陵、位于旁边的森林把它们的回声”融进“洪亮的、生动的声音中”，“仿佛大自然中只有一种声音，这种欢乐的呼喊甚至盖过了教堂的钟声和礼炮的轰鸣声”。（S.92）阿诺尔德很善于描绘拿破仑皇帝的外表：“一张面孔纯粹地表达出威严、尊严、高贵、真正的灵魂伟大和深刻思考的智慧，这大概是其时代，或许所有时代最伟大的君主的面孔。这尤其传播着这样一种宁静，这样一种真正伟大的无拘无束，庄重严肃和难以描述的尊贵端坐于他的额头上。他的双眉紧蹙，他的双眼看着人们心灵的深处。——即便对于最无拘无束的人来说也很难忍受这个男人的眼神——而看到他令人感到震撼。”[①] 埃尔福特的市民在他们的房子上张贴标语和横幅，阿诺尔德很勤勉热情地记录下来：

倘若现在有一位众神之子
那肯定就是拿破仑，
贸易和变迁使这个国家繁荣；
拿破仑的心和理性更是如此。

①阿诺尔德，《埃尔福特》（Arnold，*Erfurt*），第一卷，第43、44、50页。

然而，人们也不无讽刺地指向法国占领的重负：

因为我们没有钱，所以我们把心赠给拿破仑。

（À Napoléon faute d’argent/Nous faison de nos cæurs present[①]）

或者在诗行中指明个人的命运：

哦，但愿我有如此伟大的幸运
看到英雄拿破仑！
那我就宁愿承载
我失明和退休的命运。

埃尔福特人有足够的理由屈辱和抱怨，因为他们在这些年里过得不好。这座美丽城市的舞台聚集了这些年来如此多的德国历史事件，以至于值得更仔细地看一眼，为了能够真正安排对拿破仑皇帝毫无障碍的崇拜。自从1664年以来，埃尔福特就属于美因茨选帝侯，他的大主教通过地方长官来统治城市和地方。为了他们，在18世纪早期，一系列古老的市民房子被浇铸成一座巴洛克风格的宫殿，即所谓的地方总督府，宫殿正面带有阴郁严肃的对称。在美因茨统治的最后阶段，自从1772年以来，在神父助理卡尔・台奥多・冯・达尔贝克（Carl Theodor von Dalberg，1744—1817）[②]的领导下兴起了一种光芒四射、合群而且有知识分子氛围的生活，达尔贝格是一位接受启蒙思想、开明、有艺术意识的教会君主，他后来成为美因茨的选帝侯，在莱茵联盟中作为君主总

①这是法语。——译者注

②卡尔・台奥多・冯・达尔贝克（Carl Theodor von Dalberg，1744—1817）是德国美因茨大主教、神圣罗马帝国首相、德意志首主教、莱茵联盟的盟主。——译者注

主教升职为天主教最高的尊严承载者。一切有教养的阶层，经常还有著名的旅行者都一周又一周地在达尔贝格敞开大门的房子里碰头，（S.93）其中有维兰德、赫尔德、席勒和歌德，他们从附近的魏玛赶过来，为了方便，他们在魏玛公爵所谓的“护送寝宫”里过夜（公爵必须负责通往埃尔福特方向道路的安全，即负责护送），护送寝宫就在地方总督宫殿的旁边，1808年还属于魏玛公爵。人们和达尔贝克一起进餐，通宵达旦地和他辩论。人们在他的宫殿中举行婚礼，例如，威廉·冯·洪堡（Wilhelm von Humboldt）[①]与埃尔福特城市贵族的女儿卡洛琳娜·冯·达赫尔略登（Karoline von Dacheröden）的婚礼就在他的宫殿里举行。1801年吕内维尔和平条约签订之后，德国各地与在埃尔福特一样，神职温和慷慨的统治就结束了。通过该条约，莱茵河左岸的德国其他地方被划归了法国，德国世俗的君主在那里丧失的领土得到补偿，王国剩余部分僧侣界的君主国得以世俗化。通过国家间肮脏的交易——在1803年帝国代表团的主要决议中确定下来——古老的王国被吞并了。1802年，埃尔福特就已经归属普鲁士了，用以补偿普鲁士莱茵河对岸国土的损失。普鲁士人这次有四年的机会，其迅速贯彻实施法制改革以及傲慢自负的军队政体使自己变得不受人爱。1806年，在耶拿和奥尔施苔特战役之后，法国人接管了埃尔福特的国土。1807年8月，埃尔福特被宣告为“保留给皇帝的财产”（Domaine reservée à l’Empereur[②]）。这样，埃尔福特被附加成一种散发财产，该财产在拿破仑统治的整个权力范围内分配，而且直接归拿破仑支配，由来自巴黎的高级官员统治，而收入归拿破仑皇帝个人。

埃尔福特主要在战略上引起人们的兴趣，因为它拥有一座强大的堡垒，人们能够从那座堡垒向外观望，监视图林根的各个公国，并且威胁普鲁士。1807年初，魏玛公国希望在莱茵联盟的领土清理过程中也能得到埃尔福特，这是一

①威廉·冯·洪堡（Wilhelm von Humboldt，1767—1835）是德国语言学家、哲学家、外交家和教育改革家，对20世纪语言科学的发展作出贡献并被高度评价。——译者注

②这是法语。——译者注

个相当可笑的幻想：这个幻想在法国人占领德国时期结束之后也没能实现，因为普鲁士1814年自然而然地重新把这座城市收入自己的囊中。对于拿破仑而言，埃尔福特与自从1806年和1807年被占领的奥德河流域的几个地方如施台特因（Stettin）、居斯特林和格洛高（Glogau）一起构成一个堡垒带，他想借助这条堡垒带掌控被打败的普鲁士，而且，从这条堡垒带向外，还可以朝奥地利方向发出有效的威胁。（S.94）埃尔福特属于拿破仑个人，这是拿破仑选择埃尔福特作为自己和俄国沙皇会见地点的一个外交原因：拿破仑可以在这里好客地款待他，而不必让人把他邀请到巴黎。而埃尔福特就在魏玛附近，魏玛公爵与俄国沙皇有亲戚关系，沙皇亚历山大一世的妹妹是魏玛公国王储的妻子。人们可以利用一种邻国互访的虚构，并且在欧洲君主大会中途，通过两个皇帝在魏玛的回访来平衡这个过程[①]。

对于埃尔福特人来说，皇帝的统治不仅意味着庞大的税收资金流向巴黎——在1809年和1813年期间，人们计算总额为410357帝国塔勒——而且还不得不承担沉重的军事负担。部队行军通过、部队安营驻扎、安排伙食、提供饲料、为战地医院服务等，这些负担让这个城市社会如此不堪重负，以至于埃尔福特市民在拿破仑时期承担的总债务从415万帝国塔勒增长到736帝国塔勒，几乎翻了一番。在法国人占领期间，埃尔福特不得不解决1100万人的过夜问题，连同解决伙食问题，这些都要由市财政出钱，同样还要为伤员建立护理站，为部队提供使役牲畜的义务劳役、邮政服务和道路设施服务，还要为部队配备军靴和大衣。在刚被引进的产业自由的有利条件影响下，所有这一切在短期内就像一种给手工业者和小房产主提供的繁荣计划一样，在这个意义上就成为一种从上到下的转换分配。从长远来看，巨大的债务和在德国所有地方一样，在几十年内阻止了经济的发展。直到1878年，埃尔福特人还在支付拿破仑岁月给他

①作者的意思是，埃尔福特因属于拿破仑个人而代表法国；魏玛公国因与俄国沙皇有亲戚关系而可以代表沙皇，这两位皇帝可以用这两座城市分别代表法国和俄国。——译者注

们遗留下来的债务。

不言而喻的是，这座城市本身还不得不承担埃尔福特欧洲君主会议的绝大部分奢华品费用，比如人们在皇帝到达时修建的巨大的凯旋门。当然，拿破仑在到达之前以一种凯撒大帝的矜持让人中断了凯旋门的建造，为了不引起沙皇的反感。就连奴性十足的阿诺尔德都在他的欧洲君主大会报道中不得不引用埃尔福特一个市民代表团于9月29日乞求地递交给皇帝的一份请愿书，阿诺尔德通常只知道报道华丽光芒、检阅和戏剧表演。在这封请愿书中被列举的弊端不仅包括普遍沉重的军税负担，（S.95）而且还包括明显的不公平，包括18个月以来国家有价证券未被支付和养老金被拖欠8个月的情况。这份请愿书得出结论“臣民筋疲力竭到了无以复加的程度”。“我们小小的国家肯定要断送几代人的性命，因为国家收入不足320000法郎，因为人们不得不在22个月的时间内支付令人难以置信的数额：550法郎。”① 拿破仑皇帝承诺，在支付养老金时解决这些弊端——但他没有履行承诺——此外，今后士兵的伙食应该由军队储藏室负担。但人们依然怨声载道，这促使法国的军队管理部门在今后的几年里建立一个秘密警察局，配备广泛的侦探装置。当1810年人们在巴黎呈递第二份市民请愿书时，又是无济于事，只是警察局在两个呈递请愿书的人回家之后逮捕他们，并且颁布了一项公开的“抱怨”禁令。

在欧洲君主会议召开时，埃尔福特人却不仅有很多可看的和感到惊讶的地方，而且还有机会大捞一笔。拿破仑住在地方总督府，魏玛公爵与往常一样住在“护送寝宫”里，但是，其他参加会议的全部54位君主和国务活动家——除了皇帝和国王以外还有24位其他王子和大臣——都住在市民的房子里。（S.96）例如，沙皇住在离市政厅不远处的广场旁，在商人特里布尔（Triebel）家里。魏玛的政府代办弗里德里希·冯·米勒很高兴，因为自己能和普鲁士前法院院长冯·戴尔·莱克（von der Recke）在一个屋檐下分享一间

①阿诺尔德，《埃尔福特》（Arnold，*Erfurt*），第二卷，第31页。

小书房和小卧室，尽管在这座房子里已经安排了法国内政大臣马雷（Maret）[①]的住宿。

对于德国莱茵联盟的君主而言，在埃尔福特昂贵的逗留是被严格控制的（de rigureur[②]）。假如谁像巴伐利亚国王那样在邀请时被忘记，谁就陷入恐慌，然后通过所有外交途径祈求获准参加大会：在缺席的情况下，公开的失宠显得太有威胁性。巴伐利亚毕竟在埃尔福特为赢得雷根斯堡和拜罗伊特盖下了印章。法国历史学家阿尔贝尔特·汪达尔（Albert Vandal）1891年对埃尔福特的欧洲君主大会进行了有史以来最详细的外交描述，其描述的亮点就是德法的宿敌的关系，他在描述中充满鄙夷地描绘了德国小君主们（principicules allemands[③]）的傲慢自负，这些小君主带着自己上百个愿望和要求，这位历史学家在描述时谈到对武力的崇尚（culte de force[④]）[⑤]。这些德国的小君主都带着他们的大臣、内廷大臣、马车和成群的奴仆，摆出一副极其可笑的架势。哥廷根市民卡洛琳娜·萨尔托琉斯向她哥哥讲述了法兰西剧团演出时，她从“众多国王的包厢里”感知到的印象：

> 首先是妈妈，该国的一国之君（这里是指萨克森国王）。他看上去甚至太糟糕了。他身穿一身笔挺僵硬的白色制服。他留着一个高耸的发型，梳着长辫子，他让人在后面拖着燕尾服的燕尾，显露出一副愚蠢而疯狂的样子，恰似一个市侩庸人。现在轮到了符滕堡的君主。制服不得不在狭窄的椅子上摆来摆去，为了保持平衡。你看：胡闹的观众由于他的大腹便便爆发出一阵巨大的、嘲讽的哄笑。巴伐利亚国王出现了，带着一副随便不

①马雷（Maret，1763—1839）是拿破仑时代的法国外交家和政治家，巴萨诺公爵。——译者注
②这是法语。——译者注
③这是法语。——译者注
④这是法语。——译者注
⑤汪达尔（Vandal），第415页。

拘礼节的、真正德意志人的神情和一种普鲁士人的体面。[①]

像哥塔公爵的这种谄媚是少有且独特，（S.97）拿破仑在宴席上跟他说话，因为他什么都没吃：“您或许以空气为生吗？”这位德国君主接下来朝拿破仑皇帝鞠了一躬，然后回答说：“不，不是靠空气，而是靠太阳的光辉。”[②]

塔列朗在其回忆录中带着冷峻，这些观察与其权力政治的表面一致。他再一次把情况展现在人们的眼前，在这里说话的并非是仇视君主和敌视法国人的德国爱国主义人士：

对于强大的君主而言，他们绽放光芒的宫廷给予其自己真正规模的真正画面；但对于小君主来说，宫廷服侍的目的仅仅是为了掩饰其自己的无足轻重。这样，一切都自我吹嘘，自我炫耀。标签、头衔的顺序和外表在那里就是一切，谄媚也在其位，统治者越小，谄媚就越完美。倘若有一位权势巨大的君主突然出现在他的国家，走进他的小宫殿里，一位凯旋者走进来，那么，这位小君主就成了他的臣仆到这时为止面对所扮演的角色：一个卑躬屈膝的朝臣。在规模庞大的宫廷里，朝臣们鞠躬；在规模稍小的宫廷里，朝臣们跪倒在地，当君主变得没有权力时，他也不例外。我当时在埃尔福特没有看到一个敢于毫无畏惧地而且自由地把手放到那头狮子的鬃毛上的男人，连一个这样的男人都没有看到！[③]

拿破仑在埃尔福特不仅接受了屈尊的示意，他也并不鄙夷被强调夸张的那种卑躬屈膝。拿破仑让他创造的德意志国王连同魏玛公爵夫人一起在他的房间前等了一个多小时，对此，公爵夫人在当天即10月10日就带着所有的愠怒给

①《歌德–萨尔托琉斯》（*Goethe-Sartorius*），第64页。

②阿诺尔德，《埃尔福特》（Arnold，*Erfurt*），第二卷，第55页。

③塔列朗，《回忆录》（Talleyrand，*Memoiren*），第一部分，第313页。

她的哥哥写信，与以往一样，她用法语写信："你们意识不到拿破仑在埃尔福特对待四位国王的灵巧方式。（Vous n'avez pas d'idée de la manière leste avec laquelle Napoléon traite les quatre rois, qui sont à Erfurth.）[①]"拿破仑皇帝可能以他的方式劝露易丝享用葡萄酒："那就喝酒吧，我想听您胡言乱语。"（Mais buvez donc, je voudrais vous entendre déraisonner.）[②] 当时普鲁士的、现在为卡尔·奥古斯特公爵效力的军官冯·米夫灵男爵把这理解为有针对性的屈辱行为：在一次检阅时，拿破仑邀请沙皇亚历山大及其胞弟康斯坦丁（Konstantin）大君主一起观看阅兵，个别士兵出列，拿破仑让他们讲述在1807年战役中打击俄国人的英勇行为："一个士兵亲手杀死如此多的士兵，抓获了如此多的俘虏；（S.98）另一个人插上了法国的旗帜；第三个人占领了大炮……"米夫灵在他的回忆录中描写拿破仑毫无骑士风度的情景："大概几乎不用提及，俄国人和德国人觉得拿破仑的态度如此粗俗和令人恼火。他单单是为了法国人的荣誉，我现在不得不说明，从拿破仑周围许多人的面部表情中可以读出厌恶。"[③]

我们可以把拿破仑对沙皇的态度理解为迷惑意识、耗尽精力的策略。拿破仑给予沙皇至高的荣誉，拿破仑让描绘自己权力的一个巨幅画像展现在沙皇面前。这两位皇帝身穿明显很简朴的军队制服，活动于身穿精心设计的华服人们中间，他们并没有像德国君主那样留着辫子或者留着高耸滑稽的发型。他们只是向对方的勋章表示敬意。拿破仑在魏玛和埃尔福特之间迎接沙皇，他们分别下马，走出马车，互相拥抱，交换家庭信息，然后肩并肩骑马走完最后的路程。每天起床（Lever[④]）后，拿破仑在早餐和午餐之间请元帅、大臣、德国君主和知名人士一起站立着用叉子吃点心，之后，拿破仑与沙皇一起骑马出行和检阅，（S.99）然后在地方总督府，在法国皇帝那里，在德国国王的小圈子

①这是法语。——译者注

②波雅诺夫斯基，《露易丝》（Bojanowski，*Louise*），第313和第316页。

③米夫灵，《我的人生》（Müffling，*Ausmeinem Leben*），第24页。

④这是法语。——译者注

内，共进较晚开始的午餐。午餐后他们就去看戏剧表演了，戏剧表演在一个舞会大厅中举行。这两位皇帝不间断地处处握手，彼此拥抱，并且展示了发自内心的、真挚的一致。这两位皇帝看上去都年轻而英俊：拿破仑39岁，亚历山大31岁：世界的未来似乎落在他们的肩上。他们在夜里才工作，即讨论和谈判。在这里上演了拿破仑、亚历山大和塔列朗之间那种高度机密的三人戏剧。这显示了，在巨大的世界戏剧的舞台背景后面，对于法国人的皇帝而言，世界局势这时已经变得多么严峻了。

1808年，拿破仑违法突袭西班牙，这个事件让局势更加严峻，这或许是拿破仑生涯一个关键的政治错误。他用阴险的手段罢黜了波旁王室，这使他最终变得无法取信于人。从这个时候开始，欧洲每个君主都不得不为自己的生存担惊受怕、提心吊胆。根茨的预言似乎变成了现实：只要有拿破仑这个人，世界就不可能太平。这已经体现在沙皇从圣彼得堡启程时的端倪：沙皇的母亲明确提到了西班牙，请求沙皇不要前往埃尔福特——说他可能在那儿被逮捕。此外，在整个夏天，西班牙都是严峻的军事问题。第一场反对侵略者的人民战争开始出现星火燎原的势头，令法国人感到惊讶的是，西班牙人对占领者向他们承诺的政治和文化的进步根本就不感兴趣。在对抗匆忙赶来的英国人的战斗中，法国军队也遭受了失败，军队的挫败蔓延到欧洲各地，在普鲁士和奥地利的战役尤其被记载下来。与歌德不同，在普鲁士和奥地利，人们看到了这种可能性：拿破仑这位篡权者并非不可战胜的。奥地利开始秘密地搞战备。由法国秘密警察截获的普鲁士大臣冯·施泰因男爵的信透露了起义蓄谋。这样，在拿破仑的眼前，突然出现了两个前线战争的幽灵，在相距遥远的战场上：比利牛斯山和东欧。

这是拿破仑与沙皇亚历山大会面的真正原因。亚历山大应该保护他，使他免遭奥地利的侵袭，而且一旦奥地利胆敢发动一场对法国的新战争，（S.100）沙皇要摆出一种威胁的姿态。然而，俄国对此并没有提供太多优惠条件：1807年夏天，拿破仑已经在蒂尔西特和约中答应给沙皇芬兰和土耳其在欧洲国土的几个部分；而俄罗斯不得不容忍作为华沙大公爵领地重新建立的波兰加入莱茵联盟。普鲁士被平分，并且被迫承受一种勒索性的向法国缴纳军税的负担——大约一亿法郎，然而这种很阴险的政策，并没有精确的上限，用债务建立起来的法国占领也没有期限。普鲁士作为国家之所以被保留下来，就仅仅因为要取悦沙皇；与此同时，法国部队长期滞留在波兰。拿破仑的权力同盟是孱弱的，但是恰恰因为如此沙皇才对继续削弱奥地利感到索然无味，尽管俄国和哈布斯堡王朝在巴尔干半岛进行竞争。因为，假如拿破仑首先征服了西班牙，再重新战胜奥地利，那么，在欧洲大陆上就只剩下俄国与法国相抗衡了。

在这种情况下，拿破仑在1808年夏天尝试进行威慑——8月公使梅特涅伯爵进行威胁，梅特涅形象地向维也纳报道这些威胁的场面，但是没有给人留下深刻的印象——秋天在埃尔福特争取到沙皇。因为外交在这个时间段上太棘手了，拿破仑决定，再一次起用他昔日的外交大臣塔列朗。塔列朗刚刚在前一年，即1807年辞职，因为他天生具有对权力更迭情况最敏锐的嗅觉，他认识到了拿破仑会因毫无节制而陷入危险。然而，在蒂尔西特谈判时结识了沙皇的塔列朗秘密地接近沙皇，并且给他打气，让沙皇不要向拿破仑妥协让步，并且不给拿破仑对抗奥地利的承诺。这样，埃尔福特就成为外交史上一个特殊的场所：塔列朗背叛了拿破仑。这种背叛之所以成功，原因或许在于，塔列朗几乎大胆地开诚布公行事。当戏剧演出和两个皇帝接下来的谈话终于结束时，只有文书人员坐着整理谈话纪要，时间已经很晚了，塔列朗还动身前往普鲁士王后露易丝的妹妹的沙龙，她的妹妹是图恩和塔克西斯的女君主。（S.101）他在那儿遇到沙皇，沙皇与每位客人一样，毫无拘束地喝一杯茶。他们由此定期会面，每个秘密警察都可能记录下来这些定期会面，然而很显然，没有一个在埃尔福特进行密探活动的人认识到这种定期会面会引起的爆炸性后果，没有任何人去向法国皇帝禀报。

拿破仑的宫廷侍卫长以他独特的、捉摸不透的表情向沙皇讲大实话："法国人民是文明的，法国的统治者则不然；俄国的统治者是文明的，而他的人民则不然。因此，俄国的统治者应该成为法国人民大联盟者。"或者，"莱茵河、阿尔卑斯山、比利牛斯山是法国的占领地区；其余部分是法国皇帝的占领，法国不需要这种占领。”[1] 这仅仅是另一个事实的反面，塔列朗向拿破仑隐瞒了这另一个事实，拿破仑皇帝由于塔列朗起草的无原则谈判草案而指责他是“永恒的奥地利人”。（S.102）“只是稍微有些少，先生，更正确的是，你应该说，我将永远不会成为一个俄国人，而是永远当法国人。”[2] 这给亚历山大留下深刻印象，他让人把塔列朗的建议写在小纸条上，然后他把这些建议背下来。可是，拿破仑不得不断定，沙皇的态度出人意料地固执，而他偏偏当着塔列朗的面为沙皇的这种态度痛哭，以解心中郁结：“沙皇固执得像头驴骡：他装聋，不愿意明白我的意思。”两位皇帝谈话时发生了外交语言所称的“生动的出场”。拿破仑失去了控制，他把礼帽扔到地上，然后来回踩脚踩帽子。接着，亚历山大不无诙谐地说：“您是残暴的；我是执拗的：别人通过暴跳如雷在我这儿什么都达不到。我们谈话、讨论，否则我就走。”[3]

自从塔列朗的回忆录1891年出版以后，我们才开始了解到许多这种细节。现在，在拿破仑垮台后，他对此非常感兴趣：被皇帝罢免，突出强调他作为一个超越党派的和超越时代的法国利益政策之深思熟虑的代表这个角色。但是，他的回忆录从根本上还是说真话，魏玛的一份资料恰恰证实了这一点。在塔列朗的回忆录出版前很长一段时间，代办人弗里德里希·冯·米勒，这位歌德的朋友就在他对埃尔福特的回忆录中写道：“有一天，法国方面有人非常坦率地反对我，说拿破仑永不停歇的行动精神，尤其他在西班牙和葡萄牙的庞大计划肯定会引起担忧，而且，这对法国而言是多么值得期待：皇帝亚历山大并不太愿意屈服让步。”[4] 这消息肯定来自塔列朗，米勒在1806年到1807年期间的谈判中很熟悉他，米勒用那个臭名昭著的8万法郎的盒子收买了塔列朗，沃尔措根和卡

---

①德·瓦勒斯基尔（De Waresquiel），《塔列朗》（*Talleyrand*）第390页。

②塔列朗，《回忆录》（Talleyrand，*Memoiren*），第一部分，第308页。

③汪达尔（Vandal），第434页。

④弗里德里希·冯·米勒，《对战争年代的回忆》（Friedrich von Müller，*Erinnerungen aus Kriegszeiten*），第136页。

尔·奥古斯特对这个8万法郎的盒子非常恼火。可现在，米勒却成为欧洲一个头等国家机密的知情人，他作为一个与沙皇有亲戚关系的王室的代表，人家把这秘密转告给他，这肯定是有理由的。正如米勒所报道的那样，因为这个秘密通过卡尔·奥古斯特和奥尔登堡（Oldenburg）公爵确实找到了传达给了沙皇亚历山大，（S.103）所以这一点很有可能：沙皇在图恩和塔克西斯女君主苔雷西亚家里与塔列朗碰头绝非偶然。经常被同时代人和后世责骂成法国佬和莱茵联盟十足的政客小个子魏玛大臣米勒——卡洛琳娜·萨尔托琉斯叫他“米勒男爵先生”[①]——变成了对这场巨大阴谋通风报信的人。塔列朗后来解释说，弗里德里希·冯·米勒挽救了欧洲，使它免遭拿破仑的毁灭。魏玛的伟大诗人当时陷入了拿破仑的光环中，而偏偏是魏玛秘密地参与了这次挽救行动。塔列朗给魏玛的观察员们留下了一种独特的印象。“高大而肥胖。长着一条马的脚和一条鸡的腿。”——他从小就走路有残疾——“按照黑里逊（Herisson）的方式（à la）[②]留的发型，梳着发带，身穿一件肥大、长摆、刺绣的彩色玫瑰的燕尾服到处闲逛”，夏洛特的儿子卡尔·冯·施泰因（Karl von Stein）在那些天里曾让他因为一封信而蹒跚地行走：“那个活的魔鬼吗？不，是本尼文托的王子”！[③]

尽管沙皇执拗，（S.104）拿破仑还是——在同他自己与生俱来的没有耐性的性格抗争中——做出最大的努力，保持一种友好的氛围。当沙皇在他住处做客并且赞美一件昂贵的必需品（Neccessaire[④]）时，马上就有人从巴黎搞来一件。拿破仑把产自塞夫尔（Sèvres）[⑤]的昂贵瓷器寄往圣彼得堡，赠送给亚历山大一世的夫人。亚历山大也随着拿破仑这么做。10月3日上演了伏尔泰的《俄狄甫斯》。当演员在第一幕中朗诵这句诗行“一位伟大的男人的友谊是众神所

①《歌德与萨尔托琉斯》（*Goethe-Sartorius*），第67、68页。在那里的评论中，完全迷惑性地与约翰内斯·冯·米勒混淆了。

②这是法语。——译者注

③弗莱舍尔：《拿破仑》（Fleischer，*Napoleon*），第121页。

④这是法语。——译者注

⑤塞夫尔（Sèvres）是巴黎西南一座城市，以塞夫尔国家瓷器厂闻名。——译者注

赐的礼物”[①]时，沙皇马上从他的座位上站起来，去和坐在他旁边的拿破仑握手。因为这两位皇帝坐在管弦乐团中一个被加高的台子上——这是拿破仑为听力比较差的沙皇采取的一个特殊措施——这一幕就在全场观众的眼前进行。尽管在这些具有象征意义、凝重的戏剧夜晚，人们通常严格禁止观众鼓掌或者叫好，（S.105）但是，此刻爆发出雷鸣般的掌声。这已经是拿破仑在欧洲君主大会上更显著的成就之一了。

历史反正很少因为一个触手可及的外交结果回忆他，而主要是作为傍晚辉煌的戏剧演出的一个结果。军队的奢华、检阅、站岗、喧天的锣鼓声、灯光和标语横幅是给老百姓准备的。然而拿破仑在埃尔福特真正的和最重要的外交以外的手段是法兰西剧院的戏剧演出。他通过这些戏剧演出不仅接触到“众多国王的包厢”，他在巴黎就向他的明星演员塔尔玛承诺过这一点，而且主要接触了德国广泛的、有教养的公众。因为，虽然在福特尔大街上匆忙新搭建起来的埃尔福特的戏剧大厅里的座位数量有限——在达尔贝克统治时，歌德和席勒的作品就在这里被上演过——然而，内廷大臣雷穆萨特（Rémusat）以及与他有联系的人（其中就有魏玛的“米勒男爵”）注重把人们渴望得到的、免费的门票发给正确的人，也就是不仅发给贵族和外交官，而且还发给信息传播者、报纸撰稿人、作家和学者，尤其还给歌德和维兰德。费用上升：尽管真正的外交争夺一直保持沉默状态，人们还是非常广泛而且详细地向全世界报道了傍晚戏剧演出的盛况。迅速被投放市场的阿诺尔德的报道有一半是戏剧日记，而作者明确地炫耀他在彩排时以及在舞台后面与演员的接触。一股同时写就的书信和报纸文章的潮流至今还使历史学家陷入一种“材料丰富的困惑”（embarras de richesse[②]）。

这里的一切都是政治，因此也就是拿破仑真正从事的事情。他做出决定，把法兰西剧院这个庞大的宣传工具派往德国，让他们饱尝前往德国的艰难旅

①这得到多次证实。参见利斯特：《拿破仑一世与埃尔福特》（List，*Napoleon I und Erfurt*），第31页。

②这是法语。——译者注

行。拿破仑制订演出计划，他一直插手过问演出实践和台词朗诵风格这些细节问题。通常是早晨才决定晚上演出的剧目。在演出之前演员们只有短暂的时间进行沟通性的彩排。这样做的前提条件是，他们的脑子里都保留着法国古典主义文学时期的保留剧目。演员们以强调的口吻说出《俄狄甫斯》中重要的句子，所谓的在舞台前，（S.106）觉得沙皇亚历山大一世对这些戏剧演出毫无准备的想法显得是幼稚的。这里提供的是庞大的国家戏剧，演员们也不仅在舞台上表演。塔列朗和拿破仑的侍者贡斯当（Constant）[①]在他们的回忆录中明确证实了这一点：拿破仑想在埃尔福特的舞台上给德国的和国际的公众上政治课。被挑选出的戏剧——都是法国文学拥有高乃依（Corneille）[②]、拉辛（Racine）[③]和伏尔泰（Voltaire）这三大支柱的伟大时期的悲剧，没有一部是轻松的作品，没有歌剧，没有演唱段落——这些戏剧应该向在场的统治者和德国的观众上演"伟大的英雄，他们成就巨大的、光荣的伟业，并且勇敢和高大的精神天赋超越了普通人"。[④] 这种戏剧表演与宫廷的消遣（Divertissement）[⑤]保持纲领性的距离，这像是一种为期两周的、具有很高风格的正面课堂，在这种情况下有那么一瞬，让人感到像市民风格一样的严肃结尾处，还有一种道德说教式的好为人师。尤其是年轻的沙皇，他感觉自己屈从于一种为期两周的戏剧教育的专政统治，他还感觉到，没有一个瞬间是不被观察的。

戏剧选择的局限性——高乃依和拉辛两个人就每人有四部被选中——也反映出拿破仑的文学鉴赏力及其阅读作品的特殊特点，我们通过拿破仑的指示就可以很精确地看出来：恰恰在埃尔福特欧洲君主会议期间，他指示汇集他的战地图书资料。1808年7月17日，他委托他的图书管理员，给他收集1000本书，其中应该有40本是宗教书，然后是同样数量的长篇叙事诗和舞台戏剧以及60本

①贡斯当（Constant，1769—1830）是法国-瑞士小说家、政论家。——译者注

②高乃依（Corneille，1606—1684）是法国诗人和戏剧家，法国古典悲剧的创始人。——译者注

③拉辛（Racine，1639—1699）是法国戏剧诗人和古典悲剧大师。——译者注

④塔列朗，《回忆录》（Talleyrand，*Memoiren*），第一部分，第320页。

⑤这是法语。——译者注

诗歌，100本长篇小说，还有60本历史书。其余600本书是历史回忆录。拿破仑皇帝明确地坚持要悲剧、英雄史诗——其中有“莪香”（Ossian）和古希腊罗马的经典历史学家。他运用一种性情忧郁严肃、几乎给人巴洛克风格感觉的标准，这种标准使读书服从打造英雄的目的，并且仅仅偶尔通过阅读多愁善感的长篇小说来寻求消遣。在这里，一切服从皇帝本人，他在历史和类似的作品中得到反映。所以，人们在埃尔福特也处处能发觉对皇帝拿破仑的暗示或者对现实问题的有利运用。（S.107）塔列朗几乎讽刺地描写了，拿破仑如何背诵高乃依的《西拿》（*Cinna*）[①]中的下列诗行：

旨在篡夺王冠的国家犯罪，
天堂饶恕我们，一旦我们获得成功（……）
能够成功做到的人总是没有罪责的，
他所做的事一直是不可触犯的。

拿破仑背诵这一段后大喊：“太棒了！这种台词正适合给德国人听，他们还在责备我杀害了当甘公爵（Enghien）[②]（拿破仑派人绑架了这个波旁王朝的人，然后处决了他），一种狭隘的道德！我们必须教会德国人道德上更高的概念！”[③]这样，人们就能够在每一部上演于埃尔福特的戏剧中发现一种合适的“道德”：拉辛作品《米特里达特》（*Mithridates*）[④]中对罗马的憎恨被理解为对英国的敌视：

你们错了，如果你们以为，这个国家

---

①《西拿》（*Cinna*）是一部关于阴谋刺杀罗马皇帝奥古斯都的戏剧。——译者注

②当甘公爵（Enghien，1772—1804）是法国波旁公爵的独生子，拿破仑按照假情报，说当甘公爵要密谋推翻他，就下令处决了公爵，该暴行在全欧洲引起公愤，粉碎了拿破仑与波旁王族间的一切和解希望。——译者注

③塔列朗，《回忆录》（Talleyrand，*Memoiren*），第一部分，第302页。

④《米特里达特》（*Mithridates*）是拉辛描写亚洲暴君和希腊女英雄的一部戏剧。——译者注

是通过其城墙才如此坚固地挺立；
我知道很多道路通向那一步，
即便我应该为之赴死。

可能所有观众不久就清楚了这种方法，尤其演员们，首先是塔尔玛，以极大的强调语气朗诵台词。弗里德里希·冯·米勒在他的回忆中谈及了“非同寻常的激情、经常夸张朗诵和动作”，尽管这朗诵体面、适度、高贵，可是德国观众还是注意到了这种夸张[①]。这种说法充满启发性，它让人们预计到魏玛戏剧风格的反差。维兰德在看完伏尔泰的戏剧《穆罕默德》（***Mohamet***）[②]演出之后表现得目瞪口呆，因为“做作的、单调的朗诵和极度悲情的夸张语气，演员以这种语气表演充满激情的场面，把法国的听众（有很少的例外）带入迷醉状态中”。[③] 人们总是谈论听众，而不是观众，这一点就是很有教益的。并非舞台装饰没有达到最华丽的程度，——对此也只有一种声音，即阿诺尔德传达的声音，（S.108）他赞美朗诵中至高的激情和“表情夸张”，但他主要强调“真正帝王派头的衣帽间”：“这里不会出现仿造而廉价的服饰和戏剧表演用的首饰，就像人们在小商贩那里一买就几打的廉价商品一样，衣服上用金线刺绣，还有大量的宝石——这里的一切都是真的。”[④] 然而至关重要的还是朗诵的风格、咏叹调般的强调，尤其塔尔玛以这种强调语气朗诵六音步抑扬格押韵的诗句，当他朗诵拉辛的《伊菲格尼》（***Iphigenie***）的下列诗行时，他就在他前面的两位皇帝面前，以极大的表情动作朗诵这些诗句，就仿佛“不知不觉地”（doucement）[⑤]凑到两位皇帝的脸旁似的：

---

①米勒，《回忆》（Müller，*Erinnerungen*），第134页。

②《穆罕默德》（Mohamet）是伏尔泰写的戏剧，1742年成功上演后遭到禁止，因为伏尔泰把伊斯兰教的创始人穆罕默德描写成一个大骗子。——译者注

③《维兰德通信》（*Wielands Briefwechsel*），第十七卷，第一部分，第467、468页。

④阿诺尔德，《埃尔福特》（Arnold，*Erfurt*），第一卷，第83页。

⑤这是法语。——译者注

荣誉在讲话，它是我的神谕；
主啊，我的生命在众神的手中，
但我们的荣誉掌握在我们的手中。
为什么你们的神谕折磨我们？
我们的追求就像它们一样不朽；
追寻命运，让我们匆忙到那里，
在一个崇高的目标向我们挥手示意的地方！

在这些魔幻的瞬间，大厅里的观众感觉好像不仅有两个皇帝在场，而是有三个皇帝。具有病态优雅气质的塔尔玛作为一个庄重的和智慧的演员给人留下深刻印象，一部分是因为明星的无法接近性，另一部分是作为“思考的艺术家”，正如阿诺尔德对他的叫法一样。“他中等身材，他的蓝眼睛死一般地盯着一个点，他塌陷的脸证明了他在艺术中的努力。他非常严肃——在交往中少言寡语。他走路的步态、他身体的承载、他暗淡无神的眼神——这一切都给悲剧的艺术女神以忧郁的形象，而他就是悲剧的艺术女神的门徒。”[①]

然而，主要演员还是这两位皇帝。他们最后踏进观众大厅，第一个离开大厅，而包括其他君主在内的剩余在场者充满敬畏地等待着。在两位皇帝步入剧院时，有人三次擂鼓，而当国王们走进剧院时，有人只擂鼓一次。米勒写道：“这样就出现了这种情况：有一次，卫兵被符腾堡国王马车的外表迷惑了，他让人击鼓三次表示欢迎，（S.109）指挥的军官却恼火地用这些话制止：‘你快停下来，这不是皇帝。’（Taisez vous，ce n’est qu’en roi.）[②]”[③] 市民观众也期待以华丽考究的服饰和妆容抛头露面。拿破仑以极度的礼貌陪同沙皇亚历山

①阿诺尔德，《埃尔福特》（Arnold，*Erfurt*），第一卷，第83页。
②这是法语。——译者注
③米勒，《回忆》（Müller，*Erinnerungen*），第135页。

大一世走到他的座位。正如阿诺尔德观察的那样，在戏剧演出期间，拿破仑很安静地坐着，把他的帽子放在双膝之间，双手放在帽子上。他很专注地倾听，只偶尔吃着果仁和杏仁（S.110）。在戏剧演出的重要地方，他转身向俄国的皇帝，跟他说几句话——他大概也知道，在他的身后，观众大厅里所有人的目光都看着他，并且记录着他的每个动作。卡洛琳娜·萨尔托琉斯写道："和拿破仑被关在同样的大厅里，真有某种神秘莫测的感觉。"她精确地记录了这两个皇帝简朴到引人注目的衣着之每个细节，尤其是拿破仑的外表：

> 他的脚非常小，手很美。除此之外，我觉得他的身材不是很好。与他的下身相比，他的上身躯干太大，脑袋放在双肩上，这从整体上看实际不是合适的比例。但他没有将军肚。他的头发是黑色的，面颊完全是意大利式的，头部的形状不无优雅，面部线条恰恰不是古希腊罗马人的，却可以毫无损害地被提升到类似古希腊罗马人的程度。他的眼睛深深凹陷，人们根本看不见他双眼的眼神和颜色，他的下巴非常前突，他从鼻子到双耳的面颊很宽大，我还从未见到哪个人有他这么宽大的面颊。尽管他的鼻梁突起，他整个的面部还是给人平面而非立体的感觉。他的外表没有给人留下什么太深的印象，但是他的外表蕴藏着一种优雅、一种非常平静的得体，而他少有动作充满着优美特征。①

一个聪明的女人和一个优秀的女观察员而非谄媚者就是这样描写这个伟人的，他在这些天里正与歌德和维兰德谈话。拿破仑皇帝刚刚落座，音乐就开始响起，大多是海顿的一个乐章，舞台帷幕徐徐拉开。这些戏剧在各个幕之间没有帷幕，就在统一的背景下上演。在两个小时的演出期间从不关灯，使得所有观众有大量的机会研究这两位皇帝。

①《歌德与萨尔托琉斯》(*Goethe-Sartorius*)，第165页。

歌德首先在1808年9月30日，在一个星期五，陷入了阴森恐怖的处境中，与拿破仑同处一室。法国军队在上演拉辛的悲剧《布里塔尼居斯》（*Britanikus*）（1669年），塔尔玛扮演剧中的主角尼禄。歌德快到傍晚了才赶到埃尔福特，然而，正如他在日记中记录下来的那样，晚上的戏剧《安德罗玛克》（*Andromache*）[①]演出他还是来太晚了。那么现在就看《布里塔尼居斯》吧。在拿破仑戏剧政策的教育方面，《布里塔尼居斯》应该说是一部很棘手的戏剧（S.111），因为与第一天晚上演的戏剧《西拿》不同，这部戏剧并没有展示皇帝的仁慈温和，而是把一个靠非法手段当权的君主转变成一个血腥残暴的暴君。当尼禄说“管他幸福与不幸，人们就应该有恐惧心”（heureux ou malheureux， Ii suffit qu’on me craigne）[②]，这时每个人都可以把这句话推而广之。拉辛的戏剧最后谈及这个问题：尼禄一动不动地在旁观一场谋杀，他以此完成了他向暴君的演变，这种演变是根据塔西图斯的描写而勾勒出来的：

> 脸不变色，没变苍白，没变红润。
> 他的眼睛变得冷漠而呆板，
> 好像从孩提时起就在谋杀中变得冷酷无情一样。

塔尔玛扮演的尼禄给歌德留下如此深刻的印象，以至于他在二十年之后在一篇论及法国戏剧的文章《论艺术与古代》（*Über Kunst und Altertum*）中还回忆道：“我们自己就是见证人，他渴望自己进入暴君的灵魂中。他成功而恰当地表达了歹毒、虚伪的残暴。”[③] 这些成就有一部分是塔尔玛努力的结果：“展现人物最内在的东西。”他所提供的心灵研究要多于客观的风格展示：“他那种充满激情的渴望并非迎合那个疑心病的戏剧，该剧发生在阿拉伯的沙漠中，

---

①《安德罗玛克》（*Andromache*）是拉辛另一部成功的戏剧作品。——译者注

②这是法语。——译者注

③MA，第十八卷，第一部分，第122页。

那种呆滞的表情在这样一种荒芜中是适度的。”歌德对此极其感兴趣，不仅因为他本身领导剧院并且试图形成一种古典的朗诵风格，还因为他以作家的身份细致地研究过法国的悲剧，反正他研究过拉辛的《伊菲格尼》，作为《穆罕默德》这部沙漠戏剧和《坦瑟瑞德》[①]（*Tancrède*）的翻译，他还研究过伏尔泰。他1800年就在艺术杂志《普洛皮莱恩》（*Propyläen*）[②]中刊登了威廉·冯·洪堡的一份阐述翔实的论文《论法国现今的悲剧舞台》（*Über die gegenwärtige Französische tragische Bühne*），这篇论文建立在作者从巴黎写给歌德的书信基础上。洪堡详细阐述了塔尔玛的戏剧艺术，赞扬塔尔玛的优势，尤其在“高度悲剧性的、阴郁的和多愁善感的情节的表情，在这些情节中，仔细斟酌精神和激情”，洪堡的描述甚至对他上述情节的评价高于演员情绪“激烈”爆发这些情节。身材矮小的塔尔玛多么英俊啊：

> 他的面庞同时有细腻的和强劲有力的表情，（S.112）一种小而圆的椭圆形，一个在额头处陷进去的、但线条非常精细的鼻子，黑色的、炯炯有神的眼睛，非常广泛的而且强有力的面颊线条，尤其在嘴角周围。他的身材瘦削而精细，他的双臂线条构造很好，在穿英雄人物的服装时关键要看胳膊，人们会看到，他的双臂经常是裸露的。他的腰部、大腿和双脚都具有典范的美。

漂亮华丽的服装、英雄的高贵、表现力很强的表情、适度的手势——这一切都非常了不起，张弛有度，洪堡提到的一个展示性的角色就是《布里塔尼居斯》中的尼禄，在埃尔福特上演的第一部戏剧，即歌德现在看的这部戏剧！[③]

---

① 《坦瑟瑞德》（*Tancrède*）是法国作曲家和指挥安德烈·坎普拉（André Campra，1660—1744）创作的一部抒情悲剧。——译者注

② 《普洛皮莱恩》（*Propyläen*）是歌德创办的艺术杂志。——译者注

③ 《洪堡全集》（*Humboldt*，*Gesammelte Schriften*），莱茨曼（Leitzmann）主编，第二卷，第377～382页。

此外，不可能有比歌德更优秀的观察者，因为他在11岁时，即法军在七年战争[①]时占领法兰克福期间，就扮演了尼禄这个角色，正如他在《诗与真》（*Dichtung und Wahrheit*）中所证实的那样。

在今天的戏剧大厅里，歌德的座位或许并不比萨尔托琉斯教授夫人的座位更差，即就在君主及其大臣的后面。约翰娜·叔本华曾经去剧院看过一场表演，她为我们留下了一幅画面，关于与歌德一起在观众大厅里的这幕情景：

> 几乎来自全欧洲国家的著名国务活动家和将军们步入镶木地板（Parquet[②]）的大厅，他们身着节日盛装，佩戴勋章和星章（……），缀满金丝线的军装、无法掩饰的高傲使法国人在毫无华丽可言的德国人面前显得很显眼、很突出，而法国人的高傲既体现在每一个动作上，又明确体现在其生动的、大多非常鲜明的面部表情上（……），他们的皇帝壮美的光芒以一种完全独特的方式美化了他们当中每个人的脸，而就在这些人中间站着歌德，在那些高贵的面部线条中带着一副十足的表情：自如洒脱的而平静的高贵和庄重，在他身旁的是维兰德那值得尊敬的形象。[③]

还在歌德与拿破仑交谈之前，他就在法兰西剧团中有大量的机会去结识皇帝的扮演者，因为在10月1日上演伏尔泰的《扎伊尔》（*Zaire*）时，歌德当然也在场。10月2日观看拉辛的《米特里达特》已经是在拿破仑皇帝召见他之后了。

歌德刚开始并没有强迫自己产生这种印象。他并非出于自己的意愿前往埃尔福特的，而是因为卡尔·奥古斯特公爵9月29日要求他前往。很显然，歌德自己曾经犹豫，不想过来，因为拜谒拿破仑之后歌德给他的妻子写信，说他要感

① 七年战争即1756年至1763年奥地利联合欧洲大陆绝大多数势力反对普鲁士的战争，旨在重新夺回西里西亚。——译者注

② 这是法语。——译者注

③ 《格鲁马赫》（*Grumach*）第六卷，第549、550页。把这归入10月3日是不对的：维兰德在10月9日晚上才到埃尔福特观看《穆罕默德》，为了出席皇帝在10日举行的早餐和午餐之间的吃点心招待会。

谢她，“你把我赶过来”。[1]（S.113）克里斯蒂安娜这时已经在前往法兰克福的路上了。歌德的母亲于9月13日在法兰克福去世，所以，这个儿媳妇不得不在歌德的委托下料理后事，处理遗产事宜。克里斯蒂安娜在埃尔福特欧洲君主会议期间并未能亲临现场，这既非出现在宫廷的各种场合，也没有作为歌德家里的女士一同出现。这或许省去了歌德社交方面的尴尬，当大臣和国家演员进进出出到歌德在弗劳恩开阔地的家门拜访的时候，也同样省去他社交方面的尴尬。9月29日，歌德马上就动身前往埃尔福特了。

历史学家卡尔·路德维希·冯·沃尔特曼（Karl Ludwig von Woltmann）在10月1日写的一份报道让人们预料到，歌德多么快地受到埃尔福特光芒的感染，这位历史学家声称，歌德酝酿着，“在马上到来的冬天，在魏玛举办一次卓越的德国人大会，以便他们共同商讨德意志文化的问题”。也就是欧洲君主大会的一个精神的参照物！这位爱国的沃尔特曼继续说：“非常可取的是：采取任何方式拉紧德国文化和文学的纽带，我们唯独通过文化和文学才作为一个民族得到保存。”[2] 这是一个突发奇想，这只能在这里得到证实。但是，倘若沃尔特曼听到的是对的，那么这泄露了两点：歌德被拿破仑光芒四射的权力展示搞得眼花缭乱，这种权力展示预言了新的世界秩序的稳定。歌德以此做出反应：一方面，他预料到这种新的世界秩序，并且愿意在其中适应；另一方面，他想平等地站到政治强势一边。很可能，我们在这里只匆忙地听到对话的只言片语；无论如何，这只言片语显示了，这种喧闹纷乱对于像歌德这样一位努力去理解的人来说多么有吸引力。

自从魏玛公爵获悉拿破仑和亚历山大一世之间会面的计划以来，就处于一种焦虑不安的状态中。他担忧魏玛夹在这两个皇帝之间的棘手处境：魏玛公国作为莱茵联盟的成员通过协议与庇护者拿破仑联系在一起；而魏玛公国还

①WA，第四卷，第二十部分，第172页（1808年10月4日）。

②《格鲁玛赫》（*Grumach*），第六卷，第533页（9月30日）。

与沙皇有亲戚关系，通过沙皇的妹妹玛丽亚·鲍洛夫娜，魏玛公国王储的妻子。（S.114）任何紧张局势在这里都会是危险的。卡尔·奥古斯特于9月21日给正待在圣彼得堡的儿媳妇写信说：“我们的保护神似乎彼此遇见了，我们不再作为这两位主子的平台发挥作用了；请您仔细阅读一下荷马笔下众神的情绪和情节，您就会理解我此刻的心情了。”[①] 这是一幅自我讽刺又非常恰当的自画像。这些信息首先是从魏玛传出去的。在欢迎拿破仑时，就好像必须实现一个秘密的诅咒一样，一切再一次被搞砸了。部队行军宣告法国皇帝驾到。9月24日，大君主康斯坦丁即教皇的弟弟到达魏玛，王储最终也同他的妻子一起回到魏玛。沙皇本人已经在法国高官显贵的陪同下于25日抵达。歌德在日记中记录下“大桌子”。王储把歌德介绍给俄国的皇帝，“他以非常友好的方式打听维兰德的状况。”27日大清早，人们听到从埃尔福特传来的礼炮声，拿破仑皇帝驾到。亚历山大一世从魏玛启程，为了和拿破仑相向而行。卡尔·奥古斯特早就前往埃森纳赫（Eisenach）的边境线，到达埃尔福特的后方，为了恭迎拿破仑——但公爵又一次去晚了，拿破仑这位无比强大的人已经骑马疾驰而过了，马蹄溅出火花[②]。于是，卡尔·奥古斯特急忙转身，他希望，在魏玛至少看见另一位保护神[③]。他的马车（里面还坐着他的外交官弗里德里希·冯·米勒）碰上了刚刚在埃尔福特和魏玛相向而行的两个皇帝的随从，这两位皇帝正肩并肩地骑马而行，正寒暄着他们的家庭，他们身后跟着佩戴勋章的王子、元帅和大臣。米勒写道：“公爵马上命令他的车夫以最快的速度向左转弯，越过田野，因为只穿着旅行服装的他不愿意被人们认出来。可是过了几分钟他又想到另一个主意，他从马车上跳下来，扔掉他的大衣，现在和我一起迎着亚历山大一世走去。”[④] 他们向沙皇表示歉意，受到沙皇热情的问候。然而，拿破仑

①PB3，第93页。（参见书后注释，下同）
②形容马奔跑太快。——译者注
③即指沙皇。——译者注
④米勒，《回忆录》（Müller，*Erinnerungen*），第129页。

却被这种不拘礼的表现震慑不小。米勒不得不解释着澄清这个局面。公爵夫人露易丝一直以对拿破仑的蔑视态度给她的哥哥克里斯蒂安·冯·达姆施塔特（Christian von Darmstadt）写信："我不知道如何向您形容这些是多么有趣。"（Je ne saurai vous dire combien cela m'a amusé）[①]。她不得不向她的哥哥通报不久前法国人在埃尔福特所做的伤人行为：在拿破仑下榻的总督府里，（S.115）为拿破仑同亚历山大一世会谈准备的房间窗户被砌死了，属于魏玛人的相邻的"护送寝宫"就朝这个方向开窗，这样把窗户砌上的原因是：害怕有奸细。人们如何看待卡尔·奥古斯特公爵及其身边的人，再也没有比这更明确的了。当谈话室被更换以后，人们又把窗户打开了。

魏玛在欧洲君主大会上应该采取什么态度呢？在魏玛公爵的顾问圈子内，人们对此的意见是有分歧的。毕竟沙皇在场是有帮助的，因为他被拿破仑争取拉拢，大概能够为他的萨克森的亲戚说好话。魏玛有带飞地的领土问题，而这些飞地偏偏就在拿破仑的胞弟热洛姆统治的威斯特法伦王国中。魏玛人有充足的理由统治布朗肯海姆（Blankenheim），甚至还对埃尔福特及其领土有权力要求。最后还是沃尔措根的深思熟虑路线获胜，他认为这样做更聪明：在这次谈判中，不要用魏玛的蝇头小利去拖累沙皇；米勒应该在欧洲君主大会的外交混乱中、在君主的层面上为魏玛公国的利益操心。他热情地接受了这个任务，他参加所有宴会，同塔列朗和外交大臣尚帕尼共同进餐，在宫廷大臣雷姆萨特那里组织观看戏剧表演的免费入场券，他在欧洲君主大会的第一天就给歌德写信说：

> 我谨以最喜悦的心情向阁下通报，一切都极为顺利。公爵11点到达，11点15我就陪同他拜见拿破仑皇帝，拿破仑表现得如此得体，以至于公爵殿下对此极其满意，他多次谈及公爵夫人阁下，他反复地、非同寻常地赞

---

①这是法语。巴雅诺夫斯基，《露易丝》（*Bajanowski*，*Louise*）第134页。——译者注

美她，拿破仑为这个国家遭受如此多的痛苦而表示遗憾，他表扬公爵的军人特征，最后，他亲自邀请公爵狩猎和进餐，这可能在几天后进行，皇帝会提前一天告诉我们。①

拿破仑要去魏玛！这大概是卡尔·奥古斯特公爵让歌德火速赶往埃尔福特的真正原因。因为倘若拿破仑是当真说这话的，那就意味着，有君主和大臣参加的埃尔福特欧洲君主大会都要转移到魏玛去，而且要去“狩猎和宴请”。这就突然为这个渺小的魏玛国家开启了一项巨大的而且必须马上完成的任务。在这个地方出什么差错，那可是无法预计的。（S.116）卡尔·奥古斯特公爵在这个时刻想让他的最重要的顾问立即到他身边也不足为奇，这个顾问负责所有节日的事宜。人们推测的其他动机——卡尔·奥古斯特公爵想拿歌德来“装饰”自己，也就是用歌德的光芒来粉饰自己，或者想让歌德陪他观看顶级的法国戏剧演出，为他助兴——完全站不住脚，因为人们事先就应该能够想到这两点。不，歌德是作为在象征手法策略和在搞仪式方面有经验的国家戏剧大师来到埃尔福特的，帮助解决一个始料未及的和极其棘手的问题。如果人们认真思考一下，一周以后在魏玛舞台上上演的一系列节目—— 一次大规模的狩猎、一次盛大的宴会、一场戏剧表演、一场宫廷舞会、翌日清晨参观耶拿战场、在早餐和午餐之间用叉子吃点心招待会，接下来狩猎打兔子，而这一切都有一打以上的统治者和一群达百人的随从——那么，人们就会向魏玛宫廷的运转机器表示十分钦佩，这台运转机器是由沃伊格特、沃尔措根和歌德这三个枢密顾问操纵的。

但是现在对于歌德而言，这件事是确定无疑的：与拿破仑的会见几乎是无法避免的事了。在上演戏剧《布里坦尼居斯》时，歌德就仔细地观察了拿破

①PB3，第95、96页。在那儿记载的日期是9月27日。但有可能是在9月28日。公爵不可能在9月27日的上午就见到拿破仑。也许歌德同时收到米勒的信和卡尔·奥古斯特公爵让他去埃尔福特的命令。

仑。然而那时歌德还无法想象，他与拿破仑之间的个人结识多么迫在眉睫。戏剧演出后，歌德马上就去参加冯·戴尔·莱克（von der Recke）男爵夫人的沙龙。冯·戴尔·莱克男爵夫人是那位国家高等法院院长冯·戴尔·莱克的夫人，米勒就在他们家下榻。在埃尔福特欧洲君主大会举办的几周内，他们家里每天晚上聚集了混杂的国际社交圈，这个社交圈并不像沙皇亚历山大一世和塔列朗连续光顾的图恩和塔克西斯的沙龙那么反对拿破仑。米勒就下榻于他家里，在莱克夫妇家下榻的还有法国大臣马雷，拿破仑的一个亲信。马雷立即喜欢上了歌德，他们整个晚上都极其友好地聊天。当歌德第二天得到拜谒拿破仑的邀请函时，他不得不认为，这要归功于这位大臣的美言，还可能要感谢拉内元帅的美言，拉内曾于1806年在弗劳恩开阔地歌德的家里住过，现在也在埃尔福特。塔列朗声称，拿破仑皇帝浏览在埃尔福特现场者的名单时注意到了歌德这个名字。（S.117）不管怎样：据说10月2日上午到了这一步：歌德被邀请去拜谒法国皇帝。

然而在此前一天，即在10月1日，歌德就有机会探测地形。因为他陪同安哈尔特-德绍的列奥波德三世（Leopold III.von Anhalt-Dessau， 1740—1817），即创建了沃伊里策尔（Wörtlitzer）花园王国的、著名的“弗兰茨君主”到总督府去拜见拿破仑。弗兰茨君主三十多年来一直是歌德的一位关系密切的朋友，他曾在1780年左右君主联盟政策时期与歌德密切合作过，歌德极其钦佩他的园艺作品；歌德的长篇小说《亲和力》（*Wahlverwandtschaften*）就证明了这一点。这位安哈尔特-德绍的君主持批评普鲁士的态度，与卡尔·奥古斯特公爵截然相反，他在1806年就立刻赢得了与拿破仑极好的私人关系，曾享受此殊荣：被拿破仑邀请到法国去狩猎。在埃尔福特，他被拿破仑皇帝邀请吃早餐，接下来就是拜谒拿破仑。我们从维兰德的一封信中可以了解，在埃尔福特总督府宫殿，在拿破仑的下榻处，这些时日的上午都是怎样的安排流程，维兰德轮到十天后拜谒拿破仑。10月10日上午，正如维兰德所写的那样，已经在前一天傍晚到达埃尔福特的维兰德“收到一份邀请，让我9点半到宫廷里去，为了在吃早餐时间面见皇帝陛下"。然后维兰德非常形象地描写了两个多小时的等待时间，被邀请的、杂多的社交人士面对紧闭的大门等待，在这扇大门后面，拿破仑皇帝显然在艰难地谈判，直到这道门最后终于打开。之后有大约六个人被请进去面见正在用早餐的拿破仑皇帝，他们围坐在拿破仑的餐桌旁。"没有谁会比三天来吃斋的、装腔作势的狮子更快地吃掉它的'早餐'（dejeuné[①]）。在此期间人们又喝掉了六杯葡萄酒，酒里掺了一半水。"按照维兰德的观察，拿破仑皇帝的脑子里似乎有完全不同的事情。"他时而跟这个人说话，时而跟那个人说话，他跟我攀谈了4到5次，他问了我一个无关紧要的问题。他的胞弟，威斯特法伦的国王是站立在周围的人之一，我们其他人离开时他留下没走。"[②]

歌德10月1日的简洁记录也可以让我们看出早餐和私人拜见恰恰是同样的流程，在私人拜谒时，有一个人留在大厅里，而其他人走掉。在十几年后，最早在1819年写的关于"同拿破仑的会谈"第一个简洁记录模式中他记录着：（S.118）"早餐。德绍的弗兰茨。"他在关于此次谈话的第二个简洁记录模式中写得更详细些："早餐，总督府宫殿，楼梯，前厅和房间，完全乱哄哄，最熟悉的地方，新的人员。老人和新认识的人，老友新朋混杂在一起。诗人作为预言家调侃，德绍的君主留下拜谒皇帝。"但歌德在此期间来到了属于魏玛公爵的、位于地方总督府旁的护送寝宫中："许多人聚集在护送寝宫中。君主回来，讲述了在皇帝和塔尔玛之间发生的一幕，这得以导致误解和掌声。"[③] 这与歌德1808年10月1日的日记记录是一致的："到殿下住处。与德绍的君主告别，他在拿破仑处吃早餐，并且听到了拿破仑与塔尔玛的谈话。"根据这些简短的提示词，我们可以毫不误解地得出结论：歌德早在他和拿破仑在地方总督府谈话的前一天就可能直接来到了拿破仑皇帝的身旁。无论如何他以长期以来就熟

①这是法语。——译者注

②《维兰德书信往来》(*Wielands Briefwechsel*)，第十七卷，第一部分，第469、470页（1808年10月14日）。

③《与拿破仑谈话》(*Unterredung mit Napoleon*)，FAI，第十七卷，第377、378页。

知的空间格局庆祝再见，他用简洁的话——楼梯、前厅和房间——把这个空间格局变成现实。（S.119）老地方，然而确实新人和新的状况：当某种非同寻常的事在发生时，当人们感觉隆重时，人们的眼前就会浮现出这一幕。一直很显然，歌德和弗兰茨君主在去见拿破仑的路上热烈地聊天，但很遗憾，歌德回忆性的记录“诗人作为预言家”没有任何精确的说明。空间描绘至今还还原着埃尔福特政府大楼以及通往皇帝拿破仑的路：经过楼梯进入二层楼，然后是前厅，人们在那儿等待，在这后面是拿破仑皇帝接见客人的房间。德绍君主然后走了进去，他在那儿成为拿破仑与其首席演员塔尔玛之间一场对话的见证人。（S.120）但是歌德留在前厅里，然后到相邻的楼里，去见他的公爵。弗兰茨君主在拜谒拿破仑皇帝之后又到这里小坐，并且说了他所经历的事。

然后歌德在10月1日下午稍晚时候在法国外交大臣尚帕尼处进餐，尚帕尼是塔列朗苍白的后继者，然后晚上又去看戏。也就是在这天晚上，歌德得以非常平静地观察坐在前面的两位皇帝。因为我们认为，1806年10月15日下午，在耶拿战役后那天，拿破仑在魏玛宫殿里没有礼貌地与魏玛公爵夫人露易丝打招呼，这时歌德不会在场。因为我们知道，歌德在9月30日和10月1日到埃尔福特剧院看戏，而且他此外还于10月1日陪同安哈尔特-德绍君主到埃尔福特地方总督府宫殿中拜谒拿破仑，我们可以估计，歌德在10月2日与拿破仑谈话，10月2日是他与拿破仑谈话的日期，歌德记载了拿破仑的形象，包括拿破仑的外表及其出场亮相。

与此相反，在拿破仑看到著名的来访者歌德出现在门口之前，他可能对歌德没有任何印象。歌德精确地记录了他进门那个瞬间。那是10月2日上午，就在一天前，歌德在地方总督府宫殿经过台阶，来到了通往拿破仑接待房间的前厅。歌德由弗里德里希·冯·米勒陪同前往，米勒没有获准进去拜谒，而是在前厅等候歌德。米勒记载了这个时间点：10点钟。早餐会已经接近尾声，因为人们都已经离开了。我们可以想象，歌德肯定身穿宫廷礼服，就像玛尔维茨或者约翰娜·叔本华对他描绘的那样：带刺绣的燕尾服、裤子、真丝长袜、脸上扑粉、衣服带花边装饰、一把佩剑和系带的鞋子。在通往拜谒房间的入口处，只站立着罗维戈公爵即让·玛丽·雷内·萨瓦里（Savary, Jean Mari René, Herzog von Rovigo）[①]将军和塔列朗。就在同一时刻和歌德一起来的还有为普鲁士负责的剧院总管皮埃尔·安东·布鲁诺·达吕（Daru, Pierre Antoine Bruno）[②]伯爵，他是负责征收特别税者，但他也是一个有高贵品位的人，他翻译了贺拉斯的作品。拿破仑皇帝坐在圆桌旁，维兰德也描写过这张圆桌，拜谒开始，上午的工作继续：

（S.121）

一个肥胖的宫廷总管波勒（Pohle）告诉我留下来。

大多数人都走了。

向萨瓦里和塔列朗呈递礼物。

我被叫了进去。

就在这时达吕自报家门，他马上被让进门。

我因此而迟疑了。

我再次被请进去。

我走进房间。

皇帝坐在一张大圆桌子旁，正在吃早餐；在他右手边稍远的地方是塔列朗的桌子，在他的左手边，他离达吕很近，他在和达吕谈论特别税事宜。

皇帝招手示意我走到他跟前。

我一直在离他合适的距离处站着。

他关注地打量我一番后说：“您可真是个男子汉”（vous êtes un homme[③]）；

①罗维戈公爵，让·玛丽·雷内·萨瓦里（Savary，Jean Mari René，Herzog von Rovigo，1774—1833）是法国将军、行政官，拿破仑一世的忠仆。1808年他被封为罗维戈公爵。——译者注

②皮埃尔·安东·布鲁诺·达吕（Daru，Pierre Antoine Bruno，1767—1829）是拿破仑时代的军事行政与组织官员。——译者注

③这是法语。——译者注

我躬身行礼。

他问我：您贵庚了？

60岁。

您保养得不错。

在这个地方我们必须让电影停放，把我们的人物定格。因为现在展现了一个由原始资料还原的简短镜头，我们对于歌德和拿破仑之间谈话的过程能知道什么呢？我们有哪些见证人？他们又有多可信呢？一个多世纪以来，语文学和历史学一直在讨论这些问题。在此我介绍最重要的成果。

歌德在他的有生之年从未发表过关于他与拿破仑谈话的文字。对此歌德本来完全可以找到一个适当得体的地方和一个不使人为难的瞬间来描述的，在对其生平的编年史编纂学的框架内刊登在《日报与年报》中素材成为重要的解释性材料，解释1830年出版的作品的“最后版本”。然而在《日报与年报》中关于1808年的记载显得非常神秘：“在9月份才在附近被召集起来的、然后一直挪动到我们这里的埃尔福特君主会议具有如此重要的意义，（S.122）这个时期对我的状况的影响也如此重要，以至于我大概应该特别地描述一下这些日子。”[①]

当然，歌德与拿破仑于1808年会面的外在状况立刻不胫而走，尽人皆知。报纸报道，在对埃尔福特欧洲君主会议的描述中会谈及它，各种各样的细节和传闻也在各种谈话和书信中传播。11月24日，莱茵哈特伯爵就给歌德写信说：“据说皇帝谈论您时说过：‘这是个男子汉’（Voilà un homme![②]）。我相信这一点，因为他有能力感受到并且说出这一点。”12月2日歌德回信说：“皇帝接见我时说的话太棒了，这又传到您的耳朵里！您看得出来，我是个确定无疑

①MA，第十四卷，第207页。

②这是法语。——译者注

的异教徒，‘瞧这个人’（Ecce homo）[①]运用到我身上只能代表负面的意义。另外，我有各种理由对这位世界主人的单纯表示满意。”[②]歌德在最小的圈子内，或许在两个人的对话中十分愿意讲述他和拿破仑的谈话，威廉·冯·洪堡1808年11月19日写给他妻子的信还有苏尔皮茨·布瓦塞雷在1815年8月8日写的一份日记都证明了这一点，他们都以简洁的形式概括了歌德很晚才述之笔端的内容；我们接下来追溯其内容。然而，在绝大多数情况下，歌德喜欢对此保密，讳莫如深，通常会闪烁其词。卡尔·奥古斯特公爵肯定也对此满意。在这个问题上，歌德的态度与约翰内斯·冯·米勒的态度没有什么本质差别，这与维兰德的记载也没有差别，在歌德拜谒拿破仑一个星期之后，拿破仑接见了维兰德。到处传布自己与皇帝的谈话也不太合适。

歌德开始进行描述的准备工作是在1820年之后这段时间内，这些准备工作与编辑《日报与年报》工作有内在联系。歌德习惯于为每一年的编辑工作耗力地准备，刊登他日记中的节选段落，这些日记按照涉及领域分类：比如戏剧论文、自然科学、旅行、文学。根据这个分类再设计出一个图解，带顺序的，这个顺序绝对不是总按照时间顺序，他给书记员的听写内容——这是歌德充分表达的方法——以这个图解为基础。这些按照段落进行的听写事后才被组合成一篇流畅的文章，（S.123）文章由他的工作人员里莫尔和艾克曼通读、修改，然后准备印刷。从总体来看，这是一种很博学的卡片处理手法，它使得素材的不连贯、材料的自由重组，还有事后删减都更容易。歌德首先在1809年初研究整理1808年的素材，然后在1822年和1823年冬天再一次整理。歌德1822年11月27日的日记提到了“埃尔福特大会”，1823年1月24日，上面写着：“1808年的实施。”然而在那里，在任何地方都找不到他与拿破仑的谈话，这次谈话被无限

---

①这是一句拉丁语谚语。这是罗马帝国犹太省的执行官本丢·彼拉多描述耶稣基督的话，耶稣基督在他的任内被判钉十字架。这句话的意思是：瞧这个人（带有极度的轻蔑意味）。这句话本来是对基督徒表示轻蔑的话，歌德说“在这句话相反的意义上”，即指拿破仑对他表示尊重，并非轻蔑。——译者注

②《歌德与莱茵哈特通信》（*Goethe und Reinhardt*），第77～79页。

期地推迟。然而在歌德的遗物中，人们又找到了关于埃尔福特君主会议的两个图解：一个是非常简洁的，包括从1808年9月中旬到10月14日这段时间；还有一份明显更详细的图解，只勾勒出10月1日和2日（歌德错误地写成“9月”）。根据问题类别，这些图解属于前期准备阶段，准备一个表达充分的、通过听写记在纸上的描述。要是歌德进行了整理，那么，我们必须想象这样一幕情景：他手中拿着这种图解支撑着记忆力，可能站着，向一个坐在写字台旁的书记员口授润色好的文章，文章在灵巧的羽毛笔下唰唰地写成。这些图解就好像创作一幅画之前的预先绘画或者草图。除此之外，在大多情况下，这些图解大多是由他口授秘书记录下来的，因为老年歌德很少自己握笔写作。

关于埃尔福特会议的两个图解或者散文筹备稿在某种程度上能够可信地被记载日期，因为我们有一个独立的见证人。我们已经非常好地了解到，弗里德里希·冯·米勒是魏玛的外交官，后来当上了魏玛的大臣，他一直到最后都与歌德过从甚密。米勒反复催促歌德，记载下他与拿破仑的谈话。1822年12月4日，米勒在日记中写道，说他从歌德那儿得到一张戏剧表演的门票，歌德说了这番话：“昨天你吊了我的胃口，害得我无法入睡。我5点钟就起床了，勾勒出与拿破仑谈话的草稿。为了惩罚您对我的误导，我现在封存我的作品。”[①] 米勒的这两段说明可以推断出他与拿破仑的谈话应该在歌德的遗著中被归入短图解和较长的草稿——是口授的，（S.124）并非自己亲笔所写手稿——歌德去世后，艾克曼把这两篇文章融合成一篇文章，并且于1836年在歌德的《遗著》中以《草稿》为标题将它公之于众。然而到了1958年，里泽洛特·布鲁门塔尔（Lieselotte Blumenthal）才研究这个早就作为《与拿破仑谈话》流行文本的出处，该文本从此由她为“汉堡版”建立的版本中被引用。但是，布鲁门塔尔还认为，把两个图解合并成一个文本，这要追溯到歌德。我们遵循伊尔姆特劳特·施密特（Irmtraut Schmidt）的观点，她为了1994年的“法兰克福版”又把

①米勒，《与歌德交谈》（Müller, *Unterhaltungen mit Goethe*），第66、113页。

这两个阶段的文本——图解一和草图——分开，然后印刷。事实上这并没有什么太大的区别，因为对这两个文本重要的是：它们在事件过去15年后才写成。核心内容反正出现在1808年10月1日和2日的那份详细的草图中。

歌德以谈话的方式解释了，为什么他在有生之年没有任何阐释他与拿破仑会见的信息，原因就在于这个对象还太近距离地涉及他自己的情况：“我避免让人产生顾虑，避免后世会绞尽脑汁，而我们想和睦地、相安无事地生活，”[①]这是歌德1830年对弗雷德里克·索雷（Frédéric Soret）说的话。其实这并不会阻碍他对自己讲述内容的整理。他决定，把这保留在一份草稿原状中，即在一份几乎“骨架性质”的“无限的”（non-finito[②]）原状中不变，而他对该草稿的单个段落进行完全不同的整理，这个决定对于文献的印象来说具有非常丰富的意义。倘若歌德没有这种打算，这就是无法想象的。因为他的文本让我们看到几乎处于粗糙的、不连续的形式中的回忆材料，在这种未经润色的形式中，一种表达的力量增添到他的文本中。这种表达的力量让我们回忆起歌德暮年文体风格最重要的例子，尤其是《威廉·迈斯特的漫游时代》（*Wilhelm Meisters Wanderjahre*）。玻璃般的明晰有一种意欲被抹掉的特征。还有，非常明确的是空间状况，对于像歌德这样亲眼目睹的人而言，这是回忆精确的证明。这一幕进行的空间至今还存在。（S.125）这个空间的维度——8.9米长，6.45米宽，3.2米高——几乎是私密的。歌德和拿破仑这两个谈话伙伴几乎一样高：拿破仑大约1米69；歌德大约比他高2到3公分。这次会见几乎达到了当年约翰内斯·冯·米勒同拿破仑在沙发上交谈的那种亲密程度，尤其谈话的第二部分是在房间狭小的凸肚窗处进行的[③]。在我们转而使用其他资料来源之前，我们暂且先让我们的两个主人公重新摆脱他们的定格状态，然后按照歌德的文章描述

---

①布鲁门塔尔（Blumenthal），第270页。

②这是拉丁语。——译者注

③我感谢图林根国家档案馆为我测量了这个房间的尺寸；对身高的准确说明我要感谢约翰内斯·维尔姆斯（Johannes Willms）（拿破仑的身高）和盖尔哈特·舒斯特（Gerhard Schuster）（歌德的身高）。

继续谈这次会见。

拿破仑打量了第一眼之后，在他确定了歌德的年龄之后，他说，“您保养得不错”。歌德1824年写的报道按照下文继续：

“您写过悲剧。”

我回答最必要的内容。

这时，达吕接过话茬儿，这个人为了在某种程度上谄媚德国人，他肯定那些德国人造成过如此的伤害，他很在意德国文学，还在拉丁语文学中惬意地漫游，自己成了贺拉斯作品的出版人。

他谈论我，（S.126）就像我在柏林的资助人可能会谈论的一样，我至少从中看出了他们的思维方式和他们的想法。

他然后还补充说，我还翻译法语文学，即伏尔泰的《穆罕默德》。

皇帝说：“这不是一部好作品，非常繁冗费力地、不巧妙地展开讲述，说什么政府的人对自己进行了一种如此不利的描述。”

他接下来把话题转到《少年维特之烦恼》上，说他已经研究透了这部作品。在谈到许多非常正确的观点之后，他指出了一个确定的地方说：“您为什么这样写？这是不符合自然的。”他于是非常详尽地而且完全正确地阐述他的理由。

我带着快活的表情倾听他的讲述，然后，我用一种愉快的微笑回答，虽然我并不知道，是否有人对我做出同样的指责，但是我觉得他的意见完全正确，并且我也承认，在这个地方可以证明某种不真实的特点。我补充说：“不过，诗人或许是可以被原谅的，既然诗人使用一种不太容易被发现的艺术技巧，为了营造出某种作用，而他通过一种简单的、自然的途径是无法取得这种效果的。”

皇帝似乎对此很满意，他又回到戏剧的话题上，进行了非常重要的评价，他尤其像一位以极大的注意力观察了悲剧舞台的人那样，就像一位刑事犯罪的法官一样，他非常深刻地感受到，法国戏剧偏离了自然和真实。

这样，他也谈论了命运戏剧，他不喜欢这种戏剧。他说，“这种戏剧属于一种黑暗的时代。”他说，“人们现在想拿命运怎么样呢？政治就是命运。”

这次对话的上半部分主要涉及戏剧艺术。在埃尔福特，戏剧处于公共注意力的核心，鉴于埃尔福特的这种状况，这并不奇怪。（S.127）歌德很精细地记载，达吕侯爵赞美他的话并非建立在自己印象的基础上，而是重述了所听到的消息，即来自柏林的消息，在柏林，人们早就成立了一个热情的歌德追随者团体。拿破仑皇帝不喜欢伏尔泰的戏剧《穆罕默德》，这部关于狂热主义、牧师欺骗和宗教战争残酷性的戏剧，他反感的倒不是预言家战士如此糟糕地站在那儿，而更多是这种状况：戏剧中这种不利的描述出于他自己之口。一个恰当的观察发起了下一个话题，即《少年维特之烦恼》，这部拿破仑如此仔细地研究过的作品，以至于他能够向作者指出一个不正确的地方，即“不自然的”地方；歌德也承认如此。而这个不自然的地方是指什么，我们在下文中会进行探讨。在谈话的过程中，拿破仑又回到了戏剧话题，这里又涉及“自然与真实”这个最重要的标准。拿破仑如此精确地指明《少年维特之烦恼》中的一个个小的地方，他如此关注悲剧舞台，他就“像一位刑事犯罪的法官一样”观察着，这只能说明：他不想被人们蒙骗，而是透过具有迷惑效果的诗艺式样，看到被描述的事物的本质和利益。二十年后，歌德在其论文《法国的主要戏剧》（*Französisches Haupttheater*）中提及的一种断言也属于这种内在联系，该断言与法国戏剧中亚里斯多德遵循的三一律有关：“法国人只想要一种危机，拿破仑这句明智的话说明，这个民族已经习惯了一种确定、简单、完整、很容易理解的表述。”① 拿破仑这位审理刑事案件的法官尤其看透了古典戏剧美学的基本

① 《格鲁马赫》（*Grumach*），第六卷，第540页；MA，第十八卷，第二部分，第122页。

结构。这次谈话线索（它继续涉及艺术与自然真实）的结论是，他不喜欢命运戏剧。这不仅涉及那些时髦的戏剧作品，其中命运、奇迹、令人惊喜的偶然巧合、人物的混淆和突然的重识让观众屏住呼吸，还涉及那些神话的、由众神操纵的、把整个几代人的后果都推向深渊的古希腊悲剧，它们指明，被迷惑的人们是优势的傀儡玩物。拿破仑说，“人们现在想拿命运怎么样呢？政治就是命运。”这样，这个话题就结束了，也把话题带到了更高的层次。（S.128）政治是那种“符合自然的”现实主义和那种冷静“真实”的场所，拿破仑经常觉得戏剧艺术中应该有这种真实，实际上却没有这种真实。当然，政治是这位统治者的资格能力，他在这里和一个戏剧家谈话。拿破仑在此把自己当成真实的总概念，而舞台艺术也应该围绕真实。然而，时事政治恰恰在这个地方中断了这次谈话的过程。皇帝不得不转而投入他每天的事务中，他给诗人很长时间独自思考，并且思忖他的想法：

他然后又转而和达吕说话，跟他谈论庞大的特别税事宜，我稍微后退一些，正好站到凸肚窗旁，大约三十多年前，我在凸肚窗里度过了快乐和忧伤的时光，我有时间发觉，在我的右手边，在朝入口门的方向还站着贝尔蒂埃（Berthier）[①]、萨瓦里还有别的什么人。塔列朗走了，有人禀报，索尔特（Soult）元帅来了。

这位身材高大魁梧的人留着浓密的头发，他走了进来，皇帝戏谑地询问一些在波兰的不愉快事件，我有时间在房间里环顾四周，追忆过去。

这里还有旧的壁纸；

但是墙上的肖像画消失了。

这里曾经挂着公爵母亲阿玛丽娅的画像，身穿化装舞会的服装，手里

①路易·亚历山大·贝尔蒂埃（Berthier，Louis Alexandre，1753—1815）是法国拿破仑麾下的第一元帅。——译者注

拿着黑色的半张面具，其他地方总督和家庭成员的肖像画都不见了。

歌德草稿的这个段落以最强化的方式唤醒了回忆中玻璃般清晰的印象。重点从所谈论的内容转移到了空间的和视觉的感知。歌德后退几步，来到那个——今天仍然保留的——拜谒房间的凸肚窗旁站立。这样我们就知道了，从入口处看去，皇帝的圆桌放在房间的后半部分，即西部。皇帝的谈话围绕战争问题，歌德凭借前两年在魏玛积累的经验也熟悉这些问题：特别税，（S.129）拿破仑时代德国的沉重负担。在波兰的不愉快的事件——据我们所知，这涉及农民动乱，在西班牙，拿破仑也遇到农民动乱——在与沙皇谈判时很重要。有一种严峻的阴郁氛围。将军们掌握了它们——我们肯定想象是指军队制服——然而歌德在古老的装潢的残留物中读着自己的过去，在从巴黎被带来的或者从哥塔新购置的地毯和家具中还能让他重新找到这古老的装潢：在美因茨的地方总督达尔贝格处庆祝节日，受到启发。他简洁地描述了已经消逝的过去，即以这样一种形式：一幅被回忆起来的、但现在缺少的魏玛公爵卡尔·奥古斯特的母亲安娜·阿玛丽娅的画像，这幅画像曾经描绘了她身穿舞会服装、手拿面具的样子，即狂欢节那天的形象。在这里，在此时此刻，诗人站在其时代最伟大的人面前，他找到了机会如此迅速而又延展地回顾了带有欢快和悲哀的半个人生。一个紧张处境中的平静时段就是歌德文本最灵动的瞬间。这次谈话的结尾以一种明确的转折开始：

皇帝站起身，朝我走来，通过一种绕行的方式，让我同我刚才站立于其中的其余队伍分开。

他背对着其他人回来，用温和适度的声音跟我说话，他问：我是否已经结婚，是否有孩子以及其他一般人们感兴趣的个人问题。他同样还询问我与君主家族的关系，询问公爵母亲阿玛丽娅，询问君主、君主夫人等等；我以一种自然的方式回答他的问题。他似乎很满意，并且翻译成他自己的语言，只是以一种比我能表达的更果断的方式。

拿破仑从他的圆桌旁站起身，朝歌德走去。歌德在他的日记中又注意到了对空间的感知。因为塔列朗已经走了，而索尔特新到来，除了歌德以外还有五个人在皇帝的房间里，其中四个是军方的高官：（S.130）达吕、贝尔蒂埃和索尔特以及肥胖的宫廷内臣。那五个被接见的人从左向右站成一排——我们可以想象歌德目光的方向，即从拜谒房间的房门看去——在皇帝的桌子前；歌德位于很靠左边的地方，站在凸肚窗的旁边，离他最近的可能是达吕，达吕是和歌德一起进来的，并且在皇帝面前为他说好话。现在，拿破仑直接走到歌德的身边，他以此把歌德同其他人的队列分开，并且压低了声音。他觉得他现在提出的问题如此亲切而又棘手，以至于其他人应该听不到。我们可以推测，他提出这些问题有一个实际的目的；歌德的回答都很通俗，只是拿破仑翻译他回答的“更果断的方式”让人推测，拿破仑有一种明确的意图。哪种意图呢？对此我们马上还会进一步探讨。这篇记载以一种普遍的特征结束。拿破仑表现得毫不僵硬，活泼好动，几乎坐不住。拿破仑对其来访者歌德的好感是很明显的。歌德的行为举止符合一般的宫廷礼俗，但是没有卑躬屈膝：

这时我发觉，我在整个谈话过程中，都很钦佩他表达之丰富多样性；因为他很少一动不动地倾听，要么若有所思地点头，要么就说“是”（oui[①]）！或者甚至说“太好了”（c’est bien[②]），或者诸如此类的，我也察觉到，每当他说完时，他都习惯性地补充道：“歌德先生对此有何看法？”（Qu’en dit Mr.Göt.[③]）

这样我就找机会，在宫廷内臣那儿通过一个手势询问，我是否可以告

①这是法语。——译者注
②这是法语。——译者注
③这是法语。——译者注

辞了？他答复了我，于是我毫不犹豫地告辞。

整个描述尽管简洁，却很清楚明了而且内涵丰富，以至于这种接近一个小时的描述有足够多的素材，在前厅等待歌德的米勒在他的回忆录中写到，拜谒时间大约一个小时，还得把达吕和索尔特中断以及塔列朗告辞的时间都算上。这种中断把这次会谈分为两个阶段，这两个部分在内容上也明确不同：第一个阶段是关于文学以及文学与现实的关系的；（S.131）第二个更短的阶段围绕歌德的个人状况、他的家人、他与魏玛宫廷的关系。空间的直观性和回忆记录说明了歌德描述的真实性。歌德记载道，拿破仑生动地呼喊——“歌德先生对此有何看法？”（Qu’en dit Mr.Göt.[①]）——重述了法语发音的手稿：歌德的姓氏Goethe缺少了结尾的e。我们可以想象，1824年2月14日清晨，歌德向文书口授时模仿了拿破仑的声音。他的文本可以让一位历史学家，还有一位审查刑事犯罪的法官非常满意。

但也不尽然，我们可以看一眼市面流传的其他资料来源。有两点一直不明确：拿破仑在《少年维特之烦恼》中发现了什么？他打听歌德个人的情况，这是为什么？

1808年10月2日与拿破仑谈话，为人所知的内容大多直接或者间接地追溯到歌德本人。因为即便歌德在有生之年并没有发表任何相关的内容，也没有在一封亲密的信件中较长地描述这次会谈——就像约翰内斯·冯·米勒1806年致信他弟弟那样——他却在一些谈话和书信中偶尔提及过。最早的证明资料也出自歌德直接接触的圈子。在埃尔福特欧洲君主会议的最后几天，弗里德里希·冯·米勒应塔列朗的请求，用法语就拿破仑与歌德和维兰德进行的谈话写一份简短的“回忆录”（Mémoire[②]）。在米勒的遗著中保留了一份誊写稿。

① 这是法语。——译者注
② 这是法语。——译者注

这是以外交虔敬谦卑的态度、以一种欣喜若狂的语气写的，没有多少客观的陈述。这份回忆录声称，谈话围绕"历史和文学的重要方面"而且还围绕《少年维特之烦恼》，按照皇帝自己的说法，这本书他读了七遍，因此精彩地评价了作品的个别情节和整体结构（les détails et l'ensemble d'une composition[①]）[②]。后来，19世纪40年代，米勒才在《对战争年代的回忆》（*Erinnerungen aus Kriegszeiten*）中叙述性地加工歌德1836年出版的草稿，歌德下笔写这份草稿也是由于米勒的催促。（S.132）米勒与歌德在1808年致信莱茵哈特时记载有所出入，把拿破仑说的话"这是个男子汉/您是个男子汉"（Voilà un homme/Vous êtes un homme[③]）从谈话的开头放到了谈话的结尾，这令人费解：感叹变成了皇帝陛下的认可。米勒一直是一名外交官，他可能就在拜谒之后或者稍晚时候就听到了一星半点儿的谈话内容。米勒在回忆录中也提到，拿破仑皇帝看了七遍《少年维特之烦恼》，这种说法也可能完全源自歌德。哪位作家不会为此而感到高兴呢？

米勒的回忆录中还有两则可信的信息。这两则信息是，拿破仑要求歌德写一部凯撒戏剧并且到巴黎去：

> 悲剧应该成为教育国王和人民的学校，这是作家能够达到的最高境界。比如，您应该以一种非常庄重的方式描写恺撒之死，比伏尔泰写得更棒。这可能会成为您毕生最棒的任务。人们应该向世人展现，倘若人们给恺撒时间去实施他的目标他的高远计划，那么，恺撒会给他们带来怎样的幸福，一切会变得完全另外一番样子。您到巴黎去吧，我要求您去巴黎。那里有更大的舞台，您在那里会找到极其丰富的文学创作素材。[④]

①这是法语。——译者注

②苏凡，《拿破仑与歌德的会谈》（Suphan，*Napoleons Unterhaltungen mit Goethe*），第20～23页。格鲁马赫（Grumach），第六卷，第542页。

③这是法语。——译者注

④米勒，《回忆录》（Müller，*Erinnerungen*），第139页。

歌德自己也证实了，拿破仑启发他创作恺撒悲剧，然而，那是10月6日在魏玛与拿破仑第二次会谈时，我们会详细谈这一幕。皇帝10月2日说出邀请歌德去巴黎，这是完全可以想象的[①]。邀请应该是这次谈话第二部分谈到的，而歌德的草稿对谈话第二部分的重述有些模糊不清。歌德对拿破仑关于其个人状况的回答以及拿破仑“以更果断的方式”理解这些回答让我们得出这样的结论：一位在催促，另一位在回避。然而拿破仑通过对话的形式给予歌德机会，维持一种不受约束、放松自如的状态。当歌德1824年向文书口授他的“草稿”时，卡尔·奥古斯特公爵还健在，歌德有充足的理由保持低调。对于拿破仑而言，这种要求是毫无风险的。最后，歌德接受这个邀请，皇帝可以炫耀，一位伟大的德国作家就在他的身边，之前约翰内斯·冯·米勒还成为了卡塞尔的大臣。拿破仑1807年就在一篇纪念文章中提出这个问题：（S.133）委任“桂冠诗人”（Poetae laureatae[②]）或者“皇帝御用”（poètes césaréens[③]）是否有用。拿破仑一直怀疑能否真的促进一种艺术的发展，他认为，每个有品位的人都可以从事艺术，对于艺术而言任何机构都是不必要的。但是他想到了，他可以给予同时代的作家嘉奖：“比方说，为什么不用一种荣誉头衔把一些作家凝聚到法兰西剧院呢？给他们养老金，给他们权利，商讨即将上演的剧目？这样没什么不好。”[④]为作家签订顾问协议：皇帝如此冷静地思考着这些问题。

这次会谈最棘手复杂的谜一样的问题涉及《少年维特之烦恼》。拿破仑批评哪个地方是不自然的呢？米勒纯粹从素材的角度回答了这个问题。皇帝想“在某些地方”找到“维特的抱负这个主题与其充满激情的爱这个主题之间的

①10月15日，歌德致信叙尔维·冯·西格萨（Sylvievon Ziegesar）时写道：“我被迫切地邀请去巴黎。”但这也可能涉及在同一天歌德对塔尔玛的拜访，这时塔尔玛竭力劝说歌德到法国的首都去，以便在那里享受他的荣耀。塔尔玛或许是在拿破仑的委托下这样说的？

②这是拉丁语。——译者注

③这是法语。——译者注

④《工作通信》（*Correspondance de travail*），第191页（1807年4月19日）。

一种混合”。“这是不自然的，因为这削弱了读者的想象，即爱情对维特产生的影响。您为什么这样写？”[①] 我们看到，米勒整理、补充了歌德的表达。但米勒的说法是完全不可靠的；它与歌德的草稿所言矛盾，歌德的草稿中谈到的是一种“艺术技巧”。读者对《少年维特之烦恼》的解读一直模模糊糊，歌德以此为乐。他记录与拿破仑的会谈前四周，他还曾让艾克曼猜猜看，拿破仑指的可能是什么。艾克曼回答说，可能是这个地方，“绿蒂把手枪送给了维特，没有跟阿尔贝特打声招呼”。接下来歌德回答:“您的回答与他的回答都对。”歌德却没有给出自己的答案[②]。现在，他有一个特别的说法，说皇帝引他“大笑”；1808年10月16日，歌德就在写给他妻子的信中这样写道，而他在1815年致信苏尔皮茨·布瓦塞雷时又重复了这种说法，这两次他都没有说明原因[③]。关于这次谈话的草稿却在说，拿破仑指责《少年维特之烦恼》时歌德“会心愉快地微笑”，歌德以这种微笑承认拿破仑批评的正确性，也就是说，我们可以把他的愉快与谈话的这个阶段联系起来。“您为什么这样写？”这个谜通过歌德的大笑变得更大了，更扑朔迷离了。（S.134）

对歌德这种说法最好的见证人就是威廉·冯·洪堡。比方说，这位同样接受能力很强的杰出才俊能够在仅仅朗读了两遍歌德的《玛里恩温泉镇挽歌》（*Marienbader Elegie*）之后，就在1823年给他妻子的信中完全背诵出并且分析这首复杂的长诗。因此，他在以下场合都描述了什么就很值得我们倾听：他在1808年11月19日写给妻子的信中描述了一次与歌德的谈话，尤其是威廉·冯·洪堡似乎属于歌德详细讲述与拿破仑会面的少数挚友。威廉·冯·洪堡写道:“歌德与法国的皇帝进行了一次长时间的会谈。”

①米勒，《回忆录》（Müller，*Erinnerungen*），第138页。

②艾克曼，《谈话录》（Eckermann，*Gespräche*），1824年1月2日。格鲁马赫（Grumach），第六卷，第549页。

③格鲁马赫（Grumach），第六卷，第536、548页。

《少年维特之烦恼》和法国戏剧舞台是谈话的主要对象。皇帝指责《少年维特之烦恼》中的一个地方，歌德很有把握地说，所有其他读者都漏掉了这个细节。歌德说（他不愿意指明这个地方本身），这是这样一个地方：在这里，他把真正的故事与虚构彼此缝合起来，他认为，他在这里已经与伟大的艺术联系起来，然而皇帝在这个地方发觉了某种游戏的特征。皇帝令人难以置信地谙熟法国戏剧的每一个诗行，而且他并非绝对地崇敬法国戏剧。据说他在评价人物性格特征的后果和对照历史与诗艺的主题时是相当严苛的。他身上引起歌德最大注意力的是，每当他指责诗歌和文学方面的问题时，都要马上说，在这个地方必须用什么来取代。①

我们在此又重新认识了这次谈话的第一部分，重点放在文学的自然真实性上。歌德似乎没有向洪堡透露任何关于这次谈话的第二个非常私密部分的情况。在文学问题上，拿破仑皇帝显然以一种几乎迂腐的方式重视正确性与可信性；这把他引向职业问题的深处。所以他在评价《少年维特之烦恼》时指责故事与虚构的一种断裂，一种破绽，我们会说：在叙事姿态上，但无论如何不是素材问题。这种破绽是存在的，而且是在1786年《少年维特之烦恼》的新修改版中。主人公曾经让一系列记录他对绿蒂的激情发展的书信呈现在读者的眼前，在小说的结尾，在主人公这一系列书信结束时，一位“主编”从舞台背景处走出来，他宣称，这是自杀者最后几天“的精确消息，这些消息出自那些可能了解他的人口中”。（S.135）然而这个具有文献记载意味的虚构之处在一个地方出现了破绽：叙述者在一个寂寞的冬日散步，他的内心深处宣告他完全不可能知道的维特的事情，所以，既然谈论到维特对“（绿蒂的）丈夫内心秘密的不满”，或者既然是：“是的，是的，他咬牙切齿地对自己说。”这种文献记载性的写法在这个地方过渡到了一种生动的内心写照：“晴朗的天气很少会对其

①格鲁马赫（Grumach），第六卷，第547页。

忧郁的性情产生影响，一种沉闷的压力感压在他的心头，悲哀的画面在他身上定格，而他的情志只是从一个痛苦的想法过渡到另一个痛苦的想法。”

现在看来，这些看法在主人公死后再也无法得到证实。因此阿尔图尔·亨克尔（Arthur Henkel）估计——他援引1931年《拜罗伊特报》（*Bayreuther Blätter*）上的一篇旧文——非常令人信服的是，拿破仑指责的肯定是指小说中这个几乎无法被感觉到的、但在逻辑上无法否认的破绽，这部书信体小说在情感的洪流中朝着灾难匆忙奔去[①]。这实际上就是指拿破仑全面仔细地考察一个证人的说法时，进行的一种“审理刑事犯罪法官般的”观察，而这种观察也符合歌德关于“一个不容易被发现的艺术技巧”的说法，他为了效果之故而采用了这种艺术技巧。然而我们无法判断，拿破仑的这种吹毛求疵的指责是否就是使歌德不仅“愉快地微笑”甚至使歌德开怀大笑的诱因。但是我们知道，歌德在年事已高时对此颇感自豪：他在阅读一份对拿破仑征战埃及的描述中了解到，拿破仑在其战地图书馆中带着《少年维特之烦恼》，艾克曼也证明了歌德对此很自豪[②]。拿破仑打算在征战埃及之前写一部长篇小说，这部小说只有12页保存了下来：《克里松与欧也妮》（*Clisson und Eugénie*），这是一个沉闷抑郁地描写妒忌的作品，我们在其时尚的、多愁善感的感情基调中，可以发现拿破仑对《少年维特之烦恼》写作风格的继承。这种写作尝试也会促使拿破仑这位有文学创作冲动、自学成才的人，在技巧上更仔细地审视歌德自成风格的小说[③]。

所有这些资料都没有参考塔列朗的回忆录。（S.136）我们从歌德那里了解

---

①亨克尔，《您为什么这么写？》（Henkel，*Warum habt ihr das gethan?*）以及普律灵尔，《歌德的〈少年维特之烦恼〉中的“错误”》（Prüringer，*Der´Fehler´in Goethes Werther*）。

②艾克曼，《谈话录》，1829年4月7日（亨克尔，第185页）。当然，克里斯蒂安·瓦根克奈希特（Christian Wagenknecht）在2006年的《歌德年鉴》（*Goethe-Jahrbuch*）中撰文，对亨克尔的说法表示怀疑（第206、207页）。瓦根克奈希特否认拿破仑读过《少年维特之烦恼》的第二稿（而这当然会很好地与他1797年征战埃及吻合——这个问题仍然没有得到澄清）并在一个关于大臣阻止维特告别的那封信的脚注中（这两稿中都有这个脚注）寻找“结构错误”。瓦根克奈希特认为，维特书信虚构的主编不可能有这封写给维特的私人信件，因为维特在自杀前已经把他自己的遗著付之一炬了。

③拿破仑·波拿巴，《克里松与欧也妮》（Napoleon Bonaparte，*Clissonund Eugénie*），双语版，慕尼黑，1969年。

到，塔列朗在歌德与拿破仑谈话的上半段是在场的。我们在前面已经提到过，塔列朗让米勒给自己写了一个关于皇帝与歌德和维兰德等作家谈话的法语样本，专门摆放在桌子上。他自己声称，在皇帝与歌德会谈之后，他去用餐，接着就马上记下来拿破仑与歌德的第一次谈话。现在我们可以确定歌德没有与塔列朗共同进餐，这一天和之后的那一天都没有一次进餐。10月2日拜谒拿破仑之后，歌德在日记中明确地提及“在公爵处吃饭”，参加的人员有：“塔克西斯的公主和西尔特布尔科豪森（Hildburghausen）公爵夫人。”根据塔列朗的说法，拿破仑邀请歌德“今天晚上”看拉辛的《伊菲热尼》。然而在10月2日晚上演的是拉辛的《米特里达特斯》，歌德也欣赏了这个戏剧演出。不吻合之处还有很多，倘若谁对细节感兴趣，就应该好好研读路德维希·盖格尔（Ludwig Geiger）1897年出版的书《老魏玛》（*Alt-Weimar*）[①]。塔列朗的记载根本就没有提《少年维特之烦恼》的话题，尽管这位法国的国务活动家有时口头上向第三方讲述过这个话题。

还有，流传的塔列朗回忆录是不可靠的。原件草稿绝大部分已经遗失，但是对比一下手稿唯一保存下来的段落与已经出版的文本，就会看出无数在细节上加工的痕迹，这些加工更强烈地给文本涂上反对拿破仑的色彩，不再是客观的原稿。这意味着，塔列朗的后继人促使人们对1815年之后撰写的文本进行编辑整理，从而契合波旁王朝的统治，1891年的出版物就以这份编辑整理资料为基础。这样，对拿破仑同歌德谈话的重述意义主要在此：让拿破仑皇帝出现在一种不利的光线中，骄傲自大而且以恩人自居。在塔列朗的回忆录中也很明确的是，这次谈话的主题是戏剧文学，而且拿破仑在谈话过程中深入地谈到戏剧的专业问题。从这个意义上说，我们又不能说是一种造假捏造，尤其还可以浏览拿破仑皇帝与德国人的其他谈话。但是对于了解细节问题而言，目击证人塔列朗的记载根本就无法使用，他甚至对他提前离开谈话现场保持缄默，只字未

①第133～136页。

提。但不幸的是，这一点也在政治角度适用，（S.137）在这一点上人们想给予法国这位身居要职者特别的注意力：歌德与魏玛公爵夫妇的关系。因为这种话题出现在这次谈话的第二个阶段，根据歌德准确无误的说明，塔列朗这时已经不在房间里了。拿破仑很友好地谈论公爵夫人露易丝，这是可能的，因为他一再善于夸耀。但拿破仑是否真对歌德说过“公爵一段时间以来表现糟糕，但他是否有好转”呢？而歌德回复说：“他身体状况不佳，但还是有很大好转，他促进艺术和科学的发展，因此我们应该赞美他。”[①]这会是真的吗？对此我们也无法判断真伪。据说歌德1806年对年轻的历史学家鲁登（Luden）说过：“然而，并非一切都真正发生过，而真正发生的事情也并非按照所呈现的方式发生。”[②] 歌德的这种怀疑意识又使他自己的说法是可信的，这些说法通过所有外在状况的吻合而得到了证实。塔列朗并非说谎者和造假者，但由于他对历史的精确性有一种骑士风格的关系，他让历史的精确性为一种更大的目的服务，而这个目的就存在于拿破仑的性格特征中，而不在歌德的肖像中。

在十月份的最初几天里，拿破仑与沙皇之间的谈判陷入困境，人们把谈判委托给尚帕尼和罗曼佐夫（Romanzoff）这两位外交大臣，让他们准备妥协文件。这时诸位君主纷纷在魏玛公爵下榻处娱乐。对于歌德而言，现在也开始了紧张的日子。10月2日和3日，他再一次到剧院欣赏戏剧表演《米特里达特斯》和《扎伊尔》。10月4日他就与拿破仑的宫殿总长雷姆萨商讨法国戏剧的上演问题，法国的戏剧也应该到魏玛去，因为拿破仑无法容忍，在他给欧洲进行悲剧教育的过程中会出现任何空当。下午，歌德本人又回到了魏玛，翌日，法兰西剧院经理达欣库特（Dazincourt）到达魏玛，歌德与他一起为迎宾戏剧演出布置安排了魏玛宫廷剧院。据说，歌德在相关人员提出抗议的情况下才没有这样做：让魏玛剧院的演员为法国人跑龙套、无台词的演员出场。除此之外，歌

①格鲁马赫（Grumach），第六卷，第544页。

②格鲁马赫（Grumach），第六卷，第114～116页。“1806年与鲁登对话”（Gespräch mit Luden 1806）。

德还得参与节日装饰的设计。（S.138）在魏玛，在宫殿前面，一个巨大的方尖碑被建立起来，烟雾缭绕的祭祀壳体包围的这个方碑，上面刻有两位皇帝的名字。对拿破仑山的装饰更棘手，温特克诺伦（Windknollen）回忆，1806年在耶拿，在战役接近尾声时，10月7日，拿破仑曾经在用早餐时向沙皇详细地解释他的胜利。人们决定用木头和亚麻布搭建一个小型的多立克式的神殿，带四根柱子和意味深远的拉丁语碑刻，放在柱顶过梁中。沃伊格特和歌德想出一个主意，即让《文学报》的编辑、耶拿的艾希施台特教授撰写错综复杂的编年史编纂文字，人们把被放大的字母和年份1808加在一起，拉丁文写的话用烫金的字母宣告：

PRAESENTES DIVOS PRISCA THVRINGIA IUNXT
EN NOVUS STTONITOS IUNGET AMOR POPULOS①

枢密顾问沃伊格特非常熟悉古老的音节，他在业余时间也很喜欢写诗，他把这个拉丁语的碑文译成正确的德语韵律：

古老的区域图林根，联合世界的众神
通过您，用爱团结起各个民族。②

人们慎重思考，没有镌刻皇帝凯旋的战役，而是镌刻“世界的”两位“众神”，也就是说把沙皇也算在内。“图林根”把法国统治下的埃尔福特和魏玛与耶拿联系在一起，而人们表达的希望是：各个民族的和谐、和睦。由这几位枢密顾问深思熟虑地想出来的信息在内容和形式上都是人文主义的：神殿是希

①这是拉丁语。——译者注
②米勒，《一个时代转折时期的幻景》（Müller，*Vision einer Zeitenwende*），第52页。

腊风格的，语言是拉丁文的，韵律是古典的，呼吁是和平主义的。这些是魏玛宫廷能找到的最贴切的话语，它是一个与拿破仑联盟、与沙皇有亲戚关系、本身毫无权势、完全以美的艺术[①]为标准的宫廷。从处境的逻辑不可避免地得出这个结论：这些话读起来就像是用格言诗的方式反映各种力量的平衡或者世界君主制的二者择一，歌德在此前几年一直关注这些讨论。

（S.139）在筹备魏玛活动的两天中，歌德无论如何都比普鲁士军官米夫灵更热情，米夫灵担任卡尔·奥古斯特的代理，负责监督整个流程。米夫灵因为法国元帅热劳·克里斯多夫·米歇尔·迪罗克（Duroc，Géraud Christophe Michel）[②]的盛气凌人感到恼火，他负责向米夫灵传达皇帝的意见。拿破仑希望有两次狩猎活动、一次宴请、音乐会、戏剧表演和舞会。米夫灵觉得君主宴会上的座次不合适，他对晚上戏剧演出剧目的不知如何选择：应该上演伏尔泰的《恺撒之死》（*La Mort de César*[③]）。似乎再也没有比这更棘手的问题了，毕竟这部戏剧在法国是禁止演出的，该剧描写了布鲁图斯（Brutus）对凯撒大帝（Caesar）的谋杀。难道拿破仑没有宣告，全部魏玛的节日活动作为欧洲君主会议社交的高潮都仅仅是为了公爵夫人露易丝的荣誉而举办的吗？米夫灵认为，在法兰西剧院的全部保留节目中，“为了给予一位女士荣誉，”[④]这个戏剧是最不合适的了。

但是，一切都令人满意地进行，魏玛的国家机器这一次非常顺利地运行。10月6日清晨，两位皇帝和四个国王在爱特尔斯山上，从被加高的帐篷向外射击，共射杀了47头鹿、5个狍子、5只兔子和1只狐狸。数百名好奇的人可以在远处观看。稍晚时候，魏玛宫殿里有150多人开始午餐，拿破仑作为欧洲的首领，身居与他联盟的君主中间。正是在魏玛的这个下午，拿破仑的权势得到了至高

①美的艺术是所有艺术的总称。——译者注

②热劳·克里斯多夫·米歇尔·迪罗克（Duroc，Géraud Christophe Michel，1772—1813）是法国将军、外交家，拿破仑最亲密的顾问。——译者注

③这是法语。——译者注

④米夫灵，《我的生平》（Müffling，*Aus meinem Leben*），第27页。

的彰显。因为人们坐在分开的餐桌旁，所有人围绕着拿破仑坐在一个半圆形餐桌旁，这些人包括沙皇和被拿破仑创立的、依赖法国的德国国王以及君主，在这个马蹄形的座位的末端坐着卡尔·奥古斯特公爵和他的儿子，王储，其中巴伐利亚、萨克森、符腾堡、威斯特法伦、奥尔登堡、梅克伦堡的国王和君主，普鲁士的一位王子、大君主康斯坦丁、公爵夫人露易丝和她的女儿，还有本尼文托的君主塔列朗。此外坐在那儿的还有达尔贝克，那位君主总主教，他作为最后一个人代表被拿破仑取消的德国僧侣统治。达尔贝克把拿破仑拉进一场历史讨论中，讨论涉及帝国宪法和“黄金诏书”（die Goldene Bulle）。显然，达尔贝克这位美因茨选帝侯的后继者脑子没记住“黄金诏书”颁布的年份；而法国皇帝拿破仑知道正确的时间是1356年。（S.140）拿破仑不失时机地回忆他获取广博知识的那段时间：“当我作为炮兵部队的中尉时。”（Quand j'étais lieutenant d'artillerie[①]）[②]，他说，那时他读了所有这些书并且还保存着这些书。

饭后大家步入剧院，那是歌德著名的房子，1806年10月14日，它被一枚法军炮弹击中，而就在那里现在法国演员上演《恺撒之死》。据说拿破仑在演出期间多次睡着了，可是他最后对坐在他旁边的公爵夫人露易丝说：“罕见的戏剧，这部《恺撒》！一部共和主义的戏剧！我只希望，它在此地不会造成什么影响。”[③] 该剧还真造成了影响，但并非拿破仑不希望的影响。伏尔泰的这部戏剧是完全没有恶意的，不会使他难堪，正如弗里德里希·贡道尔夫（Friedrich Gondolf）所断定的那样，这是一部“启蒙时代的感伤剧，里面有世界历史的人物”，[④] 该剧绝对不是对恺撒的谋杀者布鲁图斯的美化。因为布鲁图斯就在行凶之前了解到，他是一个遭到憎恨的、追求王冠的独裁者的私生子。他必须在弑父和共和主义的英雄主义之间做出抉择。由此他的行为被阐释

①这是法语。——译者注

②汪达尔（Vandal），第444页。

③波亚诺夫斯基，《露易丝》（Bojanowski，*Louise*），第315页。

④贡道尔夫，《凯撒》（Gondolf，*Caesar*），第219页。

为罪行，而塔尔玛作为布鲁图斯的扮演者应该升华一种多愁善感的良心冲突。恺撒出于温和而显得没有能力用暴力对付他的暗杀者。米勒认为，塔尔玛超越了自身。在第一幕的结尾，恺撒回答了安东尼（Antonius），那个提醒他当心元老院议员的人：

假如我能够惧怕他们，我会惩罚他们的；
请你不要给我这样的忠告，不要教我憎恨。
我知道去战斗，获胜，但我不知道惩罚：
因此不要让我听到任何怀疑和复仇的声音，——
因为这个取胜的世界，我是不会压迫的主人。

“当时的场面就好像一阵电光火石强烈地触动了所有观众一样（Sur l'univers soumis régnons sans violence[①]）。没有人能够不受震撼。”[②] 在魏玛，一项暗杀拿破仑的计划没有实施，因为想要击毙他的爱国者们担心击中普鲁士的威廉王子，他当时正和拿破仑在半路上，这件事在这个时间节点上还没有被传开。

歌德没有被魏玛晚上的戏剧演出影响，（S.141）在任何方向上都没有被影响：他保持清醒冷静，稍后不久在和里莫尔的对话中很专业地概括舞台给他留下的印象：“法国的戏剧、演员仅仅稍微超越法国的现实，只不过言语更得当，举止更得体。”他这样认为。他感觉《恺撒之死》中身穿各式各样制服的男人们的整体动作非常庄重大气、气势恢宏。歌德并没有附和那些评价：抱怨法兰西剧院的台词朗诵夸张而且单调。他在这里认识到一种不同的民族风格，这种风格建立在国外的生活形式中：“最普通的士兵都会这样举止，这样说话，只不

①这是法语。——译者注

②米勒，《回忆》（Müller，*Erinnerungen*），第143页。

过完全不带有那种僵硬的、死板的举止。”“法国的戏剧在法国的形式中确立其对立面；而德国的戏剧在它的形式中描述其对立面。德国戏剧以平静表现充满激情的对象；法国戏剧以剧烈情感来表现。”①

看完戏剧表演之后，（S.142）人们经过被火炬照亮的魏玛街道回到宫殿，参加盛大的宫廷舞会，这是此次欧洲君主会议的庆典高潮。在舞会上，拿破仑按照习惯身穿简单的狙击手制服，据说他和女士们打招呼的方式不太灵巧。拿破仑皇帝并不喜欢宫廷舞会这种娱乐活动，所以他在广泛的交谈中度过这个晚上，而且与德国作家克里斯多夫·马丁·维兰德交谈，再一次与歌德交谈。或许这是拿破仑打的小算盘，就像公爵夫人露易丝推测的那样，皇帝知道，德国知识分子对公众意见的影响是很大的，他也知道，所有报纸都会报道拿破仑平易近人和关注知识分子②。但是维兰德写的关于他和拿破仑见面的神奇书信却给人另外一种印象。维兰德展现了一个活跃而喜欢高谈阔论的皇帝，结果塔列朗在他的回忆录中只需稍微调节螺丝就可以创作出一幅漫画来。然而拿破仑对谈话显得并不做作，而他对非常自如洒脱的维兰德的态度也全无自负高傲。面对维兰德这位年迈的德国作家，拿破仑像是个好奇、自以为无所不知的炮兵中尉，他找不到比世界历史和古希腊伟大历史学家更漂亮的话题了。

他在剧院的包厢里看到了维兰德，并且此刻在舞会上想找到维兰德。所以有人用宫廷马车把维兰德接过来，不多时维兰德就出现在舞会大厅里，他身穿“普通、滑稽可笑的服装（accourtrement③），他头戴一种无边的教士圆帽，脸上没有扑粉，身上没有佩剑，他穿布料靴子（此外穿着很体面）”。公爵夫人把维兰德介绍给拿破仑，“他非常和蔼可亲地与我说话——这是平常的，他同时还敏锐地注视着我的眼睛。很难有哪个凡夫俗子会比拿破仑更具有这种天赋：第一眼就马上看透（人们经常这么说）并且理解一个人。他看到，尽管我

①格鲁马赫（Grumach），第六卷，第563页。

②波亚诺夫斯基，《露易丝》（Bojanowski，*Louise*），第315页。

③这是法语。——译者注

具有名流身份，其实我是一个简朴、没什么太高生活要求的老人，而且，因为他（从表面上看）总是想给我留下一种好印象，所以他有时会比较有把握地得到他的意图。在我的一生中我从来没有看到任何比他更简朴、更平静、更柔和而且没有什么太高要求的人。他和我闲聊，就好像和一个老熟人，一个与他一样的人在闲聊，（S.143）而（与我同类的人中还没有谁遇到这种情况）在一个半小时内，他一直仅仅与我一个人交谈，这令所有在场的人感到非常惊讶。”维兰德很少练习过法语口语，皇帝自己愿意与他闲聊，这让维兰德很高兴。“快到12点了，这时我终于开始感觉到，我累了。于是我擅自采取自由，估计别的德国人或者法国人不会这样：我请求皇帝陛下允许我离开，因为我感觉不够强大，再也无法待下去了。他很好地理解这一点。于是他用友好的语气和表情说，‘那好吧，去吧’（Allez donc①），‘去吧，晚安’（Allez, bon soir②）。”③ 另外，拿破仑本人在谈话期间很闲散地倚靠着一根柱子，他旁边站着萨克森国王。

与歌德一样，维兰德没有通报任何关于这次谈话内容的信息。他强调，皇帝如此轻声地与他交谈，以至于站在周围保持尊重距离的廷臣和高官显贵们听不到任何话，没有任何流言蜚语是对的。我们已经通过约翰内斯·冯·米勒同拿破仑在沙发上进行秘密谈话了解到了这一点。（S.144）但是维兰德面对他后来的传记作者约翰·高特弗里特·格鲁伯尔（Johann Gottfried Gruber）讲述了这次谈话，而且他的讲述恰好与米勒此后不久撰写的报道相互覆盖，这令人惊讶。米勒似乎竖起耳朵听他们谈话来着。塔列朗信赖米勒的描述。正如拿破仑与米勒的谈话一样，拿破仑与维兰德的谈话主要也涉及历史，涉及希腊人和罗马人。联系刚刚看过的戏剧，拿破仑称恺撒是世界历史上最伟大的人物之一，但是他犯了一个难以原谅的错误：“恺撒早就了解那些让他靠边站的人，所以他

---

①这是法语。——译者注

②这是法语。——译者注

③维兰德，《往来书信》（Wieland, *Briefwechsel*），第十七卷，第一部分，第467、468页。

本来也让他们靠边站的。”[1] 我们不知道，塔列朗是否在一旁也听到这番话。拿破仑也赞美罗马人；而他对爱吵架的希腊小共和国人评价并不高。然后他又探讨起另一个话题，塔列朗在其回忆录中找到了叹息的理由：塔西图斯。“拿破仑皇帝指责塔西图斯（我们遵循米勒的报道）没有充分地研究描述事件的原因和内在的动机，并且没有足够明确地强调事实及其内在联系的神秘特征。皇帝说，‘塔西图斯是一位灵巧的画家。’‘他掌握一种果敢的又有诱惑力的着色能力。’但是历史容不得欺骗迷惑，历史应该澄清、建构而不仅仅通过令人惊讶的绘画取悦人们。”这可是一种敏锐的观察，这种观察并没有以此丧失价值：这位法国的恺撒在这里讲话，塔西图斯给人物画肖像，而政治家拿破仑着眼于外在的状况，皇帝们与外在的状况有关。这符合拿破仑与歌德谈话的整体话题，他现在要求历史也应具有诗歌的自然真实。拿破仑还表达了一个他一直如此牵挂以至于他现在和盘托出的想法，因为我们也从约翰内斯·冯·米勒那里了解到了这个想法：基督教是希腊精神反对罗马占领的一种反应：“被粗暴武力打败的希腊又重新获得了精神的统治，他们的方式是，呵护并且培育了上苍为了人类的幸福而在大海的彼岸播撒的种子。”这简直是尼采式的思考方式！

拿破仑在这个晚上还与歌德攀谈了几句。（S.145）然而歌德的日记中对此甚至连一个关键词都没有提到。而我们对此了解的情况却是举足轻重的。因为后来歌德记录下来，拿破仑要求他“写一个另外意义上的布鲁图斯”。米勒是这个夜晚一个可信的见证人，他说，皇帝多次重复，一部好的悲剧就是国务活动家们最尊贵的学校，在某种意义上甚至是位于历史之上的[2]。令米夫灵和其他人感到惊讶的是，或许是拿破仑做出决定，法兰西剧院的演员们在魏玛上演《恺撒之死》。他并不是不知道，这部作品有感伤的趣味低劣特征，是的，他

[1] 这些引文摘自瓦尔（Wahl）的明晰的汇编：《维兰德与拿破仑》（*Wieland und Napoleon*），第30～34页。也参照施塔恩纳斯（Starnes）：《维兰德，人生与作品》（*Wieland，Leben und Werk*）第三部分，第301～303页以及《维兰德，政治著述》（*Wieland，Politische Schriften*），第三卷，第605～607页。

[2] 格鲁马赫（Grumach），第六卷，第554、558页。

首先想到的是歌德：鼓励德国最杰出的作家（他与歌德就文学和现实进行了如此专业的谈话）创作一部新的恺撒戏剧，（S.146）这种机会肯定吸引着他。而他给歌德的角色是：具有政治导师色彩的悲剧作家。

1808年10月6日是个什么日子啊！这一天人们看到拿破仑被权力的光环所笼罩，但他在和一位身穿黑色衣服的德国作家正进行简单的谈话；在剧院里人们上演了对恺撒的杀害，而在剧场外面，爱国的大学生打算暗杀拿破仑。皇帝在用餐时，和德国聚集在一起的君主们谈起他还是一个小士兵的时候，而他希望德国最伟大的作家创作一部《布鲁图斯》戏剧。夜晚是漫长的，尤其对于许多比皇帝吃饭慢的人更是如此，他们在餐桌旁只能吃到很少的东西。直到凌晨1点拿破仑才回到公爵夫人露易丝为他准备的房间。塔列朗拖着他的跛脚疲惫不堪地坐在一个沙发上，他请求米勒记录下这一切。魏玛的宫殿宽敞、崭新、现代，受到了光顾者的好评。宫殿总长雷姆萨特以行家的眼光赞扬宫殿的装潢。歌德在与建筑师海因里希·根茨（Heinrich Gentz），即作家根茨的弟弟的合作中付出的努力现在得到了奖赏。

第二天的活动安排也达到了极致。在晴朗的十月阳光中，人们早早就动身前往由歌德设计的小神殿，它坐落在耶拿附近的温特克诺伦上。拿破仑向沙皇解释，他是如何赢得1806年的战役的。然后在被搭建在山峰下的帐篷临时宿营地里举行早餐会，在耶拿市民好奇的目光下，用叉子吃点心，用餐后在阿珀尔达（Apolda）狩猎，打兔子。这狩猎活动给了塔列朗、米夫灵和许多其他人好好休息的理由，就好像拿破仑把自己乐趣建立在数以千计的阵亡者的遗骨上面似的。这样一来就凸显了魏玛公爵卡尔·奥古斯特的作用，他不仅参加了狩猎活动，而且还确定了狩猎区域。这样，国家历史编纂人员必须精细地写明，“阿波尔达附近的狩猎活动”是在耶拿战场的另一边进行的。据说情况就是如此；然而人们对于在一个战场的边缘进行这种运动活动感到的惊异，被广泛报道于各种不同的报纸上，给市民留下令人不愉快的、不好的回忆。中午，歌德称“君主潮水”在滚动，大家返回了埃尔福特。晚上在那里又上演了悲剧：高乃依的《贺拉斯》（*Horace*）。歌德留在魏玛，利用这一天进行详细的政治谈话。（S.147）在弗劳恩开阔地，马雷及其秘书被安置在这里居住，此外还有歌德1806年就认识的拉纳元帅。他们谈论眼前的西班牙远征，这样就涉及了拿破仑，他的地位让人感觉如此荣耀，却有一个受伤的痛点。魏玛也受到痛苦的打击：因为魏玛公国承担的那部分份额的士兵不得不越过比利牛斯山，来到卡塔洛尼恩（Katalonien），在那里，截止到1810年，有580名图林根的孩子在那里丧生，不仅在可怕的战争中，而且还由于不习惯气候，白天酷热难当，夜里寒冷。歌德在这里请求法国宽大对待魏玛公国了吗？即便他这样做了，他也没有取得任何成效。

1808年10月7日，歌德精疲力竭，他在冯・施泰因夫人的家里睡着了：“昨天晚上，当我和席勒坐在桌子旁用双人茶具（tête à tête）[①]喝茶时，我们开玩笑地像法国喜剧演员那样朗诵恺撒里面的台词，歌德来到我的房间里，天啊，他把书扔到一边，坐过去，睡得如此香甜，发出了鼾声…… 我的其他社交伙伴儿走了，（S.148）我建议他派人去找行李搬运工，他请求我原谅，他由于疲惫而不能向我讲述任何事情，然后就走了。”[②] 在埃尔福特，每天晚上都继续上演悲剧。10月9日，维兰德在那儿观看了伏尔泰的《穆罕默德》，即拿破仑和歌德说感觉“不合适的”那部戏剧。塔列朗声称，或许由于这部戏剧展现在人们面前的权力很疯狂，该戏恰恰是皇帝喜欢的剧目。但是他如下的说明并不准确：这一天歌德再一次坐在埃尔福特剧院国王们的包厢里。历史并非如此充满激情，充满戏剧冲突。但是我们可以相信，塔尔玛以强调的语气说出了下列诗行（我们引用歌德的版本）：

凡夫俗子是平等的！并非出生，

①这是法语。——译者注

②格鲁马赫（Grumach），第六卷，第561页。

> 只有美德造成所有差别；
> 然而存在英雄豪杰，受到上苍的恩宠，
> 他们通过自身而成就一切，他们不欠
> 祖先，不欠世界任何东西。[①]

第二天上午，在拿破仑的前厅里，主要是一些法国人在照顾年迈的维兰德，他们努力缩短他的漫长等待时间，维兰德写道，“逐渐地”，“德国的殿下和阁下才也按照这个著名的例子去做”。[②]

在此期间，两位皇帝的谈判接近尾声。谈判结果收效甚微。俄国获得在芬兰的自由控制权，并且得到获得瓦拉谢（Walachei）和摩尔达维亚（Moldavien）的承诺。俄国继续向西部和南部扩张。但首先奥斯曼帝国的生存权得到了保证。亚历山大一世承认意大利的新秩序，尤其是罢黜拿波里的波旁王朝统治者，并且占领宗教国家。这两位皇帝想在一封信中请求英国国王帮忙，但是也要求他承认颠覆西班牙政权——这是一个完全不现实的希望。普鲁士悬而未决的赔款上限确定为1亿3千万法郎，由此法国军队撤离普鲁士毕竟变得指日可待了。（S.149）但是在关键的点上，即在奥地利问题上，拿破仑一无所获。沙皇亚历山大一世并不跟着他一起对哈布斯堡王朝进行威胁，他还秘密地安慰奥地利国王。这意味着：拿破仑没有值得信赖的靠山来应对临近的西班牙冬季战争。塔列朗赢了，他是埃尔福特欧洲君主会议真正的赢家。

他在拿破仑的联姻考虑上也没有任何进展。拿破仑与约瑟芬（Joséphine）的婚姻一直没有孩子。他的帝国建立在两只眼睛上，一场战役中一枚错发的子弹就会把他的帝国推向深渊。如果拿破仑想要持久，他就需要一个继承人。而且存在这种机会：把他的王朝与欧洲一个古老的王朝联系起来，并且建立

①塔列朗，《回忆录》（Talleyrand，*Memoiren*），第一部分，第321、322页。

②维兰德，《往来通信》（Wieland，*Briefwechsel*），第十七卷，第一部分，第468、469页。

稳定的联盟。于是，这位法国的皇帝打起了沙皇的一个妹妹的主意。但他委托给塔列朗的秘密探查毫无结果。不久，可能与他联姻的大君主被嫁到了奥尔登堡。塔列朗从亚历山大一世那儿得到许可：他自己的侄子可以娶库尔兰德（Kurland）极其富有的公爵夫人，她是沙皇附属国的公爵夫人。这个状况就建立在这次联姻的基础上：塔列朗-佩里高德（Périgord）家族直到1945年都在西里西亚和波兰拥有巨大的土地面积。几个月之后，拿破仑才开始限制塔列朗。于是就出现了这个著名的情景，在其中，皇帝称他的宫廷侍卫长是“用真丝长袜包裹的一坨屎”。拿破仑的侍者康斯坦特声称，拿破仑皇帝在埃尔福特曾经被一场梦魇侵扰：一头熊打开了他的胸膛，粉碎了他的心脏。当拿破仑陪同沙皇走在通往魏玛的路上并且与他道别时，他久久地凝望着那个骑马而去的人的背影。战争的纪元在埃尔福特仍然没有结束。然而，只有内部知情人才知道这一点。

魏玛宫廷为归来的沙皇再一次拼尽全力：在10月14日和15日接连两天举行盛大的宴会和舞会。歌德参与了筹备工作，而且第二天晚上去参加了舞会。15日，他在宫廷里进餐，在这里，在演出期间，他和公爵谈论“刚刚过去的事情”。他们有理由感到满意。按照魏玛公国渺小的规模来衡量，（S.150）它在世界体系中的地位通过引起轰动性事件的方式得到了巩固。魏玛人得到了两个皇帝谦和慈爱的访问，而魏玛真正的财富——作家们[1]——在这个舞台上继续扮演重要的角色：各大报纸一直向巴黎报道拿破仑与歌德和维兰德会面的新闻。这对拿破仑皇帝有利，但是这对萨克森-魏玛公国也不差。卡尔·奥古斯特也表现得非常巧妙得体，他与沙皇显赫的亲近关系意味着未来遇世事更迭时能有所保障，歌德在这个时刻几乎没想到未来。颁发勋章事宜强调了魏玛的文化地位：歌德和维兰德被拿破仑授予荣誉军团勋章，被沙皇授予安恩（Annen）勋章。此刻，在埃尔福特欧洲君主会议结束这几天，勋章和昂贵的宝石盒飞向

①尤其指与拿破仑会谈过的歌德和维兰德。——译者注

四面八方，尽管如此，对两位作家的嘉奖还是有其他意图的，即便维兰德只得到了二等俄国勋章，这一点在魏玛引起人们的注意，人们为此感到不悦。维兰德对荣誉军团勋章的喜悦就更加孩子气了。因为德国作家还从来没有从他们的君主资助人那儿获此殊荣，把他们放到与国务活动家和军事统帅平起平坐的等级上。维兰德在给米勒的信中这样写道：作为一个“标志：那位世纪最伟大的人对我的印象不错，这种殊荣于我具有无限的价值”。而马雷写给他的信是他曾经得到的最优美的信[①]。我们知道，维兰德这种激情澎湃并非对宫廷的谦卑，因为他完全可以做出不同的反应。歌德恰当地致信他家的客人马雷，这个人在皇帝那里应该自告奋勇地当情感译员，“我不能清楚地表达”。（que je suis incapable d’articuler.）[②]。歌德的妻子，身在法兰克福的克里斯蒂安娜也得到了授勋嘉奖的喜讯，“你再见到我时会发现我佩戴上星章和绶带，希望你永远爱我。”[③]拿破仑还向耶拿市民表示敬意，他承诺向该城市提供财政资助，以弥补1806年的战争损失。在俄国战场战役打响之前，这笔钱还果真到位了。这时歌德和维兰德早已经退出了资金分配委员会。

对弗劳恩开阔地的情绪简直是令人眩晕的。歌德有萨尔托琉斯夫妇来访，因为克里斯蒂安娜还没有回来，他毫不犹豫地请求卡洛琳娜·萨尔托琉斯承担家庭主妇的角色。（S.151）在装着皇帝勋章的厚厚信封被传令官发出去的那两天，大明星塔尔玛和他的妻子正在歌德家里做客，这为著名的客人留下好的家庭名声（Honneurs[④]）。关于气氛十分活跃的这几个小时，卡洛琳娜·萨尔托琉斯写了几页文字，这是人们描写歌德的最优美文字。这个“娇小的、善良的女人”——她的丈夫这样评价她——为歌德家那种质朴的优雅和舒适感到惊讶，她也为塔尔玛这位巴黎明星那身极其昂贵的衣着感到惊讶，里莫尔甚至在

①维兰德，《往来通信》（Wieland，*Briefwechsel*），第十七卷，第一部分，第473页。
②WA，第四卷，第二十部分，第180、181页。
③同上，第180页。
④这是法语。——译者注

他的日记中提及他衣服上的宝石纽扣。我们还得到一个重要的消息：这位演员和歌德和蔼可亲，这个人“没有完全掌握法语，但是任何他能说上几句的语言都不会轻而易举地束缚他的精神”。但当谈话变得严肃时，而且当人们谈到塔尔玛乐意改编成戏剧版本《少年维特之烦恼》这个话题时，他为一个句子又改说德语，并且说：“这种东西无法用完好无损的状态去写”，他转而请萨尔托琉斯帮忙，“先生，请你们把这个翻译给我们的朋友（Traduisez cela à nos amis, Monsieur）[①]。”这几天，歌德为他的客人们朗诵他不久前刚写完的十四行诗以及讽刺诗，这些讽刺诗让卡洛琳娜笑出眼泪来。是的，她爱上了他。塔尔玛夫妇还要赶紧练习为沙皇朗诵奥赛罗（Othello）和戴斯德蒙娜（Desdemona），他们告辞后，“歌德身穿他的宫廷礼服走了进来，礼服上佩戴着星章和勋章绶带。他说：‘我来向您展示我自己。’他还问，‘您是否想委派我？’——他身穿这身衣服如此年轻而英俊，以至于我拥抱他，而且惊呼：‘阁下，我简直不能抵御您的诱惑，但我希望，您不会因我而不幸。’”[②]

在此后的几星期内，歌德发出并收到了大量来信。约翰内斯·冯·米勒和维兰德在与拿破仑皇帝谈话后在信件里激情澎湃，与他们相比，歌德一直矜持。10月30日他致信蔡尔特说：“各种报纸上都有您的信息，让我想忘掉您都不行。”“亲身经历这些事件是很有价值的。我也从这种罕见的格局中得到了有裨益的影响。这位法国皇帝对我很有好感。这两位皇帝都授予我勋章和绶带，表达对我的尊重，我们愿意非常感激地、谦虚地承认这一点。”（S.152）这次会议对普鲁士做出决定，这对歌德来说也很重要：“我非常希望，您和您的其他公民从这个时期能得到安慰和安抚：因为你们的痛苦已经超越了可以忍受的程度。”[③] 歌德把更详细的描述发给了维也纳的冯·艾本贝克（von Eybenberg）夫人，他还把在贝尔图赫出版的、33.5厘米×50.5厘米的巨大尺寸精装书推荐

①这是法语。——译者注
②格鲁马赫（Grumach），第六卷，第568～570页。
③WA，第四卷，第二十部分，第193、194页。

给她，这本书是关于这次会议期间在魏玛举办的各种活动的，连同着色的铜币[①]。他概括地评价法国戏剧为一种“完全误入歧途的艺术”：“我只想通过一个巨大的奇迹，通过一道闪电，烧毁法国悲剧中的虚假；这样的话，世人仍然惊讶于剩余的权利。”[②]

歌德甚至还对埃尔福特欧洲君主会议之后的出版活动感兴趣。他向富有的社交名流艾本贝克推荐贝尔图赫出版社出版的、专供人们摆放在茶桌上的书，他为奥古斯特选定了谄媚者阿诺尔特：“一本极其乏味无聊的日记记载了埃尔福特的皇帝与国王等欧洲君主会议的情况。（S.153）一旦母亲准备的圣诞礼物没有了，或许我可以为您附上这本日记。”[③]

歌德的出版商哥塔对歌德与拿破仑的会谈表现出谦卑的好奇，而当时在德国，拿破仑的追随者心中怀有这些希望：

> 在那个地方举行的那些重要活动，没有任何活动会像阁下和拿破仑的会谈那样引起我的兴趣——我并非是因为您授予荣誉而向您表示祝贺，但我向欧洲表示祝贺，因为只要拿破仑顺应天意，直到他实施了他接下来的计划，并且让不相信的人坚信，他有比单纯占领国家更崇高的目标，他就是精神之子，况且他在各个地方表现出的高贵已经充分证明了这一点。

我们看到，像塔列朗这样的知情人可再也不抱有这种希望了。假如人们不留意拿破仑山上的神殿的碑文，就不会知道歌德本人什么时候这么明确地说出过他的政治主张，反正他没有用政治的方式而是以个人身份回答了哥塔提出的问题：

---

①对有亚历山大一世和拿破仑皇帝光临的这些庆祝活动的描述，还有许多加冕的国王于1808年10月6日和7日在魏玛和耶拿莅临这些由萨克森-魏玛公爵卡尔·奥古斯特阁下组织的庆典活动。魏玛1809年（1808年首次出版）。

②WA，第四卷，第二十部分，第233、234页（1808年12月4日）。

③《歌德与奥古斯特》（*Goethe-August*）（12月5日）。在评论中写错了。

我乐意承认，在我的人生中我从未遇到过比站在皇帝面前更崇高的、更令人喜悦的事情，而且是以这种方式站在他面前。我不用详细介绍这次谈话的内容，我可以这样说，还从来没有一个比他地位更高的人如此接纳我，他仿佛通过特殊的信赖让我发挥重要作用，可以说，他非常明确地表示，我的本性符合他；他还以特别亲切友好的态度让我告辞，第二次在魏玛继续这种谈话，使得我在这些罕见的时间段中至少可以有个人的平静，我可以放心：无论我在哪里遇到他，我都会发现他是我友好的、仁慈的主人[①]。

现在，歌德在这一段文字中给予了最高级的评价。歌德为此感到很高兴：他作为平等的人站在拿破仑皇帝的面前——而倘若是1806年在魏玛交谈，这是不可能的。从我们对这次对话的了解程度来看，这次会谈会让歌德写下如此热情洋溢的句子吗？在这件事情上，首先拿破仑作为一个迂腐的文学艺术批评家，他很敏锐，但是也有业余爱好者那种半瓶醋的倾向，（S.156）存在逻辑上的不吻合之处；其次，皇帝毫不隐晦地邀请歌德去巴黎，并且委托歌德把布鲁图斯的素材整理成一种为政治所用的素材，通过杀死他的恩人来演绎帝国的悲剧。而歌德后来并没有采纳这两个建议。

我们权且停留在个人层面上。根据1806年的信息记载，在皇帝的亲自保护下，他当时的身份地位通过最高领导层的保护而得到巩固。这种高层保护完全建立在伟大的皇帝（Grande Empire[②]）基础之上，拿破仑皇帝在那些年里赋予伟大的皇帝以新的封建特征。歌德可以把拿破仑授予他的勋章理解成物质上的有效保护信，这封保护信可以在他遇到世事更迭时保护他，再也不会发生

① 《歌德-哥塔书信集》（*Goethe-Gotta*），由多洛苔阿·库恩（Dorothea Kuhn）主编，第186、187页（1808年11月16日和12月2日）。

② 这是法语。——译者注

像1806年10月14日夜里的那种倒霉事了。荣誉军团勋章最终治愈了他的这个伤痛。然而这也不可能是歌德所表达的全部。歌德没有明确说出的是，皇帝作为最高层领导人向他保证“让他发挥作用”，而且通过这种“信任”的方式让歌德明白，歌德的本性“是与他一致的”。作为这个时期最伟大的人，拿破仑的地位在未来的世界历史书中是毋庸置疑的，歌德毕生都不断研读世界历史书：皇帝把他当作平等的人予以承认。拿破仑的谈吐举止，拿破仑说出“您是个男子汉”（Vous êtes un homme[①]），歌德对皇帝的印象立刻丰满了起来。我们一再引用马尔维茨、莱茵哈特、约翰娜·叔本华、卡洛琳娜·萨尔托琉斯等人对歌德人格和出场表现的描述，这不是没有用意的。读者可以把这些描述理解为歌德对拿破仑乐天愉快的感知。类似的，歌德于1822年撰写了另一个作品，与歌德下笔描写与拿破仑的谈话时间间隔不远，那就是关于1792年《在法国的战役》的战地报道。在那部作品快到结尾的地方，歌德引用一个普鲁士军官的话（歌德与拿破仑完全一样，没有把此人看成一位文学的天才，而是把他视为在身体素质方面的天才）：“迄今为止人们一直向他声称：英俊的英雄豪杰和有天赋的人肯定都是那种看上去身材矮小、清瘦、病态和板着面孔的。这种说法一直让他赌气，（S.157）因为他认为自己并不笨，他健康、强壮、四肢发达；但他现在很高兴，在我身上他们发现了这样一个男人，看上去还说得过去，人们把我当成一个天才。他为此而感到高兴，希望我们两人长期保持这种惬意。”[②] 歌德写这几行字时，正值他充满激情地爱上了17岁的乌尔里克·冯·莱维佐（Ulrike von Levetzow），歌德还把一份战地报道献给了她。但是我们可以在此认识到，他在与拿破仑会见时有一种更广阔的声音空间。拿破仑说的“您是个男子汉”（Vous êtes un homme[③]）还与极大的、全新的个人崇

①这是法语。——译者注

②对此还参见古斯塔夫·塞伯特（Gustav Seibt），为《我也在香槟！》（*Auch ich in der Champagne!*）撰写的后记，慕尼黑，2007年。

③这是法语。——译者注

拜形成鲜明对照，这种个人崇拜在埃尔福特被导演给德国公众和沙皇看，在阿诺尔特“无聊的”报道中找到了其谦卑的镜子。1806年，歌德把他的家庭状况从宫廷特征改变成市民特征，与此同时，歌德在与拿破仑第二次见面之后，歌德视拿破仑为“更高尚的人”，并且认为是拿破仑让他“发挥作用”，但歌德并不认为，拿破仑在等级上是比他更高的人，并不像歌德接触过的那些君主一样。拿破仑这位从炮兵中尉一路晋升为恺撒的人是一个例外，而他发现歌德是一个与他并驾齐驱的人。拿破仑驾驭他的凯旋战车来到图林根，为了在那里与另一个皇帝会见，除此之外，他在那儿还遇见了第二个天才。

根据1808年10月那些日子的记载资料，法尔克（Falk）曾写下谈话记录，人们倾向于相信这种谈话记录，因为它还没有被这位多产的写手进行文学上的加工演绎，他写过许多其他文章，都是一种在修辞上的重述，售价低廉。在这份谈话记录中，歌德把拿破仑比作犹太人，“他仿佛带着试金石走遍世界，他抚摸所有人，然后淡定地查看，这是金、银还是铜质的。‘你千万不要自以为比他更聪明。他每次都遵循他的一个目的——把他带到路上的一切摧毁，从道路上扫清——即便这是他的亲生儿子也不例外。’”这显然是在明确影射伏尔泰笔下的恺撒：拿破仑不会再重复他的错误，重蹈其覆辙。然后歌德狂谈拿破仑的行为时表现出冷漠的客观性，当他“像一个勤勉的音乐会大师一样，善于没有爱也没有恨地利用每个有乐器的音乐爱好者为他的交响乐团服务”。（S.158）因此，如果人们遭到他的爱或者憎恨，这也既没有带来好处，也没有带来弊端：“他肯定不喜欢魏玛公爵，即便此人没有感觉到任何明显的弊端。”拿破仑像一个剧院经理一样指挥世界，歌德补充说。“歌德发现这完全处于规则中，他让人用子弹击毙像帕尔姆那样叫嚷的人、像当甘伯爵那样自负的人的脑袋，从而震慑观众，可是观众不能耐心等待，而是到处搅扰地干涉这位天才的创作。”一种高贵的、在目的和手段上没有偏见的想法在这次桌面谈话中经常变换。根据法尔克的写法，歌德说，拿破仑“在与各种状况斗争，在与一个腐朽的世纪斗争，在一个腐朽的民族中间——让我们幸运地赞美他，赞美他和欧洲，使得他不至于在其伟大的、庞大的世界计划中让自己腐朽掉”。[①]这并非瞬间的情绪；把拿破仑比喻为音乐会大师和剧院经理，我们想到歌德写给玛丽安娜·艾本贝克的信中描写的画面，歌德在信中说，他愿意看到用一道闪电烧毁法国戏剧的错误，对没有耐心等待的、喧闹搅扰的观众的安抚，这些比喻和歌德的比喻有不谋而合之处。在与拿破仑会谈两天后歌德就对里莫尔说：“他仿佛觉得他的预测完全正确，预测时说到了关键之处。”[②]

①格鲁马赫（Grumach）第六卷，第566、567页。
②格鲁马赫（Grumach）第六卷，第552页。

第四章

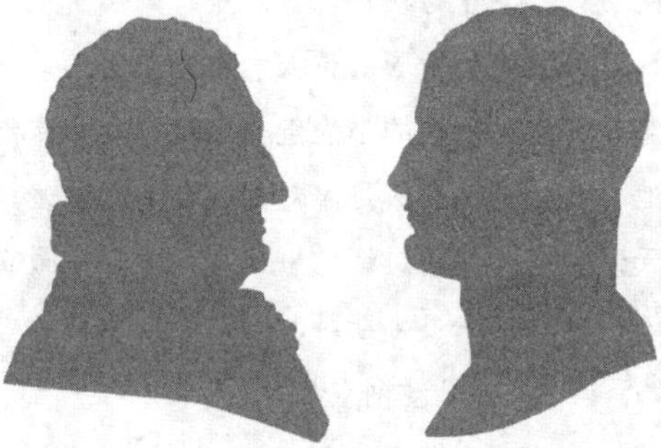

“我的皇帝”

法兰西第一帝国的作家

歌德仅仅间歇性的妥协，承担了“共同激动产生的共同功绩”，作为《诗与真》平行的历史书写，而且作为法兰西第一帝国的诗人。对拿破仑的政治判决绝非意味着，拿破仑的个人魅力在歌德心中终结。歌德在他的余生中一直保持着对这位皇帝的忠诚。1815年夏天，歌德开始用对话的方式把他一生中最重要的两个统治者卡尔·奥古斯特和拿破仑用相同的性格加以总结，即“果断”这种特征。

歌德很喜欢佩戴拿破仑授予的勋章，（S.159）这在魏玛不久就已经成了佳话。1809年，威廉·冯·洪堡给他的妻子写信说："歌德每次出门都要佩戴军团十字勋章。""而关于这枚勋章他总是习惯说'我的皇帝'。"[①]1811年9月，魏玛公主卡洛琳娜还在抱怨歌德对"那条红色小绶带的依恋"。为了寄艺术品，歌德偏爱穿过法兰西帝国的邮政道路，那条路并不安全，尽管如此，他也不从莱比锡的邮政道路[②]走。早在1808年10月17日，正值塔尔玛到弗劳恩开阔地拜访歌德之际，卡洛琳娜·萨尔托琉斯曾说歌德的法语不好，之后魏玛图书馆借阅登记册记载，歌德借了一本《针对实践课堂的新法语语言教学》（*Neue französische Sprachlehre zum praktischen Unterricht*）[③]。几个月以来歌德与许多其他人一样思考德国人和法国人，他钦佩法国人无限的文化，并且在当时表达了这种后来经常被引用的想法：因为德国无法发挥任何作用，但单个的德国人可以发挥很多作用，德国人就应该像犹太人那样分散到全世界，"为了全面发展总体，并且为了他们所处的所有国家的幸福安康"。[④]歌德是在考虑把这个想法应用到自己身上并且接受拿破仑的邀请到巴黎去吗？当他谈论皇帝就像谈论一位个人的保护神时，1808年到1809年冬天，他与卡尔·奥古斯特的关系达到了低谷。起因是一件琐事——公爵是他左手边的人生伴侣[⑤]，但是在魏玛宫廷剧院的女演员卡洛琳娜·雅格曼（Caroline Jagemann）的煽动下，在没有与

①博德（Bode），第二卷，第421页。

②同上，第527页。

③考伊戴尔-布灵，《歌德作为魏玛图书馆的读者》（Keudell-Bulling，*Goethe als Benutzer der Weimarer Bibliothek*），第531页。1811年9月7日，莱茵哈特还不得不为此做好准备"应付您的没信心，在您的法语语言上武装自己"，歌德于10月26日回答："在您的鼓励之后，我的法语应该被大幅度地向前推进。"

④格鲁马赫（Grumach），第六卷，第605页。

⑤即指公爵的情人。——译者注

歌德商量的情况下，解除了一位男高音歌手的职务——但是，这场所谓的“剧院危机”发展成一次长达数周的不愉快，这次不愉快只有通过重新明确规定歌德作为剧院经理的职权范围才得到解决。人们不禁要问，（S.160）卡尔·奥古斯特在这件事上表现出的执拗态度是否也与歌德反复提及拿破仑有关：公爵不得不展示一下，谁是家中的主子，并且以家长般的君主姿态限制歌德。

反正政治上的氛围一直阴云密布。有些人曾经指望埃尔福特的欧洲君主会议能给其时代带来和平，这些人感觉失望、被蒙骗了。西班牙的战斗还在继续。但是在1809年初人们就很清楚，拿破仑与奥地利一场新的、大规模的战争即将打响。就在歌德佩戴着军团十字勋章到处跑并且招呼“我的皇帝”那几周，卡尔·奥古斯特致信在圣彼得堡逗留的儿媳玛丽亚·鲍洛夫娜，说他预计自己会被罢黜。公爵在信中说，法国人散步谣言，说北部德国想要起义造反，而据称他就是造反头子，这种说法就是他们想把他轰走，因为法国人总是事先散布他们后来实际要做的事情[①]。莱茵联盟的邮件监督如此有效，以至于公爵夫人在她的信中嘲讽道，人们不久就会退回到野蛮时期[②]。莱茵联盟的法国代办要求实施更严厉的审查措施。卡尔·奥古斯特觉得有必要宣布：每个报纸撰稿人，“每个在由他编辑的公开报纸上发表文章的撰稿人”，“在尊贵的保护人拿破仑和联盟的国家的政治利益上不合适的人”，将丧失其“特权”，即在报纸上刊文的权利[③]。当同奥地利的战争在春天爆发时，又明确警告，“不得随意谈论眼下战争和政策，尤其不得传播不及时的战争消息。”[④]

在此过程中，魏玛公国不久就直接受到牵连，部队穿行而过、安营驻扎——4月份，拿破仑的大舅哥伯恩纳多特（Bernadotte）在歌德家住宿，7月份，威斯特法伦的国王[⑤]又从这里疾驰而过——普鲁士上校席尔（Schill）的起

①PB3，第69页，1809年2月17日。

②PB3，第67页，1809年2月9日。

③PB3，第68页，1809年2月16日。

④PB3，第79页，1809年6月13日。

⑤即拿破仑的胞弟热洛姆。——译者注

义者（他们就在安哈尔特采取军事行动并且很容易使卡尔·奥古斯特丢面子，丧失荣誉，正如他在2月份担心的那样）十分恐惧，然而通过自己的联盟政策，（S.161）令父母痛苦难过的是，伯恩哈特王子不得不在法国人一方共同战斗，魏玛分担的兵源又被投入到行军队伍中。

歌德的日记和书信——尤其他与沃伊格特的通信——在这几个月里充满战争新闻，甚至提及报纸上的文章和对地图的研究，朋友莱茵哈特又成了提供消息的人。身在魏玛的人明白信息对于伟大的皇帝拿破仑而言有多么紧缺吗？拿破仑在巴伐利亚击溃了奥地利的军队，获得了抡锤般一个接一个的胜利，并且占领了维也纳。然而在此之后，大公爵卡尔在阿斯佩恩（Aspern）就给法国军队造成第一次惨重失败，拿破仑在瓦格拉姆（Wagram）获得的勉强的胜利仅仅费力地平衡了这次惨败。再也没有比在这些棘手麻烦的情况下更需要受操纵的新闻媒体和高调的每日战报了。除此之外，俄国除了在加里斯（Galiz）边境搞了几个假的军事行动以外没有做任何事情以减轻拿破仑的负担：埃尔福特欧洲君主会议的失败在大会结束半年后就得到了证明。

1809年，战争对于歌德而言也绝不仅仅是一则消息，尤其是关于可怕的纵火和抢劫的消息，比如雷根斯堡遇到的情况。歌德本人觉得有必要放弃他已经习惯的在波西米亚温泉镇进行的夏季疗养，对于他这个始终忍受肾结石痛苦的人而言，这可并非顺便一提的小损失。歌德在1809年《日报与年报》中写上：“我们的步兵狙击射手出发，3月14日前往蒂罗尔，很悲哀和值得深思。”①在这个宁静的句子后面隐藏着最可怕的、魏玛在俄国战争之前不得不忍受的灾难。8月份，为了平息安德里阿斯·霍夫尔（Andreas Hofer）周围的起义者，被派遣的魏玛莱茵联盟士兵在施泰尔辛（Sterzig）附近的一场战役即后来所称的“萨克森夹子战役”中，几乎全军覆没。约翰·彼得·黑贝尔（Johann Peter Hebel）在一篇关于安德里阿斯·霍夫尔的文章中明确无误地描写了战事的发展

①MA，第十四卷，第207页。

情况："穿着裹腿的射手从所有山头冲下来，男女老少都拿起武器。当岩石块儿和小房子都大规模地向他们飞下来的时候，巴伐利亚人和法国人（但其中当然还有魏玛的萨克森人）面对严峻的局面，特别是在狭窄的山隘。"死亡人数是：40名军官、1名团外科医生、1名营外科医生、946名下士军官和普通士兵。这一共涉及将近1000个家庭，（S.162）这意味着在魏玛公国2万名有防御能力的男人中，死亡人数达到了一定的规模。1811年，当最初1000名被派到西班牙的士兵中328名幸存者返回魏玛时，人们在射击房里举行盛大宴会宴请他们，这次宴会以此获得了一种激动人心的效果：留在家里的预备役人员为返回的士兵服务。与这些数字相比，1811年9月1日在爱森纳赫发生的一起火药事故造成接近60名死者就显得微不足道了：在爱森纳赫，一次弹药的运输把整整一条街上的人都炸飞了——一个吸烟斗的法国士兵对这起事故负责。对于小魏玛而言，这些数字证明了，对于伟大的历史来说什么是重要的：自从1808年开始，拿破仑的战争就不再仅仅由法国新兵进行，还由拿破仑按照配额招募的士兵进行，他们大多来自其德国的同盟国。奔赴战场的不再是富有经验的和有积极性的士兵，而是许多不情愿的人充当了炮灰。这由此也解释了拿破仑后期战争纯粹用数字进行较量的倾向，人们把瓦格拉姆战役称为历史上第一次物资战役。

这种残酷在歌德的一篇日记中也得到了反映，例如，这篇日记记载了1809年8月21日和8月30日的蒂罗尔的灾难，9月22日的日记还关注"战争过程中性病的传播——除了动物瘟疫以外，这是拿破仑征战中造成偏瘫损失的根源之一"。自从盛夏以来，歌德就更关注和平谈判，然而他在1809年11月6日才能把"和谈的工具与地图比较"，即眼前呈现被打败的奥地利的领土损失，奥地利不得不割让它的亚得里亚海滨。歌德在半年之后才得知另一种战争后果，即奥地利的国家破产，当时歌德再一次前往卡尔斯温泉镇。在那儿面对已经没有价值的新纸币，这新纸币使他回忆起1792年的阿西纳滕（Assignaten），众所周知，歌德把这种纸币写进了《浮士德》第二部中。与奥地利签订和约，最为轰动的政治后果出现在1810年春天。法国皇帝拿破仑娶了奥地利国王的女儿玛丽-

露易丝（Marie Luise）。这次联姻不仅解决了一个问题——自从建立一个新的君主制以来，这个问题使帝国的未来承受负担：拿破仑膝下无子。（S.163）除此之外，这次联姻还承诺了，明确地给予新的世界格局以合法基础，该基础在欧洲风云变幻二十年之后确保和平与稳定。沙皇让拿破仑所有的联姻试探都落空，拿破仑几乎不得不为此而感到高兴，对于他这个暴发户而言，再也想象不出一个比哈布斯堡的女人更好的伴侣了。随着这次婚姻，波拿巴家族甚至间接地成为波旁王室的亲戚，在玛丽-安托瓦内特（Marie-Antoinette）①之后，又有一位女公爵越过莱茵河来到巴黎，为了与法国的统治者联姻。一个圆圈似乎合上了，人们乐观地说就是：革命的循环。

歌德的波拿巴主义的朋友莱茵哈特这样评价这场婚姻：“这是对现今错综复杂问题的解决”，“而且，谁愿意考虑到对未来的影响呢？”② 歌德对此的想法几乎与莱茵哈特的没有什么不同。波拿巴家族与哈布斯堡王朝的联姻肯定迎合了其并非反对革命但却保守、期待和平的态度。“我的皇帝”使自己适应了古老欧洲的内在联系，（S.164）以最基本的和最担当义务的方式，即通过婚姻。在歌德的文学作品中，亲戚的纽带经常连接对立事物，无论是浮士德与海伦娜还是普罗米修斯与厄皮墨托伊斯（Epimetheus）。拿破仑后来叫他的儿子为罗马王，这给人的感觉好像是歌德的突发奇想，它如此充满各种关系。歌德这位作家在接下来的一年即1810年夏天神奇地成功与这个梦幻婚姻的两个家庭建立了新的个人的联系。他和哈布斯堡王朝的一位皇后和拿破仑的一个弟弟成为好朋友。

玛丽亚·鲁多维卡（Maria Ludovica）23岁，是奥地利皇帝弗兰茨一世（Franz I.）的第三任妻子，她是玛丽亚·苔雷西亚（Maria Theresia）的孙女，她是歌德笔下的塔索（Tasso）所熟悉的意大利艾斯特（Este）王室的公主。她

① 玛丽·安托瓦内特（Marie Antoinette，1755–1793）是法国路易十六的妻子，与他一起被送上断头台。——译者注

②1810年2月16日，莱茵哈特致信歌德。

是一个柔弱、体弱多病，但完全活泼、深色眼睛的美女，她并不喜欢拿破仑。“家伙”“流氓无赖”，这是她为“法国人的魔鬼”起的名字。1810年6月6日，她到卡尔斯温泉镇疗养14天，为的是想办法改善她虚弱的健康。卡尔斯温泉镇全镇市民恳请歌德这位魏玛的客人写一首诗，以便小学生们在欢迎皇后时能朗诵这首诗。歌德欣然接受了这个请求，在接下来的几个星期里又写了三首诗，它们陪伴皇后在温泉镇逗留时间：一首诗颂扬她的酒杯，另一首诗庆祝一个按照她的名字命名的广场，最后一首诗——由皇后陛下亲自委托——表达了他们在告别时的感受。这些是非政治的诗歌文本，涉及对王朝的爱和美好的暑假。但是他们把皇后的注意力赠予了歌德，皇后正从她的王室马上转而讲到这位伟大的诗人，她在公开的场合总是拉他进入对话中。歌德自费印刷了这几首优美的即兴创作的诗，把它们呈递给皇后，她在半年之后用一个宝石盒答谢歌德。按照阿尔布莱希特·雪纳（Albrecht Schöne）的判断，宝石盒上的“露易丝”描述了皇后写给歌德的唯一的、极其珍贵的信，这种信一般只能写给与王位同等级的重要人物、宫廷贵妇和元帅①。皇后玛丽亚·鲁多维卡离开温泉镇后去了台普利茨（Tepliz），并且在这个地方与魏玛公爵交上了朋友。不久之后卡尔·奥古斯特公爵就给他的正在台普利茨的朋友歌德写信说：“她跟我说了很多好话，这应该算在你的账上。”② 我们还会听到关于这次联姻的后续消息。（S.165）

歌德1810年夏天也去了台普利茨，而且比拿破仑小十岁的胞弟路易·波拿巴也在那儿，住在歌德房间的隔壁。路易刚刚在几个月以前从荷兰的王位退下来，他的哥哥曾经把他作为“加冕的军事长官”放到这个王位上，进行守卫，反对在这个战略点上特别危险的英国。然而路易并不愿意违背其新的民族

---

①我衷心感谢阿尔布莱希特·雪纳把他的一个非常好的学术报告的草稿给我看，这篇学术报告是关于歌德写给宫廷内臣阿尔特汉的这封信的，歌德在其中感谢皇后的这个宝石盒。

②卡尔·奥古斯特1801年7月13日致信歌德。（公爵信中的意思，皇后之所以十分友好，是因为受到歌德的影响，歌德与皇后的友谊为公爵与皇后的友谊奠定了基础。）

利益行事，该民族的利益已经通过大陆封锁尤其受到损害，他就与他的哥哥拿破仑吵翻了，于是路易退位。他作为圣路易（St.Leu）伯爵继续过着一种退隐的、由文学爱好和感伤的虔敬主导的生活，作为1800年左右风云变幻的许多幸存者之一。歌德利用1810年整个温泉疗养的夏天进行许多关于政治和战争的谈话——他的日记尤其还记录了他的普鲁士的谈话伙伴，如费希特和马尔维茨——（S.166）他与拿破仑的弟弟碰头次数最多，至少有六次。遗憾的是，我们并不知道，这两个男人都谈论了些什么。我们只知道，路易这位昔日国王的知性、学识和与人为善的禀赋给歌德留下了深刻印象。给他留下深刻印象的还有，路易与他的哥哥拿破仑在身材上非常相似，然而在这种相似的后面却隐藏着一种完全不一样的性格。法尔克在1810年11月10日专门详细记载歌德的话，假如他的表达是真的，它就表明了，歌德尤其对这种反差感兴趣，他带着所有好感表示出对路易的兴趣，但是也对他的哥哥拿破仑感兴趣。按照法尔克的说法，歌德说过：

路易具有与生俱来的善良和随和，平易近人，他的哥哥拿破仑具备与生俱来的权力和威力。这些性格特征在这属于同一个家庭的哥俩中间很奇特地被混合、被分配。比如，路西安（Lucian）鄙夷王国，在罗马附近研究艺术。在如此风云骤变的时代，温和的路易放弃像我们这样的第二个王国，这种做法也是与生俱来的。宽厚和善与心地善良标识了他走过的每一步。如此看来就绝对不是像人们所说的那种固执促使他面对他的哥哥时采取那种引人注目的行动。相反，路易是我一生中结识的人中最厚道、最随和的，当然，由此就得出这样的结果：一切不合理、不合乎法规的和毫无怜悯的事都是在最深的心灵中对他的伤害，就仿佛他天生就反感这一切似的。

路易·波拿巴属于歌德对外很少张扬的很多政治领域的熟人之一，尽管他为了自己了解情况而充分利用这些熟人关系。在这种情况下，他和路易真正成为朋友，1823年，他们的友情在马里恩温泉镇得以重温，1828年，歌德在路易·波拿巴的一幅人物肖像画中为这种友谊树立了一座美好的纪念碑。

在这些年里，歌德就这样如此接近政界最高层的人物！在他和这些指挥千军万马投入战斗、填满战场的统治者之间，经常就存在着一种握手之劳。在这个过程中，歌德本身充满了巨大的创作力，形成其多产时期。1810年，歌德的《色彩学》终于完成，这在歌德的眼里是其科学方面的主要著作。继《潘多拉》（*Pandora*）之后，（S.167）1809年出版的《亲和力》意味着歌德进入老年时期作品的第二步，其老年时期的作品具有前所未有的果敢和丰硕。《威廉·迈斯特的漫游时代》的最初几部分已经写完，其中就有一篇杰作《五十岁的男人》。在这些叙事作品的军官人物形象中——五十岁精神矍铄的人，尤其是《亲和力》中复员的上尉，人们可以认出这个角色就是米夫灵——显现出战争的时代背景，然而仅仅从远处显现，就像一小片灰蒙蒙的天空掠过田园风味的背景一样。阿尔尼姆（Arnim）对他的妹妹贝蒂娜（Bettina）说过他的推测，在《亲和力》中可以找到对拿破仑有利的意图，而歌德对里莫尔说的一番话很明确地反对这种推测：这部长篇小说展现了"法国人入侵之前德国人的状况，即每一位个体都能够按照自己的方式培养自己。"[①] 这部长篇小说一个重要的历史前提是松动的离婚法，而离婚法并非像人们认为的那样，是在《拿破仑法典》（*Code Napoléon*）中随着民事婚姻和婚姻双方同意离婚的可能性才到达德国的，而是在普鲁士于1794年在国家普法中就已经变成了现实。这项法律把婚姻理解为契约关系，为了解除这个契约关系，在贵族中，过去通常由一国之君允许的结合也悄无声息地被放弃了。完全符合时代特征的是该小说在背景处突然显现的战争形象。在《亲和力》第一部分的最后一章，爱德华想冒着生命危险，对于他而言，"跟随这样一位统帅出征是一种美好的感受，关于这位统

①1809年11月21日。

帅人们可以说：在他的率领下，死亡是可能的，而胜利是肯定的”。在《亲和力》第二部分的第12章里这样写着：“征战的主要目的已经达到了，爱德华佩戴荣誉勋章光荣复员。”这是刚刚过去六个月的事，这种迅捷是拿破仑战争的一个最重要的标志。

更值得关注的是，人们对《亲和力》的接受使歌德感到失望，他在一封写给莱茵哈特的信中把读者尤其德国读者描绘成一种“愚蠢的人民（δημος[①]）”；德国读者还真自以为认出一种元老院的机构，并且在生活中和在阅读中可以投票表决取消这个或者那个他不喜欢的东西”。对此没有别的办法，（S.168）只能默默地忍受这样一种可怕的力量。“就像在历史中人们要容忍对一位老国王的处决并且在几年后又出现一个新的国王一样。被创作出来的文学作品与所发生的事件一样确定其权利。”[②]

如果人们想得到一个关于歌德的波拿巴主义的概念，那么这就算是一个。在这个地方，权威的特点、道义上的冷漠同伟大的博爱情感汇合在一起。反对行为人和创造者的人民元老院、历史和被文学创作的东西——在此人们看到两个层面，在上面的层面，按照古典的方式，歌德和拿破仑，作家和恺撒被并列排放。1810年3月31日，歌德还向里莫尔解释说，像拉法耶特（La Fayette）[③]这样的第一批革命者“还很虚荣，并且希望大众应该重视他们。拿破仑向他们表明，原因根本就不在于此”。此外还有一种偶尔对自己民族毫不掩饰的轻视鄙夷。正值描述科尔特斯（Cortez）[④]占领墨西哥时，里莫尔在1809年6月11日时写道：“他（即科尔特斯）与野蛮人的关系与拿破仑同我们的关系类似。”还有一个早期的对这句名言的运用：“什么都不与众神作对，假如众神不与自己作对

①这是希腊语，指“人民”，实际指“人民统治”。——译者注

②《歌德-莱茵哈特通信》，第108页，1809年12月31日。

③拉法耶特（La Fayette，1757—1834）是法国贵族，曾参加美国革命，同美洲殖民地人民抗击英军。在法国大革命头几年，他与革命的资产阶级结合，成为法国最有权势的人物之一。——译者注

④科尔特斯（Cortez，1485—1547）是西班牙殖民者，1519-1521年，他推翻阿兹特科帝国，为西班牙君主夺得墨西哥。——译者注

（Nihil contra Deum，nisi Deus ipse[①]）。”这句名言在歌德晚年的思想中特别重要，歌德1810年7月3日与里莫尔的谈话中，这句名言又指向同一个方向，指皇帝拿破仑和他自己。虽然任何人都没有理由轻视最伟大的人，因为，假如最伟大的人掉进水里并且不会游泳，那么，最贫穷的哈雷城盐场的工人就会把他从水里捞出来。而“占领整个大陆的拿破仑感觉和一个德国人谈论诗歌艺术和悲剧艺术并非在和自己人聊天”。在这样的世界秩序中，拿破仑作为一种现实的原则出现，这种现实无法通过表决被取消，但也并非在诗歌艺术和道义方面彼此和谐。因此歌德可以瞥一眼拿破仑，然后说，诗艺的正义是一种荒唐。“单单悲剧性就是‘非正义性’（injustum[②]）和‘提前性’（praematurum[③]）。拿破仑认识到了这一点，他自己在扮演事实。”[④]在现实中，一切皆有其位置，最伟大的人也好，哈雷城盐场的工人也罢，世界征服者也好，诗人也罢。这种现实使得那种哭哭啼啼进行的道德教育变得多余，而德国人在不幸中如此乐此不疲地献身于这种道德教育中。（S.169）当歌德说起与此有关的事时，他会变得不耐烦。1809年10月30日，歌德致信蔡尔特时说：“德国的愚人们还一直在吵吵嚷嚷地反对自私自利，假如神愿意，那么，人们恐怕早就为自己和亲人更加负责，然后为同胞，一再为同胞负责很多事情，那么，一切或许看上去就完全不同了。”这些观点就是歌德在拿破仑时代政治态度的背景。拿破仑这位伟大的皇帝让歌德感兴趣，而且毋庸置疑地吸引他。但是，倘若我们能够把1806年之后的歌德描绘成忠诚的莱茵联盟中的德国人，那么，这绝对不是最重要的，因为他钦佩一位天才。歌德始终接受一种现实，该现实只能在付出自欺欺人、幼稚的倔强和毫无收获的冲突这种代价的情况下才能用斗争的方式获得，例如，通过一些民族的变色龙，在他们身上，当时德意志最好的精神品质面临威

①这是拉丁语。——译者注
②这是拉丁语。——译者注
③这是拉丁语。——译者注
④1809年3月11日与里莫尔谈话。

胁。歌德写给蔡尔特的信这样结束：“现在我们不愿意受迷惑，并且愿意坚守在旧的本质中。”

此外还有一个方面，对作为作家的歌德影响很大，并且给他带来受到敬重的感觉：拿破仑的著作权即版权。版权法自1810年2月5日起生效，并且使得人们有义务遵循这条法规：在作者去世20年以后，经作者或者其继承人许可，人们才能翻印其作品。在德国分崩离析的状态下，匿名的翻印蔓延，与此不同的是，版权法首次有效地保护了作家们的精神财产。该法规在莱茵河左岸已经归法国的所有地区当然也生效。所以，1810年11月9日，歌德收到一封来自巴黎的信，这封信带官方抬头、用官方信札、带登记号码，该信来自皇家印刷事务负责人冯·波尔塔利斯（von Portalis），科隆的一家印刷厂申请翻印歌德的《亲和力》，这封信询问歌德，是否同意翻印。歌德把这个过程转给他的出版商哥塔，但他于11月25日还给这位皇家官员亲笔回信，以表明他对皇帝的感激之情和尊重：“作为文学家（comme homme de lettres[①]）我带着兴趣和钦佩之情看了明确的规定，通过这些规定，这位在法国带来福祉的英雄还为本地和外国的作家的财产权负责。”歌德觉得这个过程如此值得注意，以至于他在《日报和年报》中还提到它：“法国人在精神的财产这个概念和高等人与低等人享受平等权利这方面已经站得更高，（S.170）德国人不会马上就被提高到这种程度。”在这个问题上，歌德额外补充了高等人与低等人享受平等权利的观点，我们尤其要关注他的这种补充。早在1809年3月28日，卡塞尔的威斯特法伦国王热洛姆或许在莱茵哈特的运作鼓动下，亲自向图宾根的书商哥塔博士下达命令，给予由他组织策划的新版歌德与席勒作品在威斯特法伦王国为期15年的销售特权[②]。早在半年之前，歌德就在琢磨，借助达尔贝克的帮助，在埃尔福特欧洲君主会议上把“翻印事宜”变成一个谈判对象[③]。只是世界政治的布局让他放弃了初

①这是法语。——译者注

②高伊克-伊尔根，《威斯特法伦王国》（Goecke-Ilgen，*Das Königreich Westphalen*），第147、148页。

③参见《歌德与哥塔通信》，第一卷，第200页（第258号），带评论，在第三卷第一部分上。

衷。无论如何，人们必须把魏玛古典作家算作拿破仑秩序的市民受益人。德国在这个领域像是一种没有尊严的乞讨，在19世纪20年代，歌德为“其最后版本”的作品不得不在35个联邦小国中为获得单个特权而以这种乞讨的姿态苦苦抗争[①]。

1808年，普鲁士出版业退潮，这时歌德对拿破仑的印象已经固定，从此以后歌德几乎不再看政治文献，尤其被审查操控的莱茵联盟图书市场很少出版图书。与此相反，他忙着阅读世界历史概览方面的书，比如约翰内斯·冯·米勒遗赠的世界历史以及弗里德里希·施莱格尔的关于近代历史的讲座，这些讲座探讨从基督教兴起到18世纪这段时期的历史。格奥尔格·萨尔托琉斯（Georg Sartorius）从哥廷根给他寄了一篇获奖文章，他以此赢得了巴黎法兰西学院（Institute de France）的有奖征文比赛。法国科学院依据同时代的背景提出了一个历史性的问题，让参加比赛的人进行博学的解释：“在东哥特人统治时期，意大利各个民族的公共和私法的状况如何？狄奥多里克（Theodoric）[②]及其继任者的立法主要原则是什么？确定他们在战胜者和失败者之间的主要区别是什么？”[③]歌德马上就看出了这些问题与现实的关联：“关于凯旋者与战败者的比例关系这个问题当然不够重要。”[④]（S.171）萨尔托琉斯为回答正文问题而写的那本书描写了毫无意义的对异国统治的仇恨。因为哥特人和台奥多里希（萨尔托琉斯这样写这个名字）是宽厚随和的占领者，他们让罗马人在所有其权力和法律中都保留捍卫国家的责任，然而他们不是罗马人，而且也不相信法律。部分出于古老的自负，部分由于暴民般的仇恨滋生的拒绝态度，这足以在罗马人中间滋养这个真正温和的而且公正的政体。“这群乌合之众愚蠢的

①波尔塔利斯的过程被记录在《歌德与哥塔通信》中，第一卷，第217～219页，带评论，在第三卷第一部分上，第295、296页。

②狄奥多里克（Theodoric，约454—526）是东哥特人国王（471年起），488年入侵意大利，493年征服了整个亚平宁半岛和西西里。——译者注

③萨尔托琉斯，《东哥特人》（Sartorius，*Ostgotten*），第1页。

④《歌德-萨尔托琉斯通信集》（*Goethe-Sartorius*），第111页。

高傲自负和狂热主义”反对风华正茂的哥特人，他们对外保护一个古老的、腐朽衰败的民族。这也是可以理解的，因为“有教养的人的幸福不仅仅依赖其身体上的舒服”。是的，拜占庭的皇帝是“合法的帝国皇帝”。他们最后成功地重新夺回罗马的核心土地，并且推翻克哥特人的统治。然而后果却是，以前如此被好好统治的意大利变成了遥远的君士坦丁堡的一个省份，颓废的宫廷政体下不公正对待的一个省份。罗马人作为战败者那种自负的倔强没有带来任何好处，鄙夷的野蛮人成为了意大利的统治者和保护者。这种对古老历史的重新讲述——由卡洛琳娜·萨尔托琉斯翻译成法语——在巴黎受到喜爱，给她的丈夫带来此次征文的一等奖，尽管与审查官发生一些不愉快，但德文稿还是得到了歌德的赞同。

1811年2月4日，歌德在其写给萨尔托琉斯的赞美信中出色地概括了萨尔托琉斯的文章：“罗马人对温和的胜利者的憎恨、对业已绝迹的优势的傲慢自负、期待另一种状态而眼中又没有一个更好的状态、无根据地怀有希望、凭借侥幸心理行事、联系起那些无法期待幸福安康的事物，无论这些时代接二连三的不幸叫什么，这一切您都恰如其分地描述过，并且现在证明，这一切在那个时期真正发生过。”这种出色的概括读起来就仿佛一种对同时代德国氛围的描述，在这些氛围中已经有一种可以听到的声音开始在脑子里盘旋着。萨尔托琉斯然后还用渐渐被淡出的语调指明每种外族统治过程中不可避免的困难，这可能解释了为什么他与歌德之间的通信往来在此之后停滞了三年多。这位哥廷根大学的教授毕竟是威斯特法伦王国的公务员，（S.172）因此他非常熟悉所有不利情况。对于歌德而言，萨尔托琉斯的学术论文成为他将自己偏爱的一个想法付诸实施的诱因：“有人在什么地方说过：世界历史时不时地必须被改写，当今时期更有必要这样做。”[①] 当歌德写下这句话时，他早就已经开始忙于这种改写。他正在写他最重要的历史著作，即他的自传《诗与真》（*Dichtung und*

① 《歌德-萨尔托琉斯通信》（*Goethe-Sartorius*），第117页。

Wahrheit）。很奇怪的是，该著很少被理解为歌德对拿破仑时代的描述。歌德在致信萨尔托琉斯时写的那句了不起的话完全可以被用作对其自传的导读："用现代的眼睛被重新理解的过去。"

歌德在他给格奥尔格·萨尔托琉斯写信一周之前，于1811年1月29日开始提笔写《诗与真》的第一部分。他像一位专业的历史学家一样进行了准备，他与萨尔托琉斯类似，摘引了哥特人的法律和拜占庭历史学家的话，歌德使用了大量原始资料和文献、法兰克福的城市历史和家庭纪实、法学的学术论文和对18世纪的时代历史描述、（S.173）晚期文学史的资料汇编。除此之外，歌德还得询问请教尚健在的同时代的人，而且——通过贝蒂娜·布伦塔诺——追溯他已故母亲的口头回忆。《诗与真》从一开始就没有被设计成主观的回忆性作品，而是被设计成自传性质的历史撰写，带有研究性质的作品。以"作者的宗教信仰"结束的《色彩学》明确地认定这一观点：对于歌德而言，传记是历史学的自然叙述单元。《诗与真》的前言明确宣告了时代历史的背景："我们必须尤其注意那些大规模的政治运动，这些运动对我和同时代全体民众产生深远的影响。"① 最初的读者也感知了这种观点，没有谁比雅各布·格林（Jacob Grimm）概括得更美。1811年11月1日，他给阿尔尼姆写信，评论了《诗与真》的第一部分："叙事、彻底、历史的特征总是被广泛地引用，附近消逝的天空湛蓝色，人们移动得越远，就越芬芳。……整个加冕的庄重被特别地叙述，关于加冕典礼和七年战争完全被给予一幅纯粹的、历史的画面。"② 一位历史学家卡尔·路德维希·冯·沃尔特曼（Karl Ludwig Woltmann）在1815年1月一份关于《诗与真》的长篇书评中发现了最好的简洁表达：《歌德与他的世纪》（*Goethe und sein Jahrhundert*），他通过指明歌德纪念温克尔曼的文章来评价这部自传性的作品。

---

①《诗与真》（*Dichtung und Wahrheit*），克劳斯-戴特莱夫·米勒（Klaus-Detlev Müller）主编，第13页。

②博德（Bode），第二卷，第537页。

在第一部分中有一个主题让歌德根据现实的经验对一种历史素材的"改写"变得特别明显：那是一段插曲，法国皇家中尉托兰（Thoranc）在他父母家位于鹿沟（Hirschgraben）附近的房子中驻扎。法国人安营驻扎是那些年来德国大众的命运，我们在讲述过程中已经常常听说这种情况。用详细的引文来证明相似的情况显得多余。歌德在《诗与真》的第二部分中写道："始料未及的、从未有过的负担极大地压迫着原本惬意的市民们。"于是，1811年的每个读者都知道这是指什么，而且每个人都理解这句话的背后含义："这个负担给父亲带来极大的烦恼，他得把陌生的军队占领者领进他刚刚盖好的房子里，允许他们进入他打扫得干干净净的、大多关闭的考究房间，（S.174）要把他习惯整理和管理得井井有条的东西白白送给外人，任由他们任意专断地使用。"[①] 歌德的叙述表现了在这样一种情况下的行为可能性：一方面是母亲和孩子们善良的、友好的和开朗乐天的态度：他们学习法语，接受中尉赠送礼物和冰点，潜入法国戏剧的世界，学习外国的生活方式和文化。而父亲忍受士兵们使人委屈和倔强的态度，他只看到不合理，坚持其政治立场，自己和别人的生活都变得很痛苦——这完全没有必要，因为这位法国军官举止优雅，这家人本来可以认为自己是幸运的，能在家里有这样一位高贵的客人。1820年的几行诗证明了，由此说出的政治道德对歌德而言有多么重要：

请你给予一个市民生活的标准！
在此，
在和平中，
每个人回到其门前；
被攻打，
被打败，

① 《诗与真》（*Dichtung und Wahrheit*），第94页。

人们忍受着驻扎安营。[①]

托兰插曲在《诗与真》的一开头就以示范性的明晰描述了一种情形，为了这部如此隐秘的著作与同时代的关联，这种关联被以更高程度编成译码。当第三部分在1814年5月6日——在炮兵部队占领巴黎一个月后——终于出版时，歌德在短时间内不仅呈上了一份自述，而且还有一个篇幅很大的对最新时代历史的评论。最后，当然，从某种程度上来说，他以上自述和评论来得还是太晚，因为法国人的时间以及与之相联系的历史问题本身已经成了历史。在第12卷中一个对爱国主义的批评性点评说明，歌德多么敏锐，总是对最新的现象做出最初反应。他认为，这种爱国主义其实就是对独立的需求，这种需求“总是在和平中产生，而且恰恰在人们不独立的地方。在战争中人们尽可能忍受粗暴的暴力，人们大概感觉自己在身体上和经济上受损害，但在道德上并没有受到损害；强迫没有使任何人感到羞耻，为时代效力也不是什么该辱骂的工作。人们习惯了忍受敌人和朋友的痛苦，人们有愿望而没有思想”。这也表达了拿破仑战争时代一种日常生活的体验。（S.175）歌德同时也多次展示面对民族情绪的怀疑态度，这种怀疑态度是被证实的，他认为民族情绪是抽象的和不可信的。

歌德是否当时搁置了《诗与真》，是否很晚才写完第四部分，这还尚未确定，因为这一段涉及尚健在的人，尤其是卡尔·奥古斯特，这就足以成为歌德矜持低调的理由。歌德无论如何主要把其描述的时代历史迫切性隐藏在表面之下，这样，它就从未达到效果。我们的历史叙述在此无法承担必要的、详细的、语文学的阐明。概括性的指明肯定足以启发读者自己去发现。我们已经提及最美的发现，即11岁的歌德参与了《布里坦尼库斯》（*Britanicus*）的演出[②]。

假如我们把《诗与真》看成历史撰写作品而并非仅仅看成自传性的教育小

---

①歌德，《按照时间顺序的诗歌》（*Goethe，Gedichte in zeitlicher Folge*），第952页。

②《诗与真》（*Dichtung und Wahrheit*），第121和第174页。

说，那么，这部作品涉及什么内容呢？它描述了从德意志帝国到德国文学的道路。这个古老的王国日暮途穷，走向了终结，它证明自己已经被掏空而且丧失了行动能力，同时，在仅仅一代人内产生了新的、伟大的德意志文学。这个漫长过程的主人公是弗里德里希大帝（Friedrich der Große）和歌德，小说中的第一人称“我”。他们是这段历史的卓越人物。弗里德里希主张分裂，这种分裂最终使这个早就老迈羸弱的王国丧失了活动能力。争执最终延伸到帝国城市法兰克福市民的家庭生活中，而法兰克福市民中有的是支持“德国佬的”[①]；但还有人支持拿破仑皇帝。歌德孩提时就第一次了解到那种干扰重要的人际内在联系的派系思想[②]，这种派系思想也使他后来在法国大革命的问题上迷惑不解，他被搞糊涂了。青年歌德亲身经历了1764年国王加冕仪式上普鲁士公使普罗托（Plotho）的挑衅态度，在这种态度中，弗里德里希仇视王国的态度在法兰克福的舞台上也变得明显。尽管这一切，这位伟大的国王却是德意志文学的资助者之一。“第一次，真实的、更高的、真正的生命内涵通过弗里德里希大帝和七年战争的行为进入了德国的诗歌艺术。”[③] 人们不可能比这更郑重地说这件事了。（S.176）

我们在约翰内斯·冯·米勒1807年1月在柏林科学院的讲话中就已经能够断定，不仅对歌德而言而且对其他同时代人而言，普鲁士国王这个人物能够成为和拿破仑沟通的话题。人们当时就对比这两个人物。而他在反对拿破仑的起义中恰恰在普鲁士赢得了局部的特征。既然歌德在《诗与真》中勾勒出一幅受弗里德里希影响的画面（人们不应该把这与此人的肖像画混淆起来），那么，人们在其中也可以认出对历史意义的探讨，这种探讨允许新的思维。而歌德在此的不偏不倚态度引人注目。这里丝毫看不出歌德早年对弗里德里希的敌对态度，即在歌德撰写关于德国文学和1780年左右卡尔·奥古斯特的君主联盟政策

①尤指英国人对德国人的贬义称呼。这里指反对拿破仑皇帝的德国人。——译者注

②这里的“派系思想”是指一定要站在亲法或仇法者的一边。——译者注

③《诗与真》（*Dichtung und Wahrheit*），第306页。

的文章那个时期。对于歌德而言，弗里德里希的历史意义是一个不争的事实。但这种意义产生的影响是矛盾的。除了在文化上取得的硕果这一面之外，正如莱辛的《米娜·冯·巴尔海姆》（*Minna von Barnhelm*）显示的那样——这是一部和平的戏剧，但倘若没有国王的几次战争，该剧也是不可能上演的——还有一种破坏力量，歌德作为大学生在莱比锡时以及在拜访德累斯顿时，这种破坏力都毫不掩饰地呈现于他的眼前。被盘剥榨取的萨克森即便在七年战争过去三年后还远远没有从后续的影响中休养过来，甚至还没有熬过“过于自负的普鲁士人”造成的损害。歌德这个在“德国佬”的氛围中成长起来的年轻人学会了，关于弗里德里希，人们完全可以有不同的想法。这种面对弗里德里希大帝训练出来的、观察的客观性使我们可以更好地理解歌德对拿破仑的态度。歌德以冷静清醒的态度认识到拿破仑的残酷，并且把这种残酷理解为其天赋的一部分。指明福音新教的德国的这位民族英雄身上一种相似的矛盾，这在1812年左右是重要的一课。

《诗与真》同时还给古老的王国写了一份悼词，它是对拿破仑的扬弃而不是彻底否定。这在很早以前就已经发生了，尤其通过弗里德里希大帝及其战争。歌德在叙事方面高超地描述了在法兰克福举行的加冕仪式，（S.177）他在这种描述中用一个刚处于恋爱中的、初出茅庐的作家——刚15岁的第一叙述者——的眼睛展现了这些古老仪式的空洞和无意义，这勾勒出从德意志王国向德意志文学过渡的轮廓，这个过渡处于《诗与真》的背景中。漫不经心地进行讽刺的普鲁士公使冯·普罗托和那个处于青春期的、经历了政治的化装节的男孩儿，他们在这一幕中是代表未来精神的兄弟。过去——加冕的五颜六色而且过时的设施、关于玛丽亚·苔雷西娅和弗兰茨皇帝的逸闻趣事、对于法兰克福的胡同而言太宽大的豪华马车、超越年轻的罗马国王头顶的中世纪的王冠（这王冠使他和他昔日的父亲一样成为“查理大帝的幽灵”）、加冕宴会上空空的餐台、实在老掉牙的游艺活动、狂欢节般的耗费——被以一种明显的文学艺术技巧描述，人们可以毫不夸张地说：《诗与真》的第五卷就在读者的眼前导演了从垂死的王国向德意志正在兴起的文学的情景更替。对于1812年左右的读者来说，可以由此得出什么结论呢？德国早在拿破仑来之前就已经丧失了其王国，用来换取该王国的没有比这更糟糕的了：歌德。这个古老王国的终结早就是天定的，这让一个预示不祥的细节额外地、命中注定地出现：在1764年的加冕仪式上，在法兰克福的罗马人广场系列皇帝画像中就有一个空缺的位置。此外，“皇帝”这个概念难道没有通过拿破仑的出现而获得一种全新的内容和要求吗？歌德的“皇帝”可真是一位皇帝，他并非“幽灵”，恰恰这个词按照对照的方式指明了1800年左右的现实，带着他们体现政治现实的世界统治者。

书中关于维茨拉（Wetzlar）的那些段落然后又以升华的方式第二次导演了德意志帝国与德意志文学的对照：“现在，在这里，神圣罗马帝国再一次聚集在一起，不仅为了隆重场面，而且还为了一种蔓延到最深处的活动。在此我也禁不住突然想起加冕那一天那个空了一半的餐厅，受邀的客人一直在外面，因为他们太高贵了。”[①] 在这里进行的怪诞的、官僚主义的空转构成了《少年维特之烦恼》爱情故事的背景，这个爱情故事成为新的德国文学第一部世界级的成功作品——（S.178）就是新的法国皇帝拿破仑与这本书的作者在谈话时详细探讨过的那部作品。

歌德上升为德国的重要诗人，其政治前提恰恰不是德意志帝国，而是诸多小公国之一，人们把该帝国的昏庸无能归罪于这些小公国。这部著作的第15卷书明确地涉及这一信息，在这里谈到了他第一次与卡尔·奥古斯特的联系及其魏玛宫廷。当歌德在法兰克福第一次等待他未来的君主时，公爵的桌子摆放着尤斯图斯·摩伊泽尔（Justus Möser）的《爱国主义的幻想》（*Patriotische Phantasien*），书还没有被剪开外包装。歌德可以非常清楚地介绍这本书，因为他已经了解了这本书，并且介绍了作者的一个重要思想：“如果人们指责德意志

① 《诗与真》（*Dichtung und Wahrheit*），第586页。

帝国的四分五裂、无政府状态和昏庸，那么，根据摩伊泽尔的观点，恰恰是大量的小国家显得是极其受欢迎的，旨在个别地推广文化。”[①] 但这可是德意志精神繁荣的一个结构条件，这种精神繁荣在拿破仑统治的现今还依然存在。

在这种格局中，《诗与真》中另一个核心主题才赢得了其现实的意义：与法国文化的关系。不仅仅在关于施特拉斯堡的那些段落中——提前指明了一种完全不同的、时尚的主题，对中世纪浪漫的爱，而是在这以前就在关于国王中尉的那几章中，但尤其是在献给文学史的第七卷中，歌德描绘了法国占有优势的文化与文学的吸引力：“自从大约两个世纪以来，德国人就在一种不幸的、动荡混乱的状况中变得粗野，他们向法国人学习，为了变得有良好的举止。”[②] 结论就更加值得注意：歌德及其那一代人决定反对法国，尤其在莎士比亚的印象下。当然，法国通过伏尔泰扮演过的世界角色创造了一个样板，歌德描述这个样板就像谈论他自己一样。但这并没有改变在文化上与法国人保持距离的态度：“我们觉得他们的生活方式太一成不变，太高贵，他们的文学作品太冷漠，他们的批评是毁灭性的，他们的哲学是深奥难解的却又是不充分的。”[③] 歌德创作塞森海姆诗歌这段插曲的情感类型就来自英国，来自奥利弗·哥尔德斯密斯（Oliver Goldsmith）[④]的《威克菲尔德的牧师》（*Landpriester von Wakefield*）[⑤]，而不是来自同时代的法国文学。（S.179）

《诗与真》在历史学的改写中纯粹探讨拿破仑统治晚期德国内的问题：从驻扎安营的实际道德精神问题、德国人与法国文化的关系到帝国的终结再到对重要历史意义的追问，连同其对文化的破坏性和促进性作用。歌德的这种禀赋很神奇地符合他对反复地反映的天赋，而又完全没有在教育意义上歪曲素材。

---

①《诗与真》（*Dichtung und Wahrheit*），第700页。

②《诗与真》（*Dichtung und Wahrheit*），第284页。

③《诗与真》（*Dichtung und Wahrheit*），第536页。

④奥利弗·哥尔德斯密斯（Oliver Goldsmith，1730—1774）是英国散文家、诗人、小说家、剧作家和怪杰。——译者注

⑤该作是哥尔德斯密斯1776年出版的小说。——译者注

最后，由此得出真正的德国的重要意义和真正的德国职业的庄严结局：文学与艺术，它们得以在这种历史危机的背景下发展。而实际上由此得出什么后果呢？在政治的光线下观察，《诗与真》包含对德国人的提醒：不要把他们的精力挥霍到虚假的——在抽象的意义上爱国主义的——目标上，而是以“良好的举止”适应占领现状和外来霸权，并且思考着自身的强大优势，即“在个人身上体现的文化”。现在看来，《诗与真》作为文学作品过于游戏性，也过于意味深长——歌德的语气从来没有像在这里这样如此通晓人情世故——为了能够通俗的表达。这部在许多含义层面上进行描述的作品更多地展现了一种态度，而不是宣告一种信息。它巧妙地处理经验，就像它创作传记一样。它用半热心的、半冷静客观的幽默向激动的年轻人讲述昔日的类似经历。它在此展示了对传统和自己的事物的一种爱，这种爱完全没有应付得了对外国人的仇视，而且这种爱完全富有尊严。是的，这部作品还涉及凯旋者和战败者——可是，我们会称《诗与真》的叙述者是一个失败者吗？他超越了那个瞬间，他把这个瞬间完全直观化。示范性的历史撰写很少比在这部著作中更细腻、更丰富。

在《诗与真》内涵非常丰富的敏捷灵活表述中，与直接的现实关联最多的当然来得太晚。拿破仑统治的时期冲向了其末日，在那段时期，它再一次像在多年以前一样吞噬了如此多人的生命。1812年1月27日，莱茵联盟的君主们收到皇帝保护者的一份通函，它要求他们在2月15日就准备好其按照配额招募的士兵，同俄国打一场迫在眉睫的战争。（S.180）在德国，人们的情绪达到了最低点，观察员事先就注意到了这一点。对此我们不必引用民族主义的煽动者说的话。拿破仑的胞弟，即威斯特法伦的国王热洛姆在1811年12月5日描写了法国政体毫无前景的局势，这个政体由于自己的过错而在德国失去了好感。到处都在酝酿着，在战争状态中，人们不得不考虑到起义和仿照西班牙模式的游击战。按照热洛姆自己的说法，他并不喜欢德国人，他却提出了关于人们不满意的若干令人信服的理由：“这些危险运动不仅是出于对法国人的仇视，也不是出于摆脱异族桎梏的不耐烦心理。这更多的在于时代的不幸，在于所有等级的全面毁灭，在于税收和战争负担的增加，在于部队的给养，在于士兵穿越行军，在于各种各样大量不愉快行为的不断反复。民众已经没有任何可失去的了，因为他们被剥夺了一切，而这些民众的绝望是可怕的。”[①] 这段描述是在拿破仑征战俄国之前撰写的，这次征战造成数万名德国士兵丧生。

这场即将开始的大规模战争也改变了魏玛的局势。魏玛公国现在得到了一位公使，他来自法国，负责萨克森所有公国的事务。这位有教养、精通艺术、聪明的圣艾尼昂伯爵尼考拉斯·奥古斯特（Nicolas Auguste de Saint-Aignan，1770—1858）应该首先通过他与沙皇王室的联系监督可疑的魏玛王室，但他也关注德国文学。巴黎的外交大臣明确希望得到关于德国新出版作品的专门介绍。圣艾尼昂精确而迅速的观察力由此得到证明：他立刻看透了魏玛的人际关系：他觉得卡尔·奥古斯特有些捉摸不透，可能怀有敌意，特别是他被米夫灵这种可疑的人物包围着，公爵指望早晚被罢黜。与此相反，沃伊格特是忠诚的，圣艾尼昂伯爵立刻就看出，沃伊格特是完全没有危害的，这个判断与以前法国密探对他的抹黑截然相反。圣艾尼昂伯爵估计，“歌德按照自己的意愿远离政治事务，并且担心，他与公爵的亲密关系会违背自己意愿地把他牵扯进去。”（S.181）歌德“完全退回到他的文学创作中，退回到剧院经理工作上，这让他十分忙碌”。[②] 毫无疑问，歌德与这位皇帝的代办保持友谊，也作为自己在特殊时期的一种保护。这位伯爵是“他的”皇帝的代表，还是歌德在魏玛的好邻居。人们已经没有什么更多奢望了。圣艾尼昂伯爵甚至在他第一次到宫廷赴命之前先到了歌德在弗劳恩开阔地旁的住所。只要歌德在魏玛，他们就会密切地接触，他们喜欢选择周日上午，多次见面，这时，歌德就会让这位法国外交官和米勒男爵展示他收藏的铜版画和纪念章。1812年8月22日，歌德给这位法国公使的信中给这种见面的精神命名：“当诸多其他的想法令人们产生分裂的

---

①基尔希艾森，《君主致信拿破仑》（Kircheisen，*Fürstenbriefe an Napoleon*），第二卷，第283～285页。
②PB3，第108号（1812年3月19日）。

时候，是科学与艺术将他们又团结在一起。”（Ce sont les sciences et les arts, qui reunissent les hommes, quand tant d’autres considérations ne peuvent que les diviser.[①]）。在这里也体现出歌德对政治讨论永远保留意见，这种讨论会破坏合群的状态，产生偏袒一方的意识。但在这些谈话中，歌德热情好客，从整体上为魏玛赢得好感，这是出于政治目的的。1812年2月13日，歌德在致信莱茵哈特时通报了圣艾尼昂伯爵到达魏玛，歌德称他是一个“让人感到舒服的、严肃而安静的人”，他还亲笔并且亲密地补充一个请求，请求对方提供一种政治的建议。歌德写道，他认为，“一切都取决于，人们以军队的安排表现出唯命是从的和勤勉的心理，然后，剩余的事情就都迎刃而解了。假如您时不时地给我一些示意，那么我就会更好地利用它们。我虽然摆脱了那些事务，但通过一些了解和良好的意愿，有些事情是可以操纵和促进的。”当然问题是，如果材料已经交上，人们还希望得到哪些好处。莱茵哈特5月16日的回信听起来有些消极，有些听天由命：“然而您所说的唯一能做的就是，在余下的时间里听凭皇帝或者上帝的安排。已经再也没有什么策略了。即便对于那种领导一切的政治而言，这都是座右铭：顺其自然，但是不断继续。”这已经描述了在俄国一触即发的灾难强度。

但在歌德同公使之间的交流中，（S.182）我们还可以断定放弃政治的第二个例外。圣艾尼昂伯爵就1812年的莱比锡复活节博览会提供了第一份也是唯一一份由他要求的关于现实的德国文学报道。他把注意力集中在浪漫派的作家上，即亚当・米勒和弗里德里希・施莱格尔上。圣艾尼昂伯爵认为，这两位作家同情天主教——他特别提到了施莱格尔的谈话——他们生活在维也纳，在莱茵联盟的审查法以外，他们是古老阶层统治的追随者。他说，根茨对亚当・米勒的深远影响是明确无误的。在他们的文学创作中，他们摆脱了古典的常规作品。它们追求感人和神奇。他们的众神是莎士比亚、卡尔德隆和但丁，即非古

①这是法语。——译者注

典主义的作家。除此之外他们还接受了德国中世纪文学作品及其民歌。这服务于反对所谓对德意志民族的压迫贬低、德意志民族所谓的堕落与失去价值的政治（du prétendu avilissement de la nation allemande et de sa nullité politique[①]）目的，因此，法国文学也遭到鄙夷轻视。他还特意提及歌德高度评价的施莱格尔关于近代历史的讲座，在该系列讲座中，施莱格尔声称，路德的宗教改革是德国皇权衰落的主要原因。这些政治的和审美方面的概括——这对一位追问文学作品与哲学的政治关联的外交官的视野来说是完全客观的——表现出对歌德同期作品很多相似的观点，人们几乎无法想象，他在此没有作为给予提示词的人发挥作用。圣艾尼昂伯爵认为，尤其有一个细节是有泄密作用的：这两位新的德国作家展示了，所有人“都把命运当成行动和人的变迁的主要动机”。这在魏玛变成了一个重要的主题，尤其通过浪漫派的命运戏剧得以实现，主要代表查拉西亚斯·维尔纳（Zarachias Werner）很有成就，歌德让人上演过他的戏剧作品，而且歌德很长一段时间都会与他共同进餐。拿破仑的公使能用批评的态度评论命运戏剧，这是一个更大的讽刺，人们想要推测，在这讽刺的背后肯定是歌德在起作用。或许，歌德当时已经达到巅峰的反浪漫派的情绪——恰恰在这几周内他创作了极其具有反对天主教的《以弗索的戴安娜》（*Diana der Epheser*）——让他直接从弗劳恩开阔地找到去法国外交大臣写字台的路[②]。

1812年3月，（S.183）魏玛又有了军队驻扎安营，歌德也没能幸免。这一年他在4月30日就开始动身前往卡尔斯温泉镇了，在旅行途中，他在所有地方都遇到拿破仑想率领攻打俄国的庞大军队。5月1日，身穿深棕色和黄色制服的意大利部队出现在军营大院中，这些制服在刚被播种的农田辽阔的背景下形成了一幅美妙的画面，伴随意大利部队的有庞大的辎重部队，歌德的妻子克里斯

①这是法语。——译者注

②关系文本参见菲舍尔（Fischer）：《歌德与拿破仑》（*Goethe und Napoleon*），第193～195页。在卡尔·奥古斯特的政治通信中有圣艾尼昂伯爵的所有其他报道，这篇极其有趣的文章罕见地没有被收录。（这句话的意思是，歌德的反浪漫派的态度影响了这位法国公使对德国文学的认识。——译者注）

蒂安娜在5月2日的这封信中描述了这些辎重部队："150辆车从这里经过，每辆车都由两头公牛拉着，就像人们在意大利看到的那样，这些车的轮子和架子很重而且很老旧，上面放着很大的木头箱子，但平整地码放着，公牛有灰色的、灰黄色的和带有斑点的……还配有战地锻造厂，这些全都由身穿棕色制服的士兵护卫。"与此同时，卡尔·奥古斯特不得不前往德累斯顿，在那儿，法国人的皇帝拿破仑召集其联盟者，其中还有奥地利皇帝。5月20日，公爵在德累斯顿与拿破仑进行了一次长谈，拿破仑现在对沙皇的这位亲戚比以往任何时候都表现出更多的礼貌和关注。这位皇帝首先以俄国不愿意维护大陆封锁并且以关于波兰的意见分歧为自己辩解。卡尔·奥古斯特建议，让魏玛王储的夫人玛丽亚·鲍洛夫娜尝试最后的和平调解，拿破仑并没有听他这个建议。埃尔福特的政治彻底失败。拿破仑的威胁是很严峻的："如果我被打败了，那么，战争就会很漫长而且很可怕。"[①] 四个星期之后，大部队（Grande Armée[②]）越过涅曼河（Njemen）[③]，进入俄国境内。

一方是拿破仑的欧洲，另一方是与英国结盟的俄国，二者之间一触即发的世界战争成为歌德在拿破仑统治时期写的并且马上就发表的唯一一首政治诗的时代历史背景。这首诗是在卡尔斯温泉镇写的八行诗，献给法兰西皇后玛丽-露易丝，奥地利皇帝的女儿，1810年拿破仑娶了他。这首八行诗是一个诗歌三部曲的一部分，在1812年6月的第二周，歌德接受卡尔斯温泉镇市民的委托，为迎接即将到达的奥地利皇帝、他的妻子玛丽亚·鲁多维加以及皇帝的女儿玛丽-露易丝——她是皇帝与之前的妻子生的女儿，与她的新任继母几乎同龄——而创作了这个诗歌三部曲，它们应该为欢迎皇帝陛下及其家人服务。也就是说，（S.184）我们现在谈论的这首诗与宫廷的即兴创作诗歌有关，与华丽的委托作品有关。这些诗行延续了歌德两年前用以向玛丽亚·鲁多维加表达崇敬心情

①PB3，第112号，第153页。

②这是法语。——译者注

③涅曼河（Njemen）是白俄罗斯和立陶宛之间的河流。——译者注

的组诗。但基调和文体风格都发生了变化。他的诗歌并非面对一个人而是三个人，为此他这一次统一使用了诗行韵脚。歌德选择了八行诗形式，即源自意大利文艺复兴时期叙事长诗的著名的“八行诗节”（Ottava Rima[①]），歌德只在最隆重的场合下，比如在《原始话语，俄耳甫斯的》（*Urworte，orphisch*）中才使用这种诗歌形式。适度的短长格节奏和交叉的韵脚，这些韵脚仅仅在几个诗节结尾的诗行中直接成对出现，这种韵脚确保了符合这一起因的一种庄重的高亢音调。献给皇帝的这首诗首先庆祝其伟大的、繁荣的帝国，该帝国在他的统治者眼神下繁荣昌盛，但这首诗然后赞美卡尔斯温泉镇这座好客的城市，在这座城市里，自然和艺术带来福祉安康，二者融合在一起：

神递到市民手中的是什么，
假如君主宠爱并保护它，
那么它就一直是一种牢固的人生，
在这个人生中，儿子跟随父亲拥有，
几代人最大的痛苦
繁荣并且生长直到最后一天。

最后的诗节是：

因他那温和的眼神而激动
从未逃脱我们的一团圣火，
正如人们了解夏季的力量一样，
当秋季硕果累累时，
当他和我们分离时，

①这是意大利语。——译者注

他给予我们的福赐得以展现；
在最幸福的时刻，
但愿这座小城市成为伟大帝国的譬喻。

在献给玛丽亚·鲁多维加的那首诗中，歌德用一种中世纪骑士向贵妇表达爱慕之情时采用的元素强调了土地富饶、统治者仁慈的阳光和市民赋予的和谐，（S.185）整个大自然都把自己纳入这种爱慕之情中：

僵硬的岩石，它似乎还在躬身
在您的尊贵面前，陛下；
氏族们在轻轻摇晃，在所有的枝干上
您的妩媚在周围舒缓而轻声地吹；
把它们的头埋在草丛里的鲜花
打量着抬起头，或许在您行走的地方？
所有忠于您的人心
与播撒您的花瓣的灌木丛比赛竞争。

这些描写自然和政治和睦的画面——王室的父亲、母亲和女儿的家庭和谐使这些画面登峰造极——为该组诗中第三首最短的、但也最有意义的那一首展开了舞台，这首诗是献给法兰西皇后的，但其实内容涉及拿破仑。汉斯·玛克努斯·恩岑斯贝克（Hans Magnus Enzensberg）称这些八行诗为“传统的宫廷诗歌”，具有“谦卑恭顺的、冷漠的和平淡的诗节”[1]。实际上我们可以看出这些被打磨得毫无缝隙的语言形象是极为平淡的，而为了譬喻而被升华了的画面可能会给人冷漠的感觉。但外行就会在此认识到一种法兰西第一帝国时期流行

①引自塞格布莱希特，《即兴创作的社交诗》（Segebrecht，*Das Gelegenheitsgedicht*），第312页。

的文学风格的辉煌的例子，或许是德语语言中唯一与拿破仑时代的宫廷绘画相匹配的等价物，用诗行表达的大政治。

这首诗从宇宙的上面即星空下开始写。拿破仑与哈布斯堡公主的婚礼作为震撼宇宙的事件得以描述：

> 当人们看到最美丽的星辰照亮黑夜，
> 那么眼睛就像心灵一样消除疲劳；
> 然而，当梦寐以求的时刻来临，
> 一颗壮美的星辰移向另一颗，
> 有近亲关系的光线相聚为伴，
> 于是每个人都驻足观望，极度欣喜：
> 如是，当我们的目光转向上方时，
> 就被陛下的联合强烈地吸引。
> （S.186）

在第二个诗节中，诗歌沉向大地，沉向历史的世界。他在诗中回忆了玛丽-露易丝通往法兰西的路——这是一次越过莱茵河的旅行，与玛丽-安奈特的那次前往未来国王路易十六的旅行类似，歌德在《诗与真》的第九卷中根据他在施特拉斯堡的亲身经历描述了玛丽-安奈特的那次旅行，而歌德恰恰在写卡尔斯温泉镇的三首诗歌的同时还在认真地写《诗与真》第九卷。只不过她的此次旅行是她作为玛丽亚·苔雷西亚的女儿在更幸福吉利的征兆下进行的旅行，这样，一种闪烁着钻石般光芒的彩虹作为《圣经》的和睦标志与天空联系起来，把历史的世界同宇宙联系起来：

> 我们还在想着，您如何动身启程，
> 父母的兴致，优美的和平的新娘；

莱茵河高贵的波浪已经俯身，
莱茵河两岸在亲密地微笑。
这样大地为苍穹而喜悦，
那片由彩色的珠宝建造起来的苍穹，
当它已经在我们的眼前消失时，
它宣告着和平。

第三个诗节专门描写法国及其最新的历史。一个人，拿破仑结束了革命的黑夜，而且现在通过与女公爵结为伉俪而建立了保障，又像以基督教的语调——“一切都已经被完美结束”——所声称的那样：

在新的帝国里，数百万人的惬意迎接您，
他们从黑暗的夜中
又重新翘首仰望健康的白昼，
再一次为了稳定的人生而清醒。
每个人都感觉到他的心在平稳地跳动，
并感到惊讶，因为一切都已经完美结束，
优美的新娘，丰富的生命——
那一个人解决了迷惑数千人的问题。

我们在本书第二章中已经解释了本诗第四个诗节的背景，即本大陆的世界君主秩序，本大陆作为稳固的陆地王国与海洋处于争执中，（S.187）我们在第二章中还追溯了一种可能的影响：

他在最明亮的精神之光中忽视了
忧郁的几个世纪思考的问题，

所有的狭隘都统统流走，
只有海洋和陆地在这里有分量；
一旦海洋被夺去海岸，
自负狂傲的海浪冲破海岸；
那么牢固的陆地就用明智、用权力的较量
融入其所有的权利。

现在，通过一个继承人巩固并且持久地确立了这种历史意义。帝国还有那种家庭的幸福——这比所有的战争成果都更重要——整个卡尔斯温泉镇组诗都在谈论这种成果。

虽然这位英雄成功地取得了这一切，
命运选择他为宠儿，
首先用一切纠缠他，
是的，比诗人歌颂得更加丰富！——
迄今为止他还缺乏至高；
现在，帝国可靠而完整。

拿破仑的儿子成为罗马国王，这样一来，罗马这座历史上第一个伟大的和平王国就成了今天新的和平守卫者。父亲与儿子就像奥古斯都大帝一样，在经历了一个战争时期之后关闭了罗马神话中守护门户的两面神神殿：

这个人也足够高贵，
· · ·
罗马本身被选定为守护者。
女神回到她国王的摇篮，
再一次思考着世界的命运。

儿子身上令父亲喜爱的地方，
是不是所有胜利的奖杯呢？（S.188）
您将一起享受幸福，
用温和的手关上守护门户的两面神神殿。

玛丽-露易丝在诗歌中作为母性的和平女神出现，作为圣母出现，而达到高潮的结尾诗行把法国人的皇帝描写成一个促进和平的人。诗人在最后的八行诗中三次提及拿破仑的儿子，这给这个华丽的诗歌文本披上了一种神秘的、同样异教徒的和基督教末世论的面纱，这又让人想起了奥古斯都时代：因为在这里，很难不想到维吉尔的第四首田园诗中带来幸福吉祥的男孩儿，这个男孩儿结束了战争连绵不绝的人类铁器时代，引来了一个和平而富饶的黄金时代。在维吉尔的作品中这样写着：“他将统治地球，他父亲的力量使地球得到和平与安宁。”（pacatumque reget patriis virtutibus orben[①]）这首诗的宇宙画面汇入了政治的神学中。然而结尾的诗行是一个提醒，这种提醒本身在这首诗于1812年7月2日公开时并不是徒劳的：俄国的征战刚刚持续一个星期，而拿破仑首先到达了波兰的威尔玛（Wilma）。

您，当时作为新娘来到这里，
按照众神的方式成为传授者，
作为怀抱儿子的母亲闪闪发光，
促进新的、持久的联合；
当世界在黑暗中恐惧时，
您使天空放晴，露出永恒的阳光！
通过您我们被赐予这最后的幸福——

①这是拉丁语。——译者注

能够渴望一切的人也想要和平。[①]

这些诗行篇幅很长的、很有分量，这也是歌德在拿破仑统治时期关于拿破仑的唯一、直接、公开的话。因为歌德所有其他关于拿破仑思考和说过的内容都一直保留在小范围内，局限在谈话伙伴和收信人范围，这些内容大多在歌德去世后很久才向读者公开。但他很快就传播了卡尔斯温泉镇八行组诗，首先是在一个单行本中，然后又在报纸上翻印，（S.189）比如在哥塔的《给有教养的阶层的晨报》（*Morgenblatt für gebildete Stände*）中，在这组诗写完四年后，即在拿破仑倒台后，还出现在当时增印的新版本中，在这里，它们和1810年献给玛丽亚・鲁多维加的诗歌一起被汇编到这个标题下：《以卡尔斯温泉镇市民的名义》（*Im Namen der Bürgerschaft von Kalsbad*）。同时代人不大接受歌德这组诗。在四年之后，蔡尔特听到读者的谩骂，因此，他很高兴终于能在这个版本中读到这组诗了（后来他对这组诗赞赏有加，这种赞赏有些夸张）。阿尔尼姆与歌德吵翻了，他说那些关于陆地与海洋的几行诗。说明歌德是“大陆体系的歌唱者”。多洛苔阿・施莱格尔（Dorothea Schlegel）同样指责这组诗的思想和诗行：“假如他不是被迫写这些八行诗的，那么，我请求上帝，原谅他写了它们。”[②] 然而，假如我们在读这组诗的同时还阅读此时正在创作的历史著作《诗与真》，那么人们就不会否认，由此得出的政治幻景是非常了不起的。歌德的这组八行诗让一种奥古斯都大帝的秩序为欧洲突然显现，这种秩序不仅确保稳定与和平，而且还给保护德国文化做了一个很大的框架。现实中的这对人即歌德（歌德完全按照古典主义的方式）和拿破仑，奥古斯都大帝和诗人难道不正遵循弗里德里希大帝的过去吗？这大概是对歌德总是挂在嘴边的“他的皇帝”最果敢的和最广泛的意义。然而，比方说拿破仑想在威斯特法伦赢得德国

①文本参考MA，第九卷，第60～66页。

②博德（Bode），第二卷，第566、570页。

人的进步、现代性和成就，该组诗就几乎不起任何作用。这组诗涉及和平与文化，并不涉及《拿破仑法典》，也并不涉及在法律面前的平等。

歌德在1812年8月14日致信冯·施泰因夫人时，几乎为他创作给皇帝诗歌而道歉，而他又不能以任何方式回避这个任务。歌德写道，这个任务“是值得深思的，是很艰难的”，因为他“要求最大的自由的创作中还应该考虑外交事务”。尤其棘手的是面对奥地利皇帝和皇后夫妇赞美拿破仑，他们只是出于盘算的政策而与拿破仑这位法国的独裁者联姻，而他们内心里是不痛快的。这样，恰恰在献给玛丽亚·鲁多维加的那首诗中，必须理所应当地回避任何政治隐晦，甚至不能影射敌视拿破仑的想法。（S.190）反正娇嫩的而且洒脱大方的皇后没有到卡尔斯温泉镇去，这样，在那里就用上了三首诗中的两首。但是歌德被卡尔斯温泉镇叫到台普利茨，他可以在那儿亲自为皇后朗诵整个组诗。这一次，歌德被这位女君主拉到她的个人圈子里，歌德在三周之内11次接受她共同进餐的邀请——偶尔还与卡尔·奥古斯特共同进餐，他已经在前一年成为玛丽亚·鲁多维加的朋友——参加她纯粹游乐的夏季圈子。据说，甚至还上演了歌德正在润色的、皇后非常喜欢的戏剧。歌德在度假的这些日子里陷入了一种独特、狂热、由对君主的崇敬和情爱魔力组合而成的情绪中。歌德在1812年8月13日致信莱茵哈特时谈到了“对整个人生的丰富的收获。我不应该开始谈论她，否则我就说不完了，而且在这些情况下，假如我不说出全部，那我就等于什么都没说，再也没有比描述这样一个个体更难的了。在他度假快结束时遇见这样一种人，这给人舒服惬意的感觉，就仿佛人们在日出时死去，还以内在的和外在的意识坚信，大自然永远是有创造性的，内心都是神圣的、生动的，并且忠诚屈从于内心，而不屈从于年迈。”这番话把卡尔斯巴德组诗中蕴含的法兰西美学人为地翻译成了一种个人的情感。莱茵哈特不得体地传播了这些自白，结果维也纳宫廷委托宫殿里的一位女士让歌德知道，他们不希望皇后被影射暗指于任何文学作品中。

当卡尔·奥古斯特和歌德在波西米亚度过夏季几个星期时，法兰西大军一直向俄国纵深长驱直入。7月的最后几天，法兰西大军到达了维特波斯克（Witebsk），跨过了狄纳河（Düna）。两个星期之后，歌德都还没有收到这个消息。7月27日，歌德从俄国搞到了一张牌，他重新开始在卡尔斯巴德的疗养客人的圈子内进行政治谈话。他又开始读报了。歌德在8月4日写的日记记载了“关于拿破仑进军的消息”。8月17日，斯摩棱斯克高地（Smolensk）①沦陷，9月13日，歌德或许从报道并不真实的报纸中读到相关的消息。（S.191）在魏玛，沃伊格特以些许的黑色幽默调侃说：“萨克森的部队应该被戴上月桂花环，因为许多人不得不战死。”② 战争持续的时间越长，歌德就越发觉得这像谜一样：“人们不明白，到底计划是什么。或许人们想把部队拉到自己身边，并且进行‘费边主义的缓步前进’（Fabius Conctator）③。人们不可能愿意交出一座首都城市。”但是，人们是能够交出一座首都城市的。9月14日，大部队进入莫斯科。这座城市从9月15日一直燃烧到9月19日。与此相关的第一则消息于9月27日到达魏玛。然而到了11月中旬，灾难的轮廓才显现出来。沃伊格特写道：“这座大城市的十分之九都毁于一旦，而在10月23日，剩下的一半也会毁掉。那里失去了多少拜占庭风格、鞑靼人风格和中国人风格的建筑大楼和科学院基金会也应该是非常重要的。未来书写历史的人会得到好的素材。”这种问题总是一种很好的主题，对于哲学家和对于诗人都是如此，9月19日，冯·施泰因夫人还记得歌德很愉快，只是很遗憾，可怜的女君主并非如此④。9月29日，歌德在日记中记载了拿破仑轻巧地攻下了莫斯科，并且言简意赅地补充道：“中午到宫廷，阁下没有去吃饭。” 俄国的女公爵、魏玛王储的妻子玛丽亚·鲍洛夫娜在这些日子里经历了可怕的痛苦。她的家乡遭到一个庞大的军队蹂躏，而在这支军队

---

①斯摩棱斯克（Smolensk）高地是厄洛斯西部高地。——译者注

②盖格尔，《老魏玛》（Geiger，*Alt-Weimar*），第193～195页（1812年7月11日）。在那本书里也出现了下面的引文。

③费边·玛克西姆（Fabius Maximus Conctator，？-公元前203年）是罗马统帅、政治家。在第二次布匿战争（公元前218—前201）初期采用拖延战术，为罗马争得喘息时间，对汉尼拔率领的迦太基入侵军发动了反攻。因此，“费边主义”成了缓步前进或者谨慎小心的同义词。——译者注

④博德（Bode），第二卷，第571页。

中有18万德国人在共同战斗。2000名图林根的士兵中有550人回来，120人回到魏玛，其中只有一名军官。女公爵露易丝在给她哥哥的信中写道：“其他情况我就不知道了。”“这是一场怎样可怕的战争！有史以来，人们没有经历过与之相似的战争。你可能会反驳我说，参加十字军东征者也忍受了同样糟糕的命运，但是，我可以这样回答你：他们并非死于寒冷，也并非死于致残的。而当时我们还是野蛮人；而现在，我们已经完全接受了启蒙思想。”[①] 圣艾尼昂伯爵回避这一切，后来，弗里德里希·冯·米勒讲述道：“一位法国公使在场会使一位俄国公主感到非常难堪。”[②] 歌德这位法国人的朋友在这几个星期不断拜访公主阁下，一起喝茶或者参加家庭音乐会。

我们只能把歌德自己对莫斯科沦陷的反应理解为迷惑。（S.192）“现在人们当然不知道，忍受这样大规模的战役是多么的无助，我们的想象力不知道如何去理解它们；我们的理智不知道如何应付它们。世界历史以我们的生命为代价孕育了巨大的宝藏。”1812年11月14日，在耶拿，一个漫长的冬日晚上，他给莱茵哈特写信时这样写道。但他又把这一段删除了，然后用这句话来代替：“莫斯科被焚毁，我对此没有任何感觉。世界历史在将来会知道该讲述什么。德里（Dehli）也是在被占领后毁灭的，但通过占领者的†††††，莫斯科毁灭，但是通过被占领者的†††††。倘若我是个演讲人，那么，我会觉得实施这种对立会很有趣。”开始写了第一段之后，歌德在一种几乎残酷的主权姿态中把握自己，并且否认这个事件的史无前例性，他指出了蒙古统治者帖木儿（Timur Lenk）[③]的一段历史插曲，他于1398年烧毁了德里。他还没有把拿破仑与帖木儿进行比较，而是说，像蒙古人一样野蛮的俄国人摧毁了他们自己的城市。歌德在此用五个十字架隐瞒什么词，我们还无法澄清。迄今为止的猜

①博德（Bode），《1813年的歌德》（*Goethe* 1813），第19、20页。

②米勒，《回忆录》（Müller，*Erinnerungen*），第155、156页。

③帖木儿（Timur Lenk，1336–1405）是信仰伊斯兰教的突厥人征服者，主要以野蛮的征服从印度、俄罗斯到地中海的辽阔地区及其王朝的文化成就载入史册。他是居住在河间地带（今天的乌兹别克斯坦）的蒙古支族突厥化了的巴尔拉丝布族成员。——译者注

测——一种对“愚蠢”的表达或者希腊语中的“亵渎神灵”，它在原文书写中只需要五个字母——是很难令人信服的。可能会吻合的是“狂怒”“暴力”或者与意识有亲缘关系的事物。那么，他想使用的表达并不能表明明朗的立场。或许他干脆避免了一个会使匆忙阅读的审查官怀疑的关键词，比如“军队”。“假如我们现在追溯到我们自己”，歌德继续说，“假如您在这样一种可怕的不幸中失去了兄弟姐妹，而我也失去了我非常在意的朋友，那么，我们当然会感觉到，我们生活在怎样的一个时代，而且我们必须非常严肃，才能重新开朗起来。”

莫斯科的沦陷使歌德受到如此深的触动，以至于他不得不为他个人的心境，他的“开朗”而担心起来。在他的文字中几乎不会有比这更强烈的表达。因此，他的这封信围绕着对事件独特性的追问。（S.193）“以我们付出代价的宝藏”——这些是信友在场才能积累的经验。与铁木耳的比较否认了这一点，对我们生活的时代的追问，又倒向史无前例性这一方面。“难道再也没有例子能解释历史了吗？”塔索（Tasso）[①]提出的这个问题要求世界的连续性。在11月14日这一天歌德的回答一直是令人灰心丧气的。“我毕生中遇到的类似情况就仅仅是一个与此相反的喜剧。”于是接下来就是也给关于那次在法国的“运动”的简短的概览，歌德在十年之后才详细地描述这场运动。“请原谅我的这些回忆”，歌德这样结束了这个主题，“要怪就怪耶拿的那些漫长夜晚，我在那些夜晚提前向您讲述了这些回忆：那些时代有什么不可以反对的！”——这是暗指莱茵哈特在法国大革命最初几年的命运。我们几乎不能首先从政治和外交的角度来理解歌德对莫斯科大火的震惊，即从魏玛公国的未来这个方面。他看到了拿破仑会被击败这一点了吗？因为他在接下来的几个月内还在固执地怀疑拿破仑会被击败，所以他的先见之明是不可能的。使歌德六神无主、不知所措的肯定是这种由人类之手造成的灾难的规模。

①塔索（Tasso）是歌德悲剧《塔索》的主人公。——译者注

四个星期之后，拿破仑夜里穿过魏玛。他正处于从贝雷西纳（Beresina）到巴黎的返程途中，在此过程中他化名，仅仅由他的御马总管阿尔曼德·奥古斯特·德·科兰古侯爵（Caulaincourt, Armand Auguste de）[1]陪同，先乘坐雪橇，然后乘坐萨克森国王的马车向前冲。因为这辆萨克森的马车坏了，他不得不再登上一辆魏玛的邮政马车，他命令圣艾尼昂到埃尔福特去，为了偿还豪华马车。在换车的时候他谈起对玛丽亚·鲍洛夫娜的嘉奖，并打听歌德和维兰德的情况。正如歌德在日记中写的那样，歌德是在整理他的硬币抽屉时得到相关信息的。卡尔·奥古斯特刚刚向他的朋友歌德转交一封奥地利皇后玛丽亚·鲁多维卡的一封信，她在信中充满敬意地回忆起歌德。卡尔·奥古斯特在12月16日情绪非常好，他评论道："你是否已经知道了，圣艾尼昂伯爵受皇帝委托，在夜里向你呈递美好的问候？这样看来你是完全受宠了。"[2]维也纳宫廷贵妇欧多内尔（O'Donnel）于是不无幸灾乐祸的得意之色地向卡尔·奥古斯特讲述了"这位被冻坏的人"（le très Gelé[3]）出洋相的旅行，（S.194）他偏偏在奥尔施台特附近的一个驿站不得不搭乘最简陋的无篷四轮单驾轻便马车，以便前行，到达巴黎[4]。

在这次旅行中，考莱因库尔特与皇帝进行了那场著名的雪橇谈话，在谈及未来时，这位诚实而忠诚的侍者毫不隐瞒地谈论了自己的观点。拿破仑希望欧洲结成联盟，对抗俄国这个大块头国家。考莱因库尔特反驳说："先生，人们害怕的是您本人！您自己是这种普遍动荡的原因，这种原因把人们的视线从其他危险中转移。各个内阁担心的是世界君主制！"然后他开始谈论德国，他的观点与热洛姆国王的预言不谋而合，他在一年前就警告过其身为皇帝的哥哥。"是那种三年前被引进的国库总监体系损害了每个德国人的利益。是那种代议

①阿尔曼德·奥古斯特·德·科兰古侯爵（Caulaincourt，Armand Auguste de，1773—1827）是法国将军、外交官、拿破仑时代的外交大臣。1804年起为拿破仑的御马总管。——译者注

②《歌德与卡尔·奥古斯特通信》（*Goethe-Carl August*），第二卷，第96、359页。

③这是法语。——译者注

④PB3，第122号（1812年12月29日）。

制引入的政治宗教裁判损害了民族的思想、自尊和古老的习俗。正是所有这些原因把对您的仇恨变成了民族的事业。对于德国人来说，正是那种通过艾克米尔（Eckmül）——达武（Devout）[①]——的君主强加给德国人的军事政体使民众怨声载道。”考莱因库尔特说，拿破仑毫无敏感，而是带着一种善意在认真听他讲话，就好像他离这些事情很遥远似的。只是，当拿破仑觉得这位御马总管言重时就拽拽他的耳朵[②]。

到达巴黎之后，拿破仑在圣诞节五天前让人发表他自从12月3日就开始写的著名的第29份战地报告。现在，所有人都了解到了这场灾难的规模。在法兰西第一帝国的首都弥漫着一种令人麻木的惊奇情绪。这还给国务大臣沃伊格特留下深刻印象：“相对于来自北方的坏消息而言，今天到达的这则消息简直就是一个美好的安慰。第29份战地报告得到如何评价，而皇帝的评价又如何再一次被调整！哪些力量供人支配，而一切又怎样不久就被放置到平等的位置上！尤其德国如何处境，而且一切不久就足以揭竿而起，以发挥他针对北方野蛮人的尚武精神。是的，人们把从自然那里接受的欺辱惹怒视为一种幸运，（S.195）因为这位伟大皇帝的伟大才华现在才有机会真正发展。”[③]

这份战地报告把那个传说传遍世界，这个传说至今还给评价拿破仑的俄国征战打下烙印：那就是冬天。直到占领莫斯科，渗透到中欧和西欧的一直只有凯旋的消息。关于大军的状况没有任何消息透露出来。所以这第29份战地报告从11月7日才开始记录重重困难的开始，这一天，冬天以悄无声息的威力降临。由此就得出了所有其他的结果。“严寒从11月7日开始，从这一天开始，我们每天夜里都失去许多马匹，它们在比瓦克（Biwak）倒下去。当我们到达斯摩棱斯克高地时，我们已经丧失了大量的轻骑兵部队和炮兵部队的马

①路易-尼考拉斯·达武（Devout，Louis-Nicolas，1770—1823）是法国将军，拿破仑麾下杰出的野战指挥官。——译者注

②克莱斯曼，《拿破仑的俄国征战》（Kleßmann，*Napoleons Rußlandfeldzug*），第328页。

③盖格尔，《老魏玛》（Geiger，*Alt-Weimar*），第196页。

匹。”“11月7日开始降临的严寒突然加剧，在从14日到15日和16日的夜里，温度显示为零下16度到零下18度。道路覆盖着很滑的冰。轻骑兵部队、炮兵部队和训练用的马匹每天夜里都大批死去，不是数千，而是数万；尤其是德国和法国的马匹。几天内就倒下三万匹马。我们的绝大多数轻骑兵部队没有马骑，我们的炮兵部队和辎重马车没有马驾辕。我们不得不放弃绝大多数大炮，甚至毁掉了一部分我们的战争储备和粮食储备。”由此得出所有其他结论：没有轻骑兵，大部队就不能扩散，它不得不稠密地拥挤在路上。没有炮兵部队，任何战役都是不可能的。“一句话，我们不得不保持行军状态，由于缺乏弹药，我们没法打仗，希望不要被迫应战。”人们也可以干脆称之为“逃跑”。但是这份战地报告还保留军事方面的专业语言。这份战地报告列举单个的军事行动和不同的军队统帅的功绩。越过贝雷西纳被描述成战略上的杰出成就，不是被描述成那种痛苦的灾难，对于我们现代的眼睛来说，这场灾难更多地使我们回忆起斯大林格勒战争。这个文本的风格实际上依赖皇帝战报的那种精雕细琢的客观性，当时每个有学识的欧洲人都在学校学习过这种客观性，无论他是文艺爱好者、法学家还是军人。在这份报告的结尾，皇帝在他的大军中间表现得临危不惧：（S.196）“在大军的整个运动中，皇帝始终在其卫队的中间行军……皇帝对卫队充满的良好精神很满意。……”残余的轻骑兵被整编成一个“神圣的人群”，他们从来没有让皇帝离开自己的视线。结尾的句子是：“皇帝陛下的健康从未比现在更好。”

五十万人丧生。虽然拿破仑的战地报告没有说数字，但是他的大军几乎全军覆没是再清晰不过的。少数幸存的归来者中的许多人成了没有鼻子、耳朵和脚趾的残疾人。他们发出强烈的恶臭，人们在这些没有死的人面前也是退避三舍。皇帝的战地报告瞒报了所有大部队遇到的困难，大军本来应该更早返回：在占领莫斯科之前就产生了巨大的损失，先是由俄国夏天的雨水和炎热造成的困难，然后是由变得过长的给养路途造成的困难，这与在一个荒原多而贫瘠、几乎成为不毛之地的国家征调体系失灵有关。最后还有许多人丧生于博罗季诺

（Borodino）[1]的物资战役，有许多牺牲者和伤员，在这次战役中，最后死者多于生者。这份战地报告也只字未提在莫斯科军纪悄然崩溃，在莫斯科，被耗尽的部队通过抢劫来重整旗鼓，在烟雾缭绕的废墟中，在一夜之间的奢侈中花天酒地生活了几个星期，然后他们才费力地搜集残余，被迫往回赶。但在回来的路上严寒"突然"降临。可是人们面对倒下的马匹又能做什么呢？

歌德也可能读过这份战地报告，即便没有读，那他也肯定听说了该战地报告的影响。在1814年12月的第29份战地报告之后的两年，几乎就在发表的同一天，歌德写下了《西东合集》（*West-östlicher Divan*）中的诗歌《帖木儿和冬天》（*Timur und Winter*），使人们继续感受到这份战地报告的影响。歌德在晨报上关于《合集》的说明中明确提到这首诗，他说，这首诗"把巨大的历史事实理解为就像在一面镜子中一样，在这面镜子中，不管我们能否得到安慰，我们都看到自己的命运的反射"。[2] 苏尔皮茨・布瓦塞雷又一次聆听歌德朗读之后记载："帖木儿的冬天征战——与拿破仑在莫斯科的征战相似。"这首四步扬抑格的诗歌没有韵脚，令人沉重，按照时间顺序记叙，（S.197）虽然这首诗是对一个15世纪阿拉伯原始资料进行加工，但歌德熟悉该资料的拉丁语翻译，有些地方，他一字不差地接受了这个译文。我们也从歌德写给莱茵哈特的关于莫斯科大火的那封信中了解到，歌德比较了1812年的事件和14世纪末蒙古君主帖木儿的愤怒。但是，只有这首诗才让两者的相似之处变得可以信服，拥有威力。它影射了帖木儿1404年至1405年反对中国帝国进行的最后一次征战，并且由此精确地展示了局势——占领者反对大帝国。关键两者在客观上的一致性：并非战争的对手战胜了帖木儿，而是冬天里严寒的伟大力量，还有某些毫无同情心的、恶意的冷酷无情的力量，就像具有老态龙钟的仇恨，诗歌中使用拟人

①博罗季诺（Borodino）是俄罗斯在莫斯科以西110公里的地名，1812年9月7日的博罗季诺战役是拿破仑战争中的一次喋血战役。法俄双方损失惨重，俄军虽受重创仍继续作战，最后将拿破仑逐出俄国。——译者注

②文本和相似之处参见MA第二卷，第一部分，第2节，第65、66页和第591～595页以及比鲁斯（Birus）在法兰克福版歌德全集中的评论部分，第一卷，第三部分，第2节，第1159～1167页。对布瓦塞雷的引用见其1815年8月8日的日记。

的手法，塑造了正如威廉·布莱克（William Blake）[①]笔下白胡子般的可怕景象：

这样，冬天包围着他们
以极大的不悦。
在所有人中间散发着冬天冰冷的气息，
它令人反感地把不同的风吹向他们。
通过它们冬天给予带霜冻的暴风雪以威力，
在帖木儿的建议下降临，
具有威胁性地朝他大喊，并且这样说：
轻轻地、慢慢地，不幸的人！
你转变成不合理的暴君；
你的火焰还要更长久地
烧焦、烧毁这些心灵吗？
你大概是该诅咒的幽灵之一！
我是另外一个人。
你是耄耋之人，我也是，
我们就这样把国土当成人，使之僵化。
你是火星！我是土星，
我们是犯罪作恶的星辰，
在最可怕的联合中。
你扼死心灵，你使空气变寒冷
我的气息比你的气息还要寒冷。

①威廉·布莱克（William Blake，1757—1827）是英国诗人、画家和版画家。著有叙事长诗《法国革命》。——译者注

你的野蛮的部队
以数以千计的痛苦折磨信徒；（S.198）
假如有上帝，那么在我的时日里
大概会有更糟糕的事情被发现。
在上帝这里！我不向你赠送任何东西
上帝听到我向你提供的东西！
是的，在上帝那里！哦，耄耋老人，
并非来自死亡般的寒冷，
军队大范围的燃煤的炽热
应该捍卫你，
而不是12月的火焰。

从卡尔·奥古斯特的信中可以看出，有一个被冻得更加糟糕的人与“夜间的皇帝”——“这位被冻坏的人”（très Gelé[①]）相对。同时，冬天把统帅帖木儿提升为皇帝一样的人，它把帖木儿变成一种强大力量，成为一颗星辰。土星超越火星，严寒超越战争之火。在此过程中，帖木儿作为元帅出现，他的火焰燃烧并且烧焦，也就是说，他体现火这种元素。但同时他扼死心灵，并且使空气变得寒冷。所以他既是热的，又是冰冷的。正如我们所知道的那样，歌德早在1807年初就对里莫尔说过，像拿破仑这样杰出的人物来自道德观念，并且最后像物质的原因一样，像“火与水”一样发挥作用。在这首帖木儿的诗歌中，这种思想被戏剧化并且变得尖锐。苏尔皮茨·布瓦萨雷在与歌德谈话之后于1815年8月3日再一次在他的日记中介绍了这种思想：“帖木儿、成吉思汗（Dschingis-Chan）就像自然力量一样，以一个人的形象出现。”也就是说，人们并不能说，歌德对拿破仑的印象存在根本改变。这首诗从一开始就有恶者

①这是法语。——译者注

和恐惧制造者，它们与帖木儿相对，以提坦神的形象出现。人们应该时刻谨记这一背景：歌德身处莱茵联盟，有着军团荣誉星章装饰的礼貌客气姿态。人们可以把这理解为深不可测的讽刺：人们恰恰把这种简单直白理解为一种拿破仑的自我阐释，恰恰还理解为关于俄国战争的战地报告。歌德于1816年5月3日给蔡尔特的信中显示，拿破仑在第29份战地报告中关于自己健康的态度与歌德多么接近。歌德在这封信中写道，风湿病几乎阻止了他去魏玛参加各个阶层的大会，（S.199）而在这次大会上本应该宣布大公国的新宪法。“幸运的是，我回忆起拿破仑的一句名言：‘在皇帝的眼中，只有死亡才称得上是疾病’（L’Empereur ne connaît autre maladie que la mort.①）”。

在歌德的这首帖木儿诗歌产生的时候，拿破仑时代在德国已经过去了一年。在为期三天的莱比锡大会战（1813年10月16日至19日）中，即迄今为止世界历史上最大的战争行动中，拿破仑遭到惨败，并在此之后被迫撤回，越过莱茵河。1814年3月30日，联盟军占领巴黎。4月4日，皇帝退位。从艾尔巴撤回到1815年的滑铁卢，最后一场拿破仑战争再也没有触动德国的领土。1814年1月1日，歌德在写给卡尔·奥古斯特的新年问候中谈到了“悲哀而可怕的”一年。德国的历史学界因为歌德很少关心解放战争和“德国的反抗”而生气，但仔细观察，人们就会认为歌德是对的。对于魏玛公国来说，1813年是所有战争中最糟糕的一年。从4月到11月开始，整个德累斯顿的易北河畔的土地，以及北部萨克森和图林根都是战争地区。埃尔福特一直是法国的堡垒要塞，普鲁士人和俄国人则从另一侧进行威胁。从4月中旬到8月中旬，魏玛不得不负责6108名法国军官和203617名士兵的伙食。仅夏洛特·冯·席勒一人在这几周内就不得不负责解决100个人的驻扎。歌德房子所在的弗劳恩开阔地接待的人数也不会少于100人。冯·施泰因夫人讽刺地概括道：“我们现在实际上要靠将来历史会向

① 这是法语。或者可以翻译为“皇帝的唯一疾病就是死亡”。作者把connaît一词拼错，写成了connoit，特此更正。——译者注

我们讲述的内容生活，这一点让我对所有的历史都反感。……无论人们走向何处，人们都会遇到大炮、战鼓和士兵。”[①] 有两条配备三个休息场所的重要的军用马路穿过魏玛公国，在这三个休息场所出现了令人窒息的换马和提供膳食的服务。除此之外，穿行而过的部队又带来了瘟疫危险。对传染病的恐惧滋长成一种神经官能症。耶拿又变成了战地医院。负担是极其沉重的，不安的心理消耗着人们的神经。1806年的事件本来可以重复，以不太仁慈的结果结束。从4月11日到18日，魏玛被一支普鲁士部队占领着。圣艾尼昂伯爵感觉有必要躲避到哥塔去，但在那儿他遭到普鲁士志愿者的袭击和抢劫。（S.200）一个魏玛编制的士兵在这些天里也被一个处于劣势的普鲁士小分队武断地缴械，以至于这个过程就像有人泄密一样。耶拿在其历史上第一次看到亚洲人在其街道上宿营。此后，法国人返回来。4月16日，歌德匆忙离开魏玛并且途径德累斯顿前往台普利茨躲避，他在那里一直待到8月10日。他的妻子克里斯蒂安娜和儿子奥古斯特留在弗劳恩开阔地的家中，不得不战胜艰辛而危险的日常生活。歌德这几个星期的日记显示出他对信息的一种神经质的渴望，这在他的一生中是从未有过的。身处他乡，他的日记还记载了拿破仑的抵达，他匆忙地重返回德国战场，先到埃尔福特（4月25日），第二天到达魏玛。

因为卡尔·奥古斯特在普鲁士占领的这几天里表现得鲁莽而不可靠——敌方的轻骑兵甚至在宫殿里受到宴请——，首先是皇帝拿破仑大发雷霆：说他是欧洲最不安分的君主。然后在这些天过去之后，气氛变得缓和了一些；拿破仑知道，他现在更需要以胜利者的姿态出现。他首先成功地唤醒卡尔·奥古斯特某种类似好感的东西。在共同度过了一天之后，卡尔·奥古斯特向圣艾尼昂伯爵解释说：“这并非欧洲的精神，而是一个东方的天才。他给我的感觉就像一个在精神上有才华的人（comme un inspiré[②]）。所以我想象他是穆罕默德。”[③]自

①博德，《歌德在1813年》（Bode，*Goethe* 1813），第46页。

②这是法语。——译者注

③PB3，第146号，1813年4月30日。

从1806年以来，这种对比传遍了整个魏玛。

歌德在这次前往波西米亚的旅行中发现自己卷入不同的党派气氛中。4月20日，他在麦森遇到了爱国主义志愿者，其中一个是大学生，他愿意和他的妻子跳舞，并且认出了他；因此年轻人们请求歌德为他们的武器赐福。歌德顺从了，把他的手放在盒子和鹿角上，然后说：“愿你们与上帝同行，愿你们鲜活的、德意志的勇气得到一切善的赐福。”[①] 正如他真正想象的那样，在德累斯顿卡尔纳（Körner）的家里，他的内心突然爆发。崇敬歌德的恩斯特·莫里茨·阿恩特（Ernst Moritz Arndt）对法国人怀有刻骨仇恨，他不得不面对一个可怕的事实：“这个伟大的人没有给人留下令人愉快的印象，他感到很压抑，他对新事物既不抱有希望，也感觉不到快乐。年轻的科尔纳在场，他在吕佐夫（Lützow）[②]将军那里自愿担任狙击手。他的父亲在言谈中流露出喜悦和希望。这时歌德仿佛恼火地回应他：‘你们就摇晃你们的锁链吧！这个人[③]对你们来说太伟大了！（S.201）你们不会打败他的！’”[④] 歌德仍然相信拿破仑的优势，一直到莱比锡大会战都是如此。虽然他看到，拿破仑现在“就像一头被追猎的鹿一样”，但他在8月10日解释说：“但这让他觉得很有趣。”[⑤] 他首先希望签订和约。8月15日，歌德还在德累斯顿与朋友打赌，说拿破仑将签订和约，并且接受联盟军向他提出的各项条件。7月25日，歌德日记记录道：“难以给人安慰的军事、政治谈话。”一位在台普利茨的军官传下了其中的一次谈话。歌德对他说：“您是军人，而且还是国家生活中地位更高的人，这个世界按照您的行为结果形成，只不过，如果我清早醒来，顶着烈日走向我漂亮的宫殿山时，并且想象着，在这上帝赐福的、平静的峡谷里，只有孩子们的心还在平静地跳动，而几个世纪的文化，以及所有其他居民的宁静与和平现在已经受

①博德，《歌德在1813年》（Bode，*Goethe* 1813），第32页。
②吕佐夫（Adolf Lützow，1782—1822）是普鲁士将军。——译者注
③歌德在此指拿破仑。——译者注
④博德，《歌德在1813年》（Bode，*Goethe* 1813），第34页。
⑤博德，《歌德在1813年》（Bode，*Goethe* 1813），第59页。

到威胁和干扰，那么，我很愿意向我们的世纪这位巨人般的英雄灌输和平思想，哪怕仅仅能够告诉他我每天早晨在这天堂乐园中从这些人身上感受到的很小一部分也行。”[①] 在台普利茨的这个夏天，对时代运行的抱怨堆积起来。歌德7月1日致信妻子克里斯蒂安娜时谈到他对和平的渴望，他还严肃地补充，可不能声张这些想法。三周之后，即在7月21日，他祝贺朋友迈耶尔做出决定，回到瑞士的家乡去："人们现在应该尽可能把自己从现今中拯救出来，因为不可能仅仅围绕着这些事件而痛苦地生活，不然，最后会由于忧愁、迷惑和痛苦而变得疯狂。"

歌德日记中只有一个小小的地方流露出他在整个战争岁月中与拿破仑关系有多近，但遗憾的是，只有日记的魏玛版本提到这个细小的地方，而刚刚出版的魏玛古典文学基金会的大型评注版则对此保持缄默：1813年5月8日，歌德在那页日后被子弹射穿的纸上亲手写下"拿破仑到达德累斯顿"的字样，而且"努力仿效拿破仑的手迹"！[②] 这对于像歌德这样热情倾心的亲笔签名搜集者而言绝对不是不可能的。（S.202）歌德平生最后一次看到拿破仑这位巨人般的英雄是在他1813年8月14日从台普利茨回到魏玛的途中，会见地点在德累斯顿。他在日记中写道："在布吕利施宫殿遇见拿破仑，他在少数随从的陪同下视察了野战工事。"拿破仑做了他习惯做的事：发动战争。正如我们多次确定的那样，因为歌德在他的日记中并未提及他与拿破仑单独的交流，甚至在日记里，他仅仅认为值得用寥寥数语记载1808年的那次谈话，对于1813年8月14日而言，我们完全可以估计1813年8月14日这天不仅仅是一种无声的观察，至少应该有礼节性的交流。

在动荡不安的这几个月里，歌德继续创作《诗与真》。1813年，该作的第

①《比德尔曼谈话》（*Gespräche，Biedermann*）第二部分，第806、807页，可能是1813年5月27日。

②WA，第三卷，第五部分，第330页。这个新版本的评论毕竟在两个别的地方，即为了1814年11月29日和1815年3月14日的日记记录提及歌德模仿拿破仑手迹的亲笔尝试（日记第二行，第724页和第754页）。歌德不仅模仿过拿破仑的声音——当他让文书听写其谈话草稿时——而且还模仿拿破仑的笔迹！

三部分写完。当德国人奋起反对法国人时，他们的民族诗人在反思其青年时代的行动：在施特拉斯堡被培养成一名法国的公务员。接下来就是关于魏茨拉、《少年维特之烦恼》及其文学生涯的开端的那几个段落。甚至第四部分的首批残篇，尤其第四部分的结尾，对魔性的解释在1813年4月在魏玛就已经写好了。1831年歌德才再一次把这部分与其他部分联系起来。1813年8月末，歌德试图再一次躲避战争。他从魏玛来到偏僻的伊尔门瑙（Ilmenau），在那儿度过了他的64岁生日，阅读着拿破仑的胞弟路易·波拿巴写的一部长篇小说。

9月2日，歌德又回到家里，这时，战争最危险的阶段开始了。法国军官（其中还有一名波兰的上校）再一次被安置在歌德的家里。不断有部队穿过魏玛，10月份发生了零散的街头巷战。在从10月18日到19日的这一夜里，莱比锡大会战还在鏖战期间，突然有哥萨克人到达，他们逮捕了法国公使圣艾尼昂伯爵，歌德在这些天里还很友好地关心过他。作为外交官，他被释放了，但是，他必须永久地离开魏玛公国。歌德对这个新的局势不是太高兴。他写下诗歌：

> 我们终于又见到哥萨克人；
> 他们把我们从暴君统治下解放出来，
> 他们大概也把我们从自由中解放出来。

歌德毕竟得到一个站岗放哨的士兵守卫在家门前，（S.203）歌德用几行优美的诗感谢负责的俄国宝克（Bock）上校：

> 假如让我如实地说，
> 那么，在所有发生的事情中，
> 我恰恰不喜欢的就是，
> 在这里看到哥萨克人，
> 然而，当神圣的洪流

冲垮包围我们的堤坝时，
当浪花接二连三地排挤我时，
我觉得你的哥萨克人亲切而善良。[①]

歌德在充满威胁的10月份保存住了自己的神经，他为此而感到很自豪。莱比锡附近的大会战的结果这时还不完全明朗，战争的狂怒很容易就像1806年那样又转向魏玛。他后来在《日报与年报》中写道："正如在政治世界中出现任何一种极大的威胁一样，我固执地投身到最遥远的事物上去。""这样就可以估计，我从卡尔斯温泉镇（正确的应该是从台普利茨）返回时起就以最严肃的研究态度潜心研究中国帝国。"[②] 这就是那种远离民族的战场开始，这不久就产生了《西东合集》，歌德在拿破仑统治时期之后的时代著作。然而在莱比锡大会战那几天，歌德为一部讲述伊丽莎白一世与艾赛克斯（Essex）伯爵之爱的平庸悲剧撰写一个华丽完美的跋。这些不太著名的诗行仅仅是为了一个女演员而写的，歌德毕生都把这些诗行视为其创作时间的证据，而且很珍视这些诗行，它们是使用充满激情的斯多亚主义的一部优秀作品：

无论是谁，人都会了解到
最后的幸福和最后的一天。
……那好吧
这里就是结束！人们一切都做了
再也不会发生任何事情！陆地、海洋、
帝国、教堂、法庭、军队，
它们消失了，一切都不复存在了！（S.204）

①MA，第九卷，第88页。
②MA，第十四卷，第235页。

你这个统治者统治着这片虚无！
最后，你的固定的意识在这里展现，
你还统治吧，因为困境屈服，
你还统治吧，因为它已经不再让你高兴！
世界已经习惯于这样看你，
你如此毫无畏惧地在光线上展示自己，
当你胸中破烂地崩溃时。[①]

现在另一方也已经安营驻扎。进驻的奥地利人希洛尼姆斯·克洛雷多（Hieronymus II. Colloredo）第二伯爵从10月23日起住在歌德家前排的房间里，他一共住了4天。他在那儿每天让人准备24人的伙食，由歌德家出钱。客人和初级参谋军官的进进出出把地踩得如此肮脏，以至于门槛上的SALVE的字样都看不清了。“克洛雷多走了，家里大清扫。”歌德于10月26日在日记中写道。当时他自己被挤到后面的房间里，他在那里与弗里德里希·德·拉·茂特-富凯（Friedrich de la Motte-Fouqué）[②]会面。只有这位诗人和士兵才让歌德坚信，拿破仑被打败了，而且将越过莱茵河撤退。“歌德若有所思了一阵子，他低头不语，然后用更加严肃的眼神说：‘这么说来，决定性的失败确实发生了？这样更好。’”[③]

拿破仑时期在歌德家里还有两个政治后果：一个是半喜剧的，一个是悲剧的。首先就涉及歌德的军团骑士勋章；第二个涉及歌德的儿子奥古斯特。

当克洛雷多伯爵为安置的事来自报家门、自我介绍时，歌德按照他的方式身穿“华丽衣服”（马尔维茨），佩戴两枚他于1808年得到的星章：俄国的

---

①MA，第九卷，第263～265页。

②弗里德里希·德·拉·茂特-富凯（Friedrich de la Motte-Fouqué，1777—1843）是德国小说家、剧作家。因创作著名神话《水中仙女》（即《翁丁》）而著名。——译者注

③博德，《歌德在1813年》（Bode，*Goethe* 1813），第69页。

圣–安恩勋章和法国的军团十字勋章。受战争气氛影响的克洛雷多觉得这非常不得体，于是大喊："见鬼，您怎么能佩戴这玩意儿！"这是威廉·冯·洪堡说的，他在克洛雷多走了之后也到歌德家做客，住在歌德家里。洪堡说，德国的解放在歌德的意识中完全没有深深扎根。"他虽然相信德国解放了，但是用许多拐弯抹角的说法、不确定的套话和表情展示，他已经习惯了以前的状态，（S.205）那时的一切都井然有序，而新的状况现在垮了。他真正觉得讨厌的哥萨克人进行的蹂躏夺取了其所有的快乐。"由于勋章的问题，歌德特地向他这位精通世故的朋友请教。"我不能因为皇帝输掉了一场战役就摘下他颁发给我的勋章。我想，如果我找不到摘掉勋章的更好的理由，那么这显然是糟糕的。"[①] 很少有事情可以如此清晰地表明，时代精神是如何转变的。就连世界公民洪堡都不喜欢歌德佩戴军团荣誉勋章。拿破仑是那个欧洲社会的敌人，而非成员，在这个欧洲社会中，合法的君主及其代表即便多次经历失败也理所应当地一直被尊重。就在奥地利人来几天前，歌德还与圣艾尼昂伯爵保持亲密的社交来往，如同在1806年那样无拘无束地在战争的双方之间活动。在这么近的人际关系中，他怎么能突然发展对敌人的仇恨呢？克洛雷多厚颜无耻，举止粗俗，此外，他还向歌德的家里提出超过限度的物质要求，这与歌德在《诗与真》中为1759年的法国中尉树立丰碑截然相反。围绕歌德行为的讨论一直渗透到柏林。拉黑尔·凡恩哈根（Rahel Varnhagen）解释说，对于歌德而言，这里有高贵的人；假如他在这个时间点上摘掉勋章，那么，他们会觉得这是卑躬屈膝的。洪堡曾努力说服梅特涅，向歌德颁发一枚奥地利勋章，以便歌德在拿破仑覆灭后也一直有体面的东西佩戴。这枚勋章还真来了，尽管如此，后来人们还是看到歌德佩戴拿破仑授予他的星章。据说他在1814年7月末在威斯巴登说过："这颗五角星让你感到痛苦吗？"当时他听到别人称呼时感到很生气，然后

① 关于勋章的最重要的事宜请参考博德第二卷，第592～597页。请见博德，《歌德在1813年》（Bode, *Goethe* 1813），第71～73页。

就把五角勋章放进了口袋里。

托马斯·曼（Thomas Mann）的小说《绿蒂在魏玛》（*Lotte in Weimar*）的每位读者都知道另一个完全悲伤的后果。歌德阻止了他的儿子奥古斯特作为志愿者跟随一个魏玛军团参加战争。卡尔·奥古斯特于1813年11月22日仿照普鲁士的典范作用颁布了一道相应的动员令，进行号召。奥古斯特和他的主要贵族官员幕僚一样报名参加了魏玛自由军团，这使歌德陷入极大的不安中。志愿者团体已经不太喜欢他了，因为他在这些自愿的士兵组织中看出了他们的马虎潦草作风和自救者特点。（S.206）“志愿兵们举止不雅，不能引起人们对他们的好感，”1813年的《日报和年报》[①]中一个简短的评论中这样说。他觉得这种情况是完全错误的：在别的地方会被需要的有教养的人——比如当医生——如此冒生命危险并且不辞辛苦，他们为此并没有接受过训练。

但是，歌德对奥古斯特报名的不满后面可能还潜藏着另外一种感受，那个时代最糟糕的感受之一。歌德的同人，枢密顾问沃伊格特在年初时失去了儿子。他在1813年4月初，普鲁士人第一次占领魏玛那几天还与宫廷总管冯·施皮格尔（von Spiegel）先生一起谈论过他同弗里德里希·冯·米勒进行的一次写成密码的通信，弗里德里希·冯·米勒所在区域仍属于法国的耶拿。这样一封不同寻常的通信总是值得人们深思的，不仅如此，这位年轻人不幸还突发奇想：选择完全容易破译的代码：法国人扮演疾病（la maladie[②]）；但是，普鲁士人扮演医生（les médécins[③]）。当法国的邮政密探截获这样一封棘手的信件时，破坏活动的嫌疑就落到了这封信件的寄信人头上，这样一来，两个人——沃伊格特的儿子和施皮格尔——被关进埃尔福特的要塞中。人们需要到怒不可遏的拿破仑那里做长期的安慰工作，他在几个星期之后去了魏玛，为了在击毙之前拯救这两个其实并无危害性的人，并且释放他们。可是，沃伊格特的儿子

①MA，第十四卷，第236页。

②这是法语。——译者注

③这是法语。——译者注

没有在这次关押中幸免于难，他感染上了伤寒，于5月19日死去。对于只有一个儿子、心肠软、胆小怕事的沃伊格特而言，这是一种可怕的打击，他从此再也没有修整过来。这对屈服的父母的命运引起了人们的普遍同情，他们患有精神病的女儿继续活着——她怀抱一只鸟，还有一个钟，她用双眼盯着这个钟的分针，漠然地蹲在一个角落里。然而，歌德觉得仅仅向自己最忠诚的老同人表示慰问还不够。相关的书信今天读来还令人感到压抑。1813年7月24日，沃伊格特在给歌德的信中这样写道："我这样做大概是不对的：（S.207）我因为痛苦而没有出现在阁下眼前；或许您以前说过的一句话会减缓我的痛苦，但既然痛苦在这人生中无法医治创伤，那么我想为您省去悲哀的一小时，我也不愿意用我的哀诉来搅扰您。"歌德在两天之后从台普利茨发来回信，他的歉意软弱无力，他写道："这再一次证实了这句自相矛盾的话：真正的安慰只能来自忍受痛苦的人，镇定自制只能来自受到损害的人。"[①]

歌德或许干脆因为导致这种悲剧的愚蠢行为而被惹怒。在这种愚蠢行为中，人们进行战争同时毫无疑问也把自己带到危险中。歌德和沃伊格特一样——在这个问题上，歌德很渴望沃伊格特的帮助——只有一个儿子，他绝对不愿意失去这个儿子。这样，奥古斯特虽然保留在志愿兵的名单中，他也身穿军装，但是奥古斯特公爵却给他分配了一个后方文书的职位，工作在美茵河畔的法兰克福，后来担任公爵王子卡尔·弗里德里希的副官。然而卡尔·奥古斯特利用这次契机向他的朋友歌德指明，"现在革命的第一条法律规定，让年轻人实现他们的意志。"整个魏玛都在为受阻止的英雄感到遗憾，或者嘲讽受阻止的英雄——夏洛特·冯·席勒在信中写着，她从来都不会阻止他儿子，因为，倘若如此，"他的整个禀性就受到了挫败"。被派往荷兰的魏玛志愿军团在荷兰根本就没有被派上用场，因为战争结束得比想象的要快。这丝毫没有改变这一点：奥古斯特发现，在欢迎仪式上，一个归

① 《歌德与沃伊格特通信》（*Goethe und Voigt*），第66～69页。

来的士兵身穿军装朝他走来，奥古斯特甚至觉得有必要向这个人发出决斗要求，歌德费了九牛二虎之力才撤销这次决斗要求。奥古斯特受到如此羞辱，然后在半绝望的倔强中再一次充满了对拿破仑的崇敬，这种对拿破仑的崇敬以前就融合了对拿破仑皇帝的恭顺。这个因为母亲的缘故而在社会上从未完全被接受的人一直是社会局外人，受到他提坦神一样的父亲束缚。这样，拿破仑时代的歌德家庭留下一个失败者[①]。

歌德自己也是一个失败者吗？无论如何，长期以来，他一直觉得以数万人阵亡为代价的莱比锡大会战是一个“不幸的日子”。他很久都不能相信，战争时期走向了尾声。在克洛雷多从歌德家搬出的那一天，梅特涅到家里拜访歌德，与梅特涅会谈之后，歌德才对未来感到安慰，梅特涅这位奥地利国务活动家一直希望与拿破仑保持某种平衡，梅特涅大概也向歌德通报了（S.208）拿破仑皇帝不愿意签订和约这种情况。沃伊格特投向了敌视拿破仑的阵营，他于1814年1月15日致信歌德时说：“倘若法国人不那么疯狂地搞他们的世界君主制，他们也就不会唤醒普通臣民的绝望，这样，所有的声明就都无济于事了。”[②] 在这几个星期内，歌德尝试着劝说为民族而激动的历史学家鲁登，出版一本以《娜美西丝》（*Nemesis*）为标题的杂志，这也就不足为奇了。此外，歌德完全以梅特涅的精神尤其警告鲁登那些来自东方的新威胁：“这是真的：我看不见法国人了，也再看不到意大利人，然而取而代之的是，我看见哥萨克人、巴施基伦人（Baschkiren）、克罗地亚人、匈牙利马札尔人、卡苏本人（Kassuben）、萨姆兰德尔人（Samländer），褐色的和其他肤色的匈牙利轻骑兵。我们自从很长时间以来习惯于把我们的目光指向西方，仅仅等待来自西方的危险，但世界还在继续向东方扩展。”[③] 鲁登这位年轻的现代学者非常信任地请教歌德，他被这次谈话搞得完全彻底地失望了。这说明，正如4月份为武

①博德，《歌德的儿子》（Bode，*Goethes Sohn*），第167～174页。

②《歌德与沃伊格特通信》（*Goethe und Voigt*），第78页。

③彼得曼-赫尔维希，《歌德谈话》（Biedermann-Herwig，*Goethe Gespräche*），第二卷，第868页。

器赐福那幕情景一样，歌德对民族起义的保留意见在公开场合多么鲜为人知。当讨论歌德的勋章问题时，奥古斯特·凡恩哈根在一封写给妻子拉黑尔的信中不无敏锐地指出，尽管歌德并没有爱国主义的想法，他还是一同准备了这场战争，在这方面是无人能与他相比的："假如没有他，没有其精神的深刻影响，我们年轻人中的绝大多数不会对武器怀有如此这般的激情，我们的意识和意志不会因为更美好的生活而提高。"①

歌德本人非常不满其最后作品的接受情况，在他看来，伟大的文学要担当宣扬爱国主义自豪感的第一手资料，这很难具有什么说服力。所以，他从1813年到1814年冬天的态度也是矛盾的、摇摆不定的。卡尔·奥古斯特从法国战场给露易丝写信，他在信中嘲讽地问："歌德对他的救世主有何评论？"（Que dira donc Göthe de son dieu tutélaire?②）公爵不太高兴，因为他没有收到朋友歌德的任何信件，而当人们在巴黎和他谈起歌德对拿破仑怀有的那种尽人皆知、现在大概也已经像过眼云烟的崇敬时，公爵不无愤恨地回答："哦，完全不是这样，您根本就不了解歌德。"③ 在这个时候，有人偷偷地告诉拥有广泛关系网络的凡恩哈根先生有关歌德的呼吁："请你们为了我让我的皇帝安静！"当所有人都沉浸在解放的幸福中时，（S.209）歌德在长篇累牍的信件中猛烈抨击个人主义的衰败、偏袒和德国人在文学中缺乏统一的现状，他尤其抨击几代人之间有关爱国主义回归的争吵：一位大师的叹息，他从年轻时期就感觉被人抛在脑后。由于这种脆弱，歌德觉得这是他能为其祖国做的最大的功绩：继续其自传性的历史书写，"并且指明，与以往一样，后来者排挤并且消除先行者，而不是感谢前辈们的启发、通告和传承。"④ 3月7日，歌德充满讽刺地向他在瑞士的美学朋友说道："从艺术的角度看，有一种恐惧威胁着我们。小球体……再一

①博德第二卷，第596页。

②这是法语。——译者注

③PB3，第223号，带脚注第240页。

④1814年2月12日，致信F.B.冯·布霍尔茨（F.B.von Bucholtz）。

次画出善与恶的原则，但是并非像以往那样，每种单个的原则都为自己，而是两个原则处于争执中。谁若看出相似的恶，谁就很容易被猜出来；我敢打赌善的原则反而等于小球体的兄弟。”恶现在看上去就像法国的皇帝一样，而善就像德国乖巧的画家一样。4月9日，就在巴黎被占领足足一周之后，歌德好像怀着复杂的心情在日记中记道：人们预料，“整天快乐在激增”。

尽管歌德自己毫不掩饰地宣告自己被时代疏远，但他在莱比锡大会战十年后向他的出版商哥塔建议，为纪念这个爱国主义的时刻，组织出版《赫尔曼与窦绿苔》（*Hermann und Dorothea*）的袖珍版。是的，他甚至想到了续篇：“有人要我写第二部分，但我不知道，我能否写完这部分。无论如何，那个小作品现在效果不错。”[①] 这个“要求”可能要追溯到他与梅特涅或者洪堡进行的谈话，他们在这些日子里拜访过歌德。当时许多人想到了这个主意，比方说对拿破仑皇帝仍然怀有敌意的奥地利皇后，歌德的朋友玛丽亚·鲁多维卡。她于1813年11月20日致信卡尔·奥古斯特公爵，在许多部队穿行而过之后，歌德的想象力又受到了鼓舞，“而且他会歌颂德国拯救者的荣耀”，其中就有公爵的荣耀[②]。卡尔·奥古斯特大概毫无耽搁地立即把这封信的内容告诉了歌德。昔日曾经对拿破仑如此虔诚的哥塔怀着对更美好的时代的希望，兴奋地接受了歌德的建议，“在拿破仑的权利之下，这样的时代也会存在（S.210），而没有必要用鲜血和忧愁，通过斗争换来！而后者似乎是人们对拿破仑的最大责备，因为，成为世界的拯救者，这取决于他。”这是当时拿破仑许多失望的追随者的态度，为什么这就不是歌德的态度呢？

有趣的是，《赫尔曼与窦绿苔》的民间版本在《耶拿文学汇报》中得到了接受，在该报中，编辑亚布拉罕·艾希施台特于1814年3月通过与歌德的密切协商安排了历史学家卡尔·路德维希·冯·沃尔特曼（Karl Ludwig von

---

① 《歌德与哥塔通信》（*Goethe–Gotta*），第一卷，第255页（1813年10月29日）。

② 《歌德与奥地利》（*Goethe und Österreich*），第一卷，第68页。

Woltmann）的一篇书评，而且是在“德国时事历史著作”这个栏目中。沃尔特曼尤其突显赫尔曼这个人物的现实性，即他想捍卫莱茵河，反对革命的法国人的进攻。他敏锐地认识到，歌德这篇叙事诗描绘了一个进行抵御的民族形象，这本身就是法国典范的产物。这样他就得出结论：要求歌德塑造一个新的、德国的民族叙事诗，而且恰恰因为歌德非常崇敬现在被击败的拿破仑皇帝。沃尔特曼写道：“关于一个伟大的、德国的民族叙事诗的素材已经准备好了。”

> 要看看歌德的手如何直接在俄国展开这个素材。叙事诗的任务就是宣扬德意志民族战胜这样一个人的强大以及它始终值得钦佩的人格，这个人总是让其他民族的军队与自己的军队针锋相对。对这样一篇叙事诗应该写怎样的序言。谁如此号召德意志民族，就需要谁去写这样的一篇叙事诗，而此人还要同时没有恐惧、无须谄媚地崇敬巨人，在这巨人的眼中，只有陆地和海洋还有威力。写这样一种叙事诗的人会是谁呢？①

也就是说，恰恰是歌德献给皇后玛丽·露易丝的那首八行体诗，那首他唯一公开的对拿破仑秩序的拥护的诗歌，使他成为现实的民族叙事诗人。这样，歌德一方面负责，公开了维也纳皇后的启发；另一方面，他使她与拿破仑的过去达成和谐。1812年那些献给法国皇后和奥地利皇后的诗歌格局在这场“出版闹剧”中产生了深远的反响。3月12日，就在这篇书评刚刚发表后，歌德很惬意地给艾希施台特写信说：“高贵的阁下，您寄来的报纸让我惊喜，使我感到非常惬意。……请您代我真诚地感谢作者；（S.211）无论是现在还是未来，我都会关注他的话。”朋友克内伯尔也被文学副刊中的这篇政治辩论文章深深打动，所以，他在3月25日致信歌德时赞赏沃尔特曼这篇符合时代写作手法的文章：“这位德国作家在政治事务中发出了德语诗的声音”，这还是第一次。

---

①《耶拿文学汇报》，1814年3月，第45号，第353～355页。

然而，令人惊讶的是，《赫尔曼与窦绿苔》的第二部分没有写成。恰恰在这几个星期内，那些思考却在歌德的信件中一闪而过。在这些思考中，他与受现实启发的文学创作保持距离，比方说，歌德在1814年2月22日致信阿尔尼姆时这样写道：“我始终避免一切影射现实瞬间的东西，并非因为我在整体上认为这是不可信的，而是因为我发现，这种热情其实仅仅适用于大众。”不管怎样，这些话表明，他在琢磨这个问题。歌德对这个时代的诗意回答直到后来的1814年夏天才开始：首先是节日戏剧《厄皮墨尼得斯的苏醒》（*Des Epimenides Erwachen*）①，后来是帖木儿诗歌中的那种遥远的、历史的反思。

作为毋庸置疑的赢家，卡尔·奥古斯特公爵最后走出了拿破仑时代。虽然为魏玛争取领土扩张的各种宏伟计划都没有实现，他一直以来对拿破仑的忠诚而奋斗来的萨克森国王的王位抱有的希望落了空。尽管如此，公爵在维也纳会议上耐心地进行的议会走廊工作还是非常值得的：萨克森-魏玛-艾森纳赫的面积从36平方英里增长到66平方英里，人口从112000增长到190000。这个多年来一直为他的政治生存担惊受怕的小君主曾经被认为是靠不住的人而遭到拿破仑皇帝的怀疑，他现在为此收获成功：与他的枢密顾问沃伊格特、米勒和歌德不同，公爵隐隐约约地走上了拿破仑的轨道：他成了大公爵。歌德在他的恭贺信中第一次称呼卡尔·奥古斯特公爵为“最尊贵的公爵”，并且现在更多地称呼他为“王族殿下”，这也缓解了多次把诗人引向不忠诚边缘的政治紧张局面，而公爵当时以极大的宽容忍受了歌德的不忠。歌德却无法放弃，主要突出卡尔·奥古斯特的文化功绩，（S.212）以此作为公爵等级地位被提升的原因：“现在的情况是：您真诚、内在的努力得到了外部的肯定；所以我们欣然使用那种说法，作为一种被认可的东西，假如宫廷语言和公文体语言允许的话，这种说法才不至于会显得是谄媚。”②

---

①厄皮墨尼得斯（Epimenides）是克里特的祭司、先知和诗人，大约生活在公元前7世纪。歌德曾写过《厄皮墨尼得斯的苏醒》。——译者注

②《歌德与卡尔·奥古斯特公爵通信》（*Goethe-Carl August*），第117、118页（1815年4月22日）。

拿破仑时代使歌德如此远离德意志民族绝大部分人的情感和政治激情，拿破仑时代结束时，歌德被赐予机会，向德国公众讲一句和解的话，这还是柏林普鲁士皇家剧院总导演奥古斯特·威廉·伊夫兰（August Wilhelm Iffland）[①]的功劳。1814年5月，伊夫兰请德国人最伟大的作家歌德创作一部节日戏剧，以庆祝国王和沙皇即将莅临普鲁士首都这一重大事件。这两位君主从巴黎的返回应该成为一个凯旋的节日，他们应该穿过勃兰登堡门并且在剧院欣赏盛大的演出。伊夫兰偏偏想让歌德为这天晚上创作一个序曲，这不禁证明这位剧院经理的雄心：抓住契机邀请到一位伟大的作家，而且还有政治的深谋远虑。因为就连沃尔特曼的爱国主义报纸介入——伊夫兰完全有可能了解这种介入——都以此为前提：歌德不会爆发出激情四溢的胜利欢呼，也不会对那些现在被打败、曾经反对普鲁士、如此强硬的敌人怀有陈腐的仇恨。伊夫兰指望歌德说一句明确和解的话。伊夫兰的柏林决定与那些令人惊讶的温和条件——即在第一次巴黎和约中，人们同意给予法国温和的条件——有着相似之处。据说法国起初甚至可以保留那些从全欧洲抢来的艺术珍宝，这一条件是在滑铁卢战败之后的第二次和约中才被取消的。正如不久后的维也纳会议证明的那样，欧洲当时拥有创造和平的力量，而歌德正在发挥他的作用。

伊夫兰的想法让柏林的歌德崇敬者拉黑尔·莱维感到欣喜，这种欣喜表明，在这个瞬间，爱国主义和歌德崇拜可以多么密切地融合在一起：作家作为民族的联合统一者。拉黑尔听说，这部值得期待的戏剧将来应该每年都在10月18日莱比锡大会战这一天上演。“我马上脸颊打寒噤，热泪盈眶。”（S.213）他于6月20日给她的女友萨拉·冯·格洛特胡斯（Sara von Grotthuß）写信时这样写道：“亲爱的格洛塔，你劝他这样做，劝他别拒绝！亲爱的朋友，你想象一下，假如全德国都这么想：现在全德国都在听这部戏剧，打寒

①奥古斯特·威廉·伊夫兰（August Wilhelm Iffland，1759—1814）是德国演员、戏剧家兼剧院经理，对德国剧坛影响甚大。1798年，他被任命为柏林国家剧院经理，1811年他又被任命为普鲁士所有皇家剧院的总导演。——译者注

噤，颤抖，倾听，然后鼓掌，欢呼，然后和我们一起喜极而泣！我摔倒在地上，然后哭泣。”①

当时歌德已经在创作中了。尽管时间紧得吓人，他还是认真考虑了一天，然后就答应了。1814年6月15日，歌德致信伊夫兰时写道：“尊敬的先生，首先我必须向您表达我最真诚的谢意，您给予我这次机会，而且是一种如此尊贵的机会，向德意志民族表达我和这个民族一样在痛苦和欢乐中曾经感受到的和现在正在感受的情感。”歌德在几个星期之内就写下了1000个华丽的、有时听起来有点儿空洞的诗行，为的是一个譬喻的神秘剧。这部节日戏剧一半是歌剧，一半是进行朗诵的宣告剧，它使用了舞台的所有手段：音乐、闪烁的灯光变幻、昂贵的服装、魔幻地变换的装饰、咏叹调、独白、群众场景。最后，甚至马匹都越过舞台，真正的士兵作为群众角色发挥作用。歌德的舞台建议恰恰是为了保留结尾的巨大效果：他对作曲家规定，凯旋者的进行曲应该借用柏林为人熟知的旋律，在舞台装饰中，应该在著名的地方植入铁十字勋章和勃兰登堡门的四匹马套车。恰恰这个当时被拿破仑带到巴黎的四套车现在被普鲁士国王作为唯一的艺术战利品收藏，于是立刻被寄往柏林，专门为了他这次回家之路。希望的譬喻可以采用已故的王后露易丝的形象，作为被歌德放在舞台上的人物，歌德这样启发性地说着。

尽管这些来自柏林公众的赞许，歌德在《厄皮墨尼得斯的苏醒》这部戏剧里还是创作了一部具有同时代经验的、意味深长的戏剧，该剧最后让一切都处于悬而未决的状况中。这部戏剧给人的感受如此错综复杂，以至于专门为了戏剧上演，人们还必须提供柏林教授莱沃佐（Levezow）用爱国主义阐释的纲领性文件的譬喻；柏林人很快就传开了：“哎，您觉得这怎么样？”他这样称这部节日戏剧，蔡尔特在致信身在魏玛的歌德时这样说。然而无法忽视的是（S.214），在这部节日庆典戏剧中的配演人物中，还有歌德与拿破仑。

---

①博德（Bode），第二卷，第609页。

戏剧标题给出的主人公是克里特岛的一个智慧的牧羊人，从戏剧一开头他就被打发去就寝睡觉。在以前的一次睡眠中，众神曾赠予他洞见自然即一切存在的法则这种能力。现在，在新的平静中轮到了历史的世界：厄皮墨尼得斯在苏醒后应该能够认识到“陌生的时代”。歌德这部节日庆典戏剧的情节框架就是入睡与醒来。很清楚，歌德把自己描述成这位迷醉的睡觉者厄皮墨尼得斯。作为智慧的人，他用睡觉的方式错过了战争、破坏、压迫和解放，即用历史的方式干扰宇宙的秩序。苏醒之后，他为他的远去表示道歉：

但我为休息的那些时光感到羞愧，
与你们共同忍受痛苦是一种收获：
因为你们感受到了痛苦，
你们比我更伟大。

但是一位祭司回应了歌德借戏剧主人公表达的这种在公众面前的鞠躬致歉：

请你不要指责众神的意志
假如你赢得了几年时间：
您在平静中保存自己，
这一点您能纯粹地感受到。

先知先觉地保持距离，对痛苦和斗争的远离，都是众神所愿，并且为更高的认知服务，尤其为一种纯洁的、不被当下激情歪曲的感受服务。这是歌德对他自己角色的定位，摒弃时代的斗争，而超越这些斗争。

这种澄清感知的保持距离使他可以认识处于伟大的、概念性的人物中的历史世界，这些概念性的人物是真正的舞台情节的比喻，这种舞台情节在厄皮墨尼得斯伴随着雷声入睡以及红色的闪电光亮之后。“战争的魔王”出现了，身着的服装就像一个罗马皇帝一样，由野蛮的救援部队陪同。战争现在就像拿破仑一样说话。与《潘多拉》中的普罗米修斯相似，《厄皮墨尼得斯的苏醒》中的战争与拿破仑的关系就像普遍概念与特殊情况的关系一样。但是，与普罗米修斯不同的是，“战争”也通过说话似乎接近了倒台的皇帝拿破仑。他甚至引用拿破仑的话：

> 我已经意识到至高，
> 我快乐地投身于神奇的事物中：
> 因为，谁不畏危险与死亡，
> 谁就是世界的主宰，英雄豪杰的主宰；
> 无论什么在对抗和威胁，
> 他最后都一直是大师。
> 没有反驳！没有反抗！
> 我并不了解任何困难，（S.215）
> 当周围的国家震颤时，
> 那才是我极度快乐的时光。

这些诗行可以直接追溯到一个通知，6月9日，正当歌德在创作《厄皮墨尼得斯的苏醒》时，公爵夫人露易丝派人给歌德送来这份通知。公爵夫人说，拿破仑曾经对一位奥地利军官说：“我始终在寻觅神奇的事物，我有克服一切困难的激情，而每一种反驳都是向我的固执提出挑战。”[1] 歌德觉得这番话如此有趣，以至于他立刻向公爵夫人表示感谢：“拿破仑的话多么的奇怪，显示了他对立的性格特征。对神奇事物的喜爱其实属于诗人，而克服困难的乐趣则属于数学家。”在内心独白的结尾，“战争”还再一次总结概括大陆封锁政策：

---

①MA，第九卷，第1182页（关于第157～159行），参见WA，第四卷，第二十四部分，第390页。

在岸边，铁制的弓弩强制封锁我：
因为就像海洋把你们包围一样，
你们这些果敢的波浪在包围我们。

接下来的几幕戏和为这几幕戏规定的服装说明，歌德仿佛并不愿意简单反映同时代的事件。战争之所以能毁坏世界，是因为“计谋”的恶魔“破坏了”世界。这样一来就说出了歌德理解法国大革命的关键词[①]。这些恶魔，即外交官、牧师、法学家都身穿16世纪的服装，16世纪是《浮士德》和《铁手骑士葛茨·冯·贝利欣根》的时代。他们的阴谋诡计如此破坏了社会的内在联系，以至于战争踢几脚就足以使社会坍塌。此后第三个恶魔获胜，“压迫”再一次超越时代地被介绍为“东方的专制主义者”。然而，在这个地方也再一次包含了对拿破仑的映射。不仅歌德和里莫尔，就连卡尔·奥古斯特和许多其他人都一再把拿破仑比喻为东方的专制主义者的原始形象和世界征服者。在此期间，舞台上的灯光变成蓝色和紫色，厄皮墨尼得斯把自己关在神殿中准备睡觉，这个神殿风景成了一个有毒的绿草滋生蔓延的废墟地带。一个漂亮的姑娘“爱”叹息着出现，由一个年轻的女士“信仰”陪伴。此刻，最令人害怕的场景接着出现了：这位专制主义者成功地仅仅以细微的劝说和几个珠宝首饰就给“爱”和“信仰”套上枷锁，并且使之变成奴隶。世界似乎最终被征服了。战争、计谋和奴役最后战胜了爱与信仰。（S.216）然而，在这里，“希望”以拯救的姿态出现在计划中，这是一个以米涅瓦（Minerva）[②]的形象出现的善战女士，而且——无论在哪里都可能——具有王后露易丝的特点。她自己就敢于直面专

① 我在此和下文联系洛塔·米勒撰写的关于歌德的节日庆典戏剧《厄皮墨尼得斯的苏醒》的尚未发表的文章，为此我衷心感谢这篇文章的作者。源自歌德为伊夫兰写的导演草稿中的引文参考MA，第九卷，第1162～1164页。汉堡版的评论材料展示得更完整（第五卷，第696～698页）。

② 米涅瓦（Minerva）是罗马神话中的智慧女神，相当于希腊神话中的雅典娜。——译者注

制，并且动员军队进行解放。在这个严峻的瞬间，厄皮墨尼得斯也苏醒了，他郑重地为他的长期睡眠道歉，并且为自己辩解。现在，舞台背景才转变成同时代的东方各个民族，比如巴什基伦人和哥萨克人、瑞典人和普鲁士人、克罗地亚人和奥地利人，也就是1813年参加联盟战争的人（歌德还同样建议把波兰人写进去，但是遭到严厉拒绝）潮水般冲上舞台，发出凯旋的进行曲，一个合唱队高声响亮地唱起歌德曾经写过的最能表达爱国主义情怀的诗行，人们几乎可以称之为讽刺性的模仿作品：

现在我们是德国人，
摆脱了外族的匪帮。
现在我们又是伟大的，
我们过去和现在就都是
最高贵的家族成员。
具有诚实可靠的意识并具有纯洁的气息
事实上有权利。

然而，无论如何，《厄皮墨尼得斯的苏醒》没有否认，歌德对解放的看法多么矛盾。因为解放也意味着战争，人们也必须秘密地准备解放，也就是以隐蔽秘密的阴谋诡计准备解放。例如在普鲁士的美德联盟中，存在一个爱国主义秘密社团，歌德这部节日庆典戏剧的文本暗指这个爱国主义秘密社团：

就这样，美德静静地建立一个王国，
防御抵抗和保护秘密地结成联盟。
在最深处，空洞地挖出尘世王国，
在这王国之上，那些可怕的暴力
现在显然有其狂野的本质。……

可怕的威力只能从它们那一方面被打败，而这把自由潜入一种血红的和火焰般红色的光亮。偏偏温柔的“信仰”说出了这一点：

我被号召去做非同寻常的事，
就连摧毁、鲜血和死亡都为我服务；
这样在我御座的台阶上
自由的朝霞火焰般可怕地跳动。

自以为看上去完全不同，没有一处影射着被打败的敌人法国人。只有拿破仑出现在强有力的诗行中，准确无误地拍打着同时代的每只耳朵：

然而果断地从深渊中出来的
也能够被一种坚强不屈的命运
超越半个世界，
它却必须回到深渊中去。

然而此处也没有谈论某一个人，而是谈论已经摧毁了宇宙的内在联系的威力。这样，不仅可以自由保存着那种革命的口号，（S.217）那种总是魔幻而震惊的一部分，最后的话，而且还保存“统一”，这个譬喻顺序中最后一个人物。她的至理名言是“在伟大的意志中屈服”，以智慧就可以结束一组循环，革命的范围如同那些他最后克服的起义一样，同样，拿破仑恰恰就是革命的一部分。这样，歌德在那场伟大的、1789年开始的世界戏剧结束时，意志忠实于他那种怀疑革命的态度。革命意味着对一种自然秩序的干扰，而革命才强迫观察自然的厄皮墨尼得斯——即歌德——现在也成为历史的观察者。

这部节日庆典戏剧在公开的舞台上探讨了冥思苦想地设计的个人问题，这部节日庆典戏剧没有取得任何成功。拉黑尔想象的动人画面并没有变成现实：在全德国欢度几个爱国主义的“歌德之夜”。首先，该剧的上演不得不被推迟——作曲家没有完成创作，沙皇也没有来柏林，普鲁士国王不愿意到剧院，伊夫兰也死了，然后就是1815年3月20日举行首演，可以想象，这是在一个不利的时间点上：人们在庆祝占领巴黎的第一周年，10天之前拿破仑逃离艾尔巴岛，进驻了巴黎！由于新的战争危险，歌德的历史相对主义遭遇了令人不愉快的尖锐现实。公众感觉到了政治的淡漠，而舞台上多种媒介的华丽灯光没有点燃。蔡尔特不得不在舞台背景处报道工艺上的不可靠。该剧1816年1月30日为庆祝公爵夫人的生日而在魏玛的上演也仅仅获得稀稀拉拉的掌声。

但是歌德还在留恋这个思想活动的舞台装置，这还给予歌德机会去公开减免他与拿破仑的关系，这就是在拿破仑被驱逐出圣海伦岛而最终被除掉之后。1816年，歌德在哥塔出版其著作的第三版的第八卷中出版了他的节日庆典戏剧《厄皮墨尼得斯的苏醒》。歌德把该剧就放在献给皇后玛丽-露易丝的那些八行体诗中。歌德并没有与这些八行体诗保持距离，它们应该比它们的创作契机更长久。这些八行体诗以这些话结束：

想要一切的那个人，
他也要和平。

这一点呼吁也遭到了反驳。拿破仑并不愿意要和平，就连他1813年被赶得像头鹿一样到处乱跑时他都不愿意要和平，不想签订和约。1815年2月15日，歌德写了两首新的八行体诗，作为从献给玛丽-露易丝的诗向《厄皮墨尼得斯的苏醒》的过渡。（S.218）1812年的结尾诗行的第一行处于直接的连接中，上面写着：

意愿不能准备和平：

谁想拥有一切，谁就想在所有人面前强大，
他打胜仗，以此让其他人发生争执；
他思忖着使他的敌人从容不迫；
这样，力量和诡计朝着所有的方向发展，
无数出生的痛苦折磨，
威胁着每一天作为最新的一天。①

这是革命无法阻挡的必然过程，因为反向革命也是革命。最后从远处观看，拿破仑在什么地方失灵了呢？他被自己的意愿完全吸引而毫无节制，在这种情况下，他却没有结束革命，而且也没有建立和平。这是歌德对拿破仑的主要指责，一个政治指责。歌德以此证实了1806年初弗里德里希·冯·根茨在五场战争和一百万死者之前提出的判断预测。这个独裁的篡权者太过习以为常地缺乏逐步创造和平的能力。

第二首八行体诗指出了诗人的角色，即歌德自己的任务：

诗人试图分娩命运，
这种命运波涛汹涌般而且可怕地未经人工塑型，
不善于找到适度、目标和直路。
而且咆哮地吹着，破坏着并且擦擦作响地进行支配。
这时艺术在爱恋着的燃烧中
抓住民众的混乱，这混乱马上就被展开了，
通过共同的激动这种共同的贡献。
诗歌和演讲，富有意义的活动。

①MA，第九卷，第195页。

正如下一首诗展示的那样，这并非完全是事实。歌德仅仅间歇性的妥协，承担了“共同激动产生的共同功绩”，作为《诗与真》平行的历史书写，而且作为法兰西第一帝国的诗人。（S.219）对拿破仑的政治判决并非意味着，拿破仑的个人魅力在歌德心中终结。歌德在他的余生中一直保持着对这位皇帝的忠诚。1815年夏天，歌德开始用对话的方式把他一生中最重要的两个统治者卡尔·奥古斯特和拿破仑用相同的性格加以总结，即“果断”这种特征。在苏皮茨·布瓦萨雷记录的1815年10月5日这次谈话中，歌德展开描述了他的这种思想，我们可以把这种思想认识作为对“魔性”的神秘想象的表达。公爵和拿破仑皇帝在此时“遇到”了带来严重后果的狂飙突进[①]诗人，只是作为积极的对立人物而已：“他反正很容易而且很愿意做确定的事，他总是确定他做的事是善的或者幸运的，但这些事对他可能产生完全相反的后果。一直以来他都没有发觉这一点。每当可能产生不幸影响的人物出现在他面前时，他也就不可避免地遇到了某种悲哀的或者不幸的事。”可是，对于歌德个人而言完全可以带来幸运的果断同那种最后把拿破仑带到深渊的、毫无节制的欲望到底有什么区别呢？

① 狂飙突进运动是德国18世纪文学时期，以张扬个性、尊重情感、尊崇天才和自由等为特征。——译者注

第五章

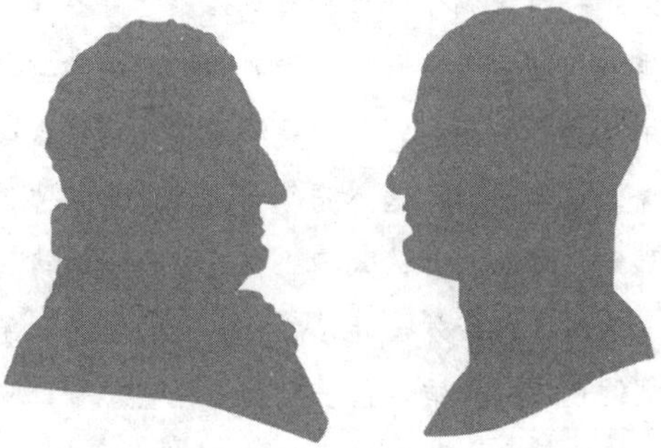

世界汇编

提高了的见识：老年歌德对拿破仑的纪念

歌德得到这个礼物时很高兴，他于1831年2月3日致信蔡尔特时说到了这个新宝贝：“艾克曼作为真正的阿里，头脑中渗透着这种崇高的概念：明与暗在暗色调中产生各种颜色。艾克曼给我带来这个拿破仑的小胸像，单单就为了这个胸像去周游世界都值了。它放在那儿，迎着初升的太阳：在迎来太阳的第一束光线时，这胸像就会发出超过所有宝石的光芒和所有华丽斑斓的色彩的声响。倘若我继续让它对着太阳，那么，它就整天重复这样的‘工作’。”

1815年3月1日，（S.221）拿破仑从微缩皇帝王国潜逃，这是其盟军敌人为他在艾尔巴岛上建的。两个星期之后，消息传到了魏玛，正如沃伊格特向艾希施台特报道的那样，歌德还以为，“巴黎很有可能爆发新的革命”[①]。维也纳大会上，根茨所说的各方势力针对“波拿巴”的剥夺公权的声明并没有给歌德留下什么印象：波拿巴把自己置于“民事的和社会的关系状况之外，并且作为世界的敌人和世界安宁搅扰者经受公开的惩罚”。“当然，外交辞令不可避免，一个难以忽略的不幸似乎又加深了。”[②]他以激动的、有时甚至绝望的紧张心理关注着百日插曲。他已经厌倦了永远的激动和不确定性，厌倦了日复一日的生活——读报、研究地图和闲谈政治，4月22日，歌德筋疲力尽地给克内伯尔写信说：“我真不知道，到底什么可以让人们做得更好，无论现状是否可以澄清，还是变得阴暗。”就连厄皮墨尼得斯这回都无法保持有益于健康的微睡状况！恰巧在关于拿破仑逃跑的消息到达魏玛时，即在3月17日，歌德写完了诗歌《合集》，这首诗发出一阵人们不习惯的痛苦的声音。哈菲斯冲着他所爱恋的苏莱卡大声喊道：

可你去问问皇帝，
他是否把城池交给你？
他更加帅气而且更加智慧了；
但他并不知道，正如人们恋爱一样。

---

①《拿破仑岁月》（*Napoleonische Jahre*）第二卷，第858号（1815年3月14日或者15日）。

②1815年3月22日致信拿破仑，《拿破仑岁月》（*Napoleonische Jahre*）第二卷，第860号，带有评论。

1815年夏天，歌德很信任地告诉苏尔皮茨·布瓦萨雷一个幽灵般的故事："歌德的戒指故事，这枚戒指上面带塞拉皮斯（Serapis）[①]的头——下面写着INI——他早就定制了这枚戒指，但是很久都没能拿到，三月份他感觉不舒服，一个朋友来了，'发生了很可怕的事，您猜猜是什么'——'世界末日'——'不，拿破仑逃跑了'——'是的'，第二天，那枚戒指到了：好的预兆（Felix omen[②]）：'拿破仑覆灭了（interiit[③]）。'也就是说，按照歌德一直渴望得到的、在合适的时间到货的那枚戒指上刻的字母顺序，两个被字母I框起来的N预言了拿破仑的覆灭。"[④] 与整个正在复辟的欧洲一样，（S.222）歌德也经历了他的皇帝向舞台的回归，他把这种回归仅仅解释为对一种恰恰刚被取得的和平以及还成问题的稳定的干扰。歌德在前往莱茵河和威斯巴登附近的美茵河的第二次旅行中了解到关于滑铁卢和关于战役的起初矛盾的报道，在威斯巴登，刚刚喘息过来的市民看到自己又处于另一种状态中，"他们的身体力量无法胜任的状态，而他们的精神力量与这种状态不协调"，[⑤]正如歌德几年后在《日报与年报》中概括的那样……

在这个夏天，歌德在拿骚（Nassau）做客，拜访冯·施泰因男爵。男爵还陪同歌德去参观了科隆大教堂，当时在歌德新的天主教朋友布瓦萨雷兄弟的影响下，科隆大教堂正在变成浪漫派的国家建筑工地。在这里，在莱茵河畔，歌德第一次对法国人怒不可遏，这也是革命以来的岁月中唯一的一次："因为，无论法国人遇到什么灾祸，人们总是发自内心地乐于看到他们，假如人们看到这些灾祸，二十年来，法国人因为这些灾祸折磨并且毁掉这个地区，是的，永

①塞拉皮斯（Serapis）是在埃及的希腊之神，他集宙斯、阿斯克雷普尤斯和狄奥尼索斯的特征于一身。——译者注

②这是拉丁语。——译者注

③这是拉丁语。——译者注

④1815年8月3日，《拿破仑岁月》（*Napoleonische Jahre*）第二卷，第480、481页。

⑤MA，第十四卷，第245、246页。

远地扭曲和蹂躏这个地区。”这番话是沃伊格特于1815年8月1日写下的。这封信的这一段成为一种民族主义的歌德语文学受欢迎的引文，然而，这种爆发是零零星星的。歌德关于新的、后拿破仑世界状况的真正评介出现于他对冰根（Bingen）的罗胡斯（Rohus）节的描述：在他的描述中，古老的父辈天主教的民众虔诚的坚持（longue durée[①]）战胜了新近过去的革命历史。并非民族的现代概念，而是在一个地理学上被理解的文化区域中当地的生活形式博得歌德的好感。1815年夏天，针对所有“关于德国政治的谣言”，他只想发出劳伦斯·斯特恩[②]的《项狄传》（*Tristram Shandy*）中俄尔纳尔法斯（Ernulphus）发出的诅咒[③]。歌德在返回魏玛的途中遇到了以哥萨克人形象出现的世界历史，这些哥萨克人在辽阔的荒野上追逐着被吓坏的兔子。这时拿破仑已经到了圣海伦岛，而且欧洲终于迎来了和平。一年之后，歌德非常勤勉地参与为君主布吕歇尔（Blücher）[④]建造纪念碑的工作，布吕歇尔现在叫作冯·瓦尔施塔特（von Wahlstadt），一位拿破仑的战胜者，歌德甚至敬献了碑文：

> 在期待和战争中，
> 在颠覆和胜利中，
> 有意识而且伟大！
> 他就这样把我们从敌人身边拉走。

所有这一切——诅咒拿破仑的返回、对和平与稳定的渴望、在美学上与长期被憎恨的天主教签订合约、向解放战争的士兵纳贡，还有在文学上向东方进发，这种进发在当时充满了威力——当然始终无法强大到改变拿破仑及其命

①这是法语。——译者注

②劳伦斯·斯特恩（Lawrence Stern，1713—1768）是英国一名奇特的小说家。——译者注

③1815年9月20日，歌德这样对布瓦萨雷说。《拿破仑岁月》（*Napoleonische Jahre*）第二卷，第516页。

④布吕歇尔（Blücher，1742—1819）是普鲁士将军，战胜拿破仑的功勋，被俄国人誉为“前进元帅”。——译者注

运对歌德产生的个人魅力，这种个人魅力一直持续到歌德人生的尽头。也同样是在1815年夏天，歌德在冯·施泰因男爵和布瓦萨雷的强力吸引下形成了自己对莱茵河畔战争损失的认识，并且似乎为了战败的世界震撼者拿破仑画了三个十字。恰恰在与苏尔皮茨·布瓦萨雷的谈话中，歌德怀着曾经的敬重回忆起被推翻的皇帝拿破仑。1815年8月8日，歌德向他年轻的朋友苏尔皮茨·布瓦萨雷介绍了当年与拿破仑的谈话，这里长篇地引用这段谈话，因为它表明，在落笔写成之前，这篇回忆录就已经定稿了，而且表达等都是固定的："拿破仑给他留下深刻的印象，他拥有世界历史上最伟大的理智：同样在埃尔福特附近的总督府大厅里，达吕侯爵把他介绍给拿破仑，而就在这个总督府里，歌德年轻时经常在这里与席勒、奥古斯特公爵、神父助理达尔贝格一起度过美妙的时光，体会过如此多的乐趣，并且度过了快乐的时光。当时在场的还有贝尔蒂艾（Berthier）、苏尔特和其他人，拿破仑皇帝接见了所有这些人；我谈了一个多小时，是的，总是不停地变换话题，然后我又与他交谈起来。"

就在这个地方，写日记的人作出了自己的评价："我似乎并没有发觉，或者不想发觉，这一切都是打算好的，为了给他留下深刻印象（正如我的阐释一样）——达吕介绍了他，还说歌德翻译了《穆罕默德》——这时拿破仑说：《默罕默德》是一部糟糕的作品（est une mauvaise pièce[①]），然后他展开叙述——对的，他不是以要求的口吻，'他不得不明白，他是另一个穆罕默德'。"接下来的谈话是非常有教益和启发的，因为在这次亲密的对话中，歌德炫耀他与拿破仑的一种特殊关系，这种特殊关系是从约翰内斯·冯·米勒所屈从的魔法中凸显出来："我在谈论明显，"布瓦萨雷如是说，"他是如何迷惑可怜的米勒的——他（歌德）摒弃这个明显与米勒一起的情况，这是另一种关系，因为他就是那个可怜的米勒。他说，拿破仑与他出色地谈论了许多关于悲剧问题；拿破仑重复的话总是：'歌德先生，您说什么？'（Qu'en dit

①这是法语。——译者注

Mr.Goeth？[①]）拿破仑使他大笑，（S.224）使得他以为不得不道歉，这想要说明点儿什么问题；可是，这时，他却无法说出真正涉及的问题是什么。”也就是说，这又是伟人之间神秘的亲密！

自从拿破仑从艾尔巴返回以来，对他政治的赞同与对他个人的钦佩是分开的。歌德从一开始就阅读拿破仑被放逐到圣海伦娜岛之后不久就开始出版的文献。其中的一本书是名声不好的《圣海伦岛的一个随便的手抄本》（*Manuscrit venu de St.Hélène*[②]），这是被推翻者自己的作品，歌德甚至在1817年的《日报与年报》中提到这本书，尽管只是作为文学神秘现象中的特殊情况：“毋庸置疑，人们偷听着这位英雄的一些话。”[③] 但是，这丝毫没有影响歌德拒绝这本书里恰巧宣传的波旁王朝所采取的军事行动。1818年3月19日，歌德给蔡尔特写信时使用了一个诙谐的比喻：“我可能对一百个六音步诗知之甚少，就像我对最后一个波拿巴政府知之甚少一样。上帝保佑我，不要使用德语的韵律，就像避免法国的王位更迭一样！”

在此期间，在魏玛公国里，拿破仑时代留下的充满矛盾的遗产变得清晰可见了。1816年，大公国颁布了一部书面的宪法，这是德意志联盟中的第一部宪法，尽管不是产生在德意志的土地上（那种宪法曾经存在于威斯特法伦的拿破仑王国中），在这半国土的、半个已经有代表性的魏玛基本法中，出版自由被允许，这并没有使歌德极度高兴。1817年，人们在瓦尔特堡共同庆祝宗教改革纪念日和莱比锡大会战时，使用了具有民族意识的大学生的青春节日，起初这个节日并不乏歌德的支持。大火在熊熊燃烧：这里不仅有复辟的专制主义政体的辫子和军士拐杖，而且按照路德的楷模作用，也是像考茨布厄的所谓反动派的书。歌德觉得，像考茨布厄这样一位有才华的文学宿敌的屈尊是很有趣的：“圣彼得堡现在为火焰感到高兴，火光冲天。”然而，当担忧从维也纳和柏林

---

①这是法语。——译者注
②这是法语。——译者注
③MA，第十四卷，第263页。

（联盟的主席）发来，而蛊惑人心的活动声音开始变大时，歌德却仅仅还在谈论“丑陋的瓦尔特堡大火的臭味”[①]。在几大势力的压力下，魏玛刚出台的新闻自由必须受到限制。（S.225）此外，在瓦尔特堡的大火中还有一些书，它们赞同犹太人的解放。今天，我们在瓦尔特堡的节日中，通过现代的和反现代的德国特殊道路，认识到了一个里程碑，拿破仑曾经为这个里程碑做了许多贡献。1819年，考茨布厄又偏偏被耶拿大学生社团成员[②]刺杀，这时德国的“气候”变得真正反动起来。拿破仑成为德国两大党派的敌人形象：为了有民族意识的大学生，但是还为了他们的压迫者，1819年，在歌德的疗养地卡尔斯温泉镇，人们颁布了臭名昭著的、反恐怖主义的关于蛊惑者破坏活动的决议。

在这些年里，对于歌德而言，《西东合集》成为反思容器，使他同刚刚经历的这个时期保持距离地反思。发出巨大声响的《黑吉勒》（*Hegire*）——

北方和西方与南方分崩离析
御座裂开，王国颤抖
你逃亡，在纯洁的东方
去品尝家长制的空气。

却绝对不意味着逃亡本身。逃亡者转过身来，然后回头瞭望。这样，对于同时代的读者而言就出现了一面时代的镜子，它足够遥远，因而向他展示自己作为画面的世界。一根围绕拿破仑的线索贯穿这部果敢的晚年作品。在歌德“为了更好地理解”给他的东方化诗集附加的“谱曲与学术论文”的“未来合集”段落中，他并非偶然地根据帖木儿的形象写了一个导读。据说，或许必须

①1817年12月16日歌德致信蔡尔特。反对考茨布厄的诗歌以这些诗行开始：“你已经活动了足够长的时间，卑鄙地写关于崇高的情况。”

②指1819年考茨布厄被耶拿大学神学院大学生桑（Sand）杀害，因为桑是大学生团体成员，认为考茨布厄发表过反对德国统一的言论，因此杀害了他。——译者注

“要过上几年，这样，对庞大世事的深入的观察也不会因为时间太过接近而丧失阐释的乐趣”。[①] 在经历了莫斯科大火的震惊之后，歌德在蒙古君主帖木儿的形象中找到了一个例子，他看到“我们生活在什么样的时代里以及我们必须多么严肃，才能够按照传统的方式快乐起来”。我们在此再一次提及歌德在1812年11月14日致信莱茵哈特时的表达，以便看清歌德在莫斯科大火的震惊之后心路历程是如何发展变化的。

这种严肃与明快的结合构成《西东合集》整部作品的特点，最大胆鲁莽的地方在《帖木儿书卷》的第二首中，在这里，诗人歌颂赞美献给苏莱卡的芳香精油，这种精油要求数以千计的玫瑰死亡：

那种痛苦应该折磨我们，
因为它增添了我们的乐趣吗？
难道帖木儿的统治就没有消耗桃金娘的灵魂吗？

这首诗发表于一场世界战争之后三年，这种诗行几乎具有挑衅的味道，但是，帖木儿是怎么说的呢？

什么？好说谎的牧师们，你们反对骄横恣肆的
强有力的风暴吗？
假如阿拉（Allah）[②]确定我是蠕虫，（S.226）
那么，他就把我当成蠕虫创造我。

然而，哈菲斯在歌德的作品中等于火花，他总是鼓励其德国的后继者进行

①MA，第十一卷，第十二部分，第209页。
②阿拉（Allah）是指阿拉伯语言中的“神”，又译“安拉”。——译者注

创新，打造德国：

> 当这座皇帝城市在凶猛的火焰中翻腾时，
> 火花能够点燃这座皇城。

歌德用《西东合集》诗艺的卓越大火对比莫斯科的火情！这些大胆的行为是可能的，因为《西东合集》通过空间的和历史的距离补偿现今还没有达到的、同时代的距离。这种“升华后的观察”并没有形象地反映拿破仑时代，而是普遍化地、按照类型学地反映，尤其在“谱曲和学术论文”中。

这样，在“统治治理”那个段落中的观点是，所有统治权力都可以从“解释战争的权利”派生而来。而这种统治治理源自“发动战争的能力”。这是东方统治的原始基础，但是，正如歌德所证实的那样，这存在于自古以来的人类关系和联系中，也存在自然法、国际法和国家法的原则之外[①]。歌德于1824年2月25日同艾克曼进行了谈话，他在谈话中赞扬波旁王朝的人，原因是他们刚刚在西班牙完成的战役，这就表明了，歌德多么具体而且现实地理解这种思想：“他们只有通过赢得军队才赢得他们的御座……军队遵守古老的荣誉，并且暴露了古老的荣耀，军队自身依然是勇敢的，他们没有拿破仑也照样能够打胜仗。”在传统的权力关系被革命性地变革之后，这种权力基础就不可避免地、明确地显现出来；这样，法国人的皇帝拿破仑起初不得不把他的统治建立在战争成果而不是建立在合法性的基础上。在五年后的1829年4月2日，歌德再一次向艾克曼解释：“假如拿破仑当年不当士兵，那么，他永远都不会爬到最高的权力位置上。”

然而，《西东合集》中主要涉及的并非政治与战争，而是涉及更辽阔广袤的领域：预言、专制和诗艺。“穆罕默德”这个名字经常与拿破仑建立某种内

①MA，第十一卷，第十二部分，第143页。

在联系，以免使每个同时代的读者敏感。歌德以基本的区分开始。预言家并非诗人，他的《古兰经》并非人类进行授课和娱乐的书，而是一部神的法则，它以最简单的手段为了唯一目的服务：先知想要树立一个队旗，各个民族都围绕这面队旗[①]。拿破仑也是这样一本书的作者，尽管他不是先知。（S.227）书中还进一步说明，专制制度“打造了具有伟大个性的人；聪明、平静、严格、坚韧不拔、果断以及为了服侍君主需要的所有特征。具有伟大个性的人在一群有能力的英杰中发展壮大，并且为他们设置了国家的第一批职位，在这里他们把自己培养成统治者。这些统治者在亚历山大大帝的统治下成长，在亚历山大大帝英年早逝之后，他的将军们马上作为国王屹立在那里。”[②] 歌德会情不自禁地想起那些他不得不反复再三地在他国家安置的元帅，想起一切拥有公爵头衔和国王头衔的伟大士兵，他们亮相于战败者如地方总督或者哈里发[③]。拿破仑的继子欧也妮是劳伊滕贝格（Leuchtenberg）的巴伐利亚公爵，他的最后一个工程项目是一条连通莱茵河与多瑙河的运河，这几乎就相当于《浮士德》中浮士德的任务。1824年，当歌德听说拿破仑的继子欧也妮死亡的消息时，他于2月29日对艾克曼说：“假如我们考虑到各个地方正在抵抗，那么这是一个庞大的工程。但是对于在拿破仑手下服役过并且跟他一起震撼过世界的人来说，没有什么事情是不可能的。”

关于专制制度的更长的定义融合了特殊的东方特色和共同的人性，尤其体现了自由和奴役的两极分化（避免使用“辩证法”）：“假如权力掌握在一个人手里，那么，众人就是屈从的；假如权力在众人的手中，那么，个人就处于不利的局势中。”“正如人们从来都没有再听说自由一样，就好像一个政党想要奴役另一个政党并且不再看其他的事情，只看权力、影响以及从一只手走向另一只手的能力。”是的，自由本身可以成为专制制度的口号，“假如专制制度

①MA，第十一卷，第十二部分，第147、148页。

②第152页。

③伊斯兰教国家政教合一的领袖。——译者注

煽动其受奴役的百姓反抗敌人，并且承诺民众永远地从其外在的压力中解脱出来”。[①] 现在这一点不存在被掩饰的现实意义，使得直接接下来的内容读起来相当丰富。这首先联系到这个问题：最后总是“个别人的独立意识和固执反对另一个人的万有权力，两者进入平衡”。据说人们在接受宴请时可以毫无廉耻地反驳波斯的皇帝，但是要担这个风险：反驳之后被带走，被砍或者被赦免：“这个君主和命运一样是无情的，但是人们与命运抗争。猛烈的禀性就此陷入一种疯狂中，我们为此可以呈上最神奇的例子。”（S.228）

令人惊讶的超党派性：这里是无情的命运，那里是癫狂。但还有第三种因素，读者并非不清楚作者自己的立场如何：“然而，适度的、稳固的、有计划的禀性屈从于一切发源于其中的最高权力，为的是按照它的方式去生活并且发挥作用。但诗人首先有理由追随高度评价其才华的至高者。在与伟人交往的宫廷中，一个广阔的世界轮廓向诗人展开，诗人需要世界轮廓，为了获得所有丰富的素材。这里不仅有因为谄媚行为而进行的道歉，而且有为谄媚行为的辩解。”[②] 颂扬奉承不仅仅在东方是一个很大的门类，正如每个耳畔还回响着卡尔斯温泉镇八行体诗的读者所知道的那样。《西东合集》中的“不悦篇”概括说，“你们能够感受到，强权”：

无法被革除；
我喜欢同聪明人、同暴君
交谈。

“曲谱和学术论文”末尾有一个地方充分而清晰地谈论了专制制度的残酷和过分，而且在这里，语言表达突然又使人们回忆起施拉伯伦多夫和根茨

①MA，第十一卷，第十二部分，第181页以及下一段“反作用”。

②第183、184页。

批评拿破仑的书，歌德在耶拿战役之前读过这两本书："因为独裁统治都拒绝一切外在的影响，并且应该保障统治者的个性，这样就得出了结论：专制者总是怀疑叛变，而且不得不担心各种形式的权力，因为他本身仅仅通过权力巩固并确立其高贵的位置。" "一种不受限制的意志本身在上升，并且必须面授外部的警告，必须追求完全不受限制的事业。"[①] 这些就是对专制冷静的、客观的、有时带有游戏口吻的概括，其高高在上的姿态，和普遍的保障方法有意抑制打击想要了解情况的情感冲动。道义上的趾高气扬和对各个民族的敌意在此没有得到任何容身空间。如果被推翻的皇帝的名字并没有出现在文中，那么也就没有什么逼迫读者去感知《西东合集》中"曲谱和学术论文篇"中对世界历史的阐释背后所隐含的拿破仑轮廓——假如读者无论如何都不愿意这样做。引人注目的是：在拿破仑被驱逐的最初几年里，读者在歌德的作品中几乎找不到对拿破仑的直接关联。这一点一直到皇帝拿破仑于1821年5月5日死亡之后才有所改变。

7月初，欧洲各大报纸刊登了拿破仑死于圣海伦岛的消息。（S.229）就在这之后，36岁的意大利诗人阿雷桑德洛·曼佐尼（Alessandro Manzoni）[②]写下了一首俄得体诗歌，由18个诗节组成，每个诗节有6行诗。这首诗属于意大利抒情诗的桂冠珍宝，其天才的简洁表达加上其富丽堂皇的华丽字词音调直到今天都属于意大利语言记忆的核心宝藏。曼佐尼的诗歌铿锵有力地为拿破仑在欧洲极其惊险的凯旋之旅配乐谱曲，人们甚至都不必掌握意大利语就能够理解由名字产生的词汇音乐：

来自阿尔卑斯山，到埃及金字塔，

① 《西东合集》，第244、246页。

② 阿雷桑德洛·曼佐尼（Alessandro Manzoni，1785—1873）是意大利诗人、小说家。其小说《约婚夫妇》在意大利民族复兴运动时期对国人产生了巨大的号召力，被誉为世界文学的杰作。——译者注

从曼萨纳勒斯河[①]到莱茵河，
可靠的闪电的火花
来自发光的雷神云朵，
它击中了，从斯库拉[②]到塔奈斯[③]
从一个海洋到另一个海洋。

Dall' Alpi alle Pirámidi
Dal Manzanarre al Reno,
Di quel sicuro fulmine
Tenea dietro al baleno;
Scoppiò da Scilla al Tanai,
Dall' uno all' altro mar.[④]

1822年1月，歌德收到了这首俄得体诗的一共108个诗行，而且是通过卡尔·奥古斯特公爵收到的。曼佐尼当时生活在米兰，在魏玛和米兰之间，一些年来保持艺术方面的频繁交往，人们提醒歌德关注曼佐尼这位19世纪意大利最伟大的作家，尽管当时呈现在他面前的只有这位作家的一个宗教诗歌集和悲剧《卡尔玛格诺拉伯爵》（*Der Graf von Carmagnola*），还有今天鲜为人知的这位作者的其他几部作品。几年之后，他通过被歌德热情称赞的长篇小说《约婚夫妇》（*I promessi sposi*[⑤]）才获得世界荣誉。阿雷桑德洛·曼佐尼是被歌德真正发现的诗人，这一点为对他的评价开具了一个几乎难以超越的证明。

①曼萨纳勒斯河（Manzanares）是西班牙一条河流，全长83公里，流经马德里。——译者注

②斯库拉（Scylla）是希腊神话中长生不死、无法抵抗的妖怪，是希腊水手第一次冒险进入没有人探测过的地中海西部水域时面临的种种危险的诗意的表现。在这首诗里指地中海水域。——译者注

③塔奈斯（Tanais）是古希腊城市，位于东河（Don）入海口，在古代是欧洲与亚洲交界处，由殖民者建立。——译者注

④这是意大利语。——译者注

⑤这是意大利语。——译者注

曼佐尼这首诗的标题《五月五日》（*Il cinque Maggio*①）注明了拿破仑死亡的日期，这首诗给歌德留下如此深刻的印象，以至于他马上就着手翻译。这种双重的创作爆发狂——曼佐尼在拿破仑死亡消息之后的创作和歌德收到这首俄得体诗之后的翻译创作——具有某种拿破仑的热情。不仅素材的题材吸引了歌德，而且还有其诗歌精湛方面的挑战吸引了歌德。歌德把拿破仑在西班牙和俄国之间、阿尔卑斯山和埃及之间发挥作用的大对角线翻译成自己的语言：

来自阿尔卑斯山，到埃及金字塔，
从曼萨纳勒斯河到莱茵河，
可靠的闪电的火花
来自发光的雷神云朵，
它击中了，从斯库拉到塔奈斯
从一个海洋到另一个海洋。

文学专业很有道理地谈论歌德“独特的果敢尝试”，（S.230）把曼佐尼“具有一切惯用语”的俄得体诗歌“翻译成德语”②。歌德偶尔提供一个原文行间夹入的对照翻译，然而这是以怎样的一种语言创造的结果！他这样翻译曼佐尼诗歌的开头，那么突然，使人回忆起贝多芬的《艾洛伊卡》（*Eoica*）中降E大调和弦的插入部分：

他曾经存在——就仿佛纹丝不动
在最后的气息叹气之后
躯壳躺在那里，不惦记，

①这是意大利语。——译者注
②卡尔·毛勒尔（Karl Maurer），引自伯朗克（Blank）：《歌德与曼佐尼》（*Goethe und Manzoni*），第241页。

孤独而缺乏这种精神：
如此深地受打击，僵硬地感到惊讶，
大地听到这个噩耗。
（Ei fu.Sicome immobile
Dato il mortal sospiro
Stette la spoglia immenmore
Orba di tanto spiro
Così percossa，attonita
la terra al nunzio sta[①])

“他曾经存在”：这首俄得体诗歌让时间在拿破仑的死亡噩耗后停止，并且回顾这位刚辞世的提坦神的整个一生，“思考着这位可怕的男人最后的时光”。歌德如此尖锐化地翻译“命运的男人”并且由此进入革命恐怖的附近，这是一个附带的、事实上却最有意义的信号。诗人冷静地追踪死者的伟大，直至在道义上有失体统之事的地带。缪斯女神总结这个巨大的人生，不愿意“亏欠任何谄媚，不亏欠任何有罪的鄙夷”，上帝本身甚至让这个人生给世人留下深刻印象，作为伟大的例子：

我们深深地垂下额头，
为这个最强大的人，
这个缔造者，他曾经
喜爱没有界限的痕迹，
具有极其巨大的精神力量。

---

①这是意大利语。——译者注

这种由上帝创造的人类的伟大看上去是这样的，听起来是这样的：

这种暴风骤雨的、然而颤抖的
对伟大的计划的喜爱，
心灵的恐惧，心儿毫不受约束地、（S.231）
服侍地渴望王国，
并且获得这个王国，作为最高的酬劳。
希望得到这个酬劳是愚蠢的。

这成为他的一切：荣誉的荣耀，
在危险过后被扩大，
然后是逃亡，又是凯旋，
皇宫，驱逐；
两次被排挤化为尘土，
两次在祭坛上。

伟大在这里是胜利或者成就以外的另一种品质；拿破仑的失败、他的两次垮台都具有这些诗行想要反映的特别尺度。“对伟大计划的喜爱”本身是美丽的，因为计划想要的并非确定下来的事，仅仅是对王国、对统治的兴趣渴望。拿破仑几乎毫不费力地战胜了他的对手们：

发号施令地缄默不语，
他在中间意识到自己是裁判的人

歌德在埃尔福特和魏玛亲眼经历了这一点。他在被强迫的无所作为中和在这海洋暗礁上流亡的寂寞中也是伟大的：

噢！如此频繁地在
空虚的白昼沉默不语的死亡中，
降低了闪烁的眼中光芒，
双臂交叉，
他站在那儿，白昼流逝
回忆冲击了他。

歌德的翻译做到了一切，却没有削弱原文的高调，是的，翻译有时通过词汇封锁和后移而升华了高调，它们在意大利语中不如在德语中那么引人注目，而且通过放弃韵脚。在这里诗人没有勾勒出政治的计划，而是塑造一种滑稽的人物形象。歌德喜欢曼佐尼的这首诗，他肯定也喜欢自己的翻译。他经常用高度戏剧化的方式朗诵这首诗，正如他在卡尔斯温泉镇结识的研究矿物学的朋友约瑟夫·塞巴斯蒂安·格律纳（Joseph Sebastian Grüner）1822年5月8日描绘的那样：（S.232）“他仿佛处于一种被神化了的状态中，在此过程中非常受感动，他的眼睛里闪烁着火花”，最后歌德问这位听他说话的人：“曼佐尼是一位伟大的诗人，对不对？”1827年7月15日，他对艾克曼说：“这首俄得体诗非常出色。可是，您发现在德国有什么人在谈论他吗？就好像这首俄得体诗歌根本不存在一样，可是，这是关于这个题材写过的最好的诗。”我们几乎可以把这些铿锵有力的诗行理解成歌德自己的表达，他的的确确把这些诗行变成了自己的诗行，就像当年把帖木儿诗歌的拉丁语原文当成自己的诗歌一样。司汤达分享了歌德对这首俄得体诗的评价，而且分享了并未通过维克多·雨果的《两座岛屿》（*les deux îles*[①]）的可观印象得以相对化的内容，1830年，司汤达说，这首诗巩固了其作者的不朽地位，多年来，在诗歌这个门类中，没有人写出这么

①这是法语。作者把岛屿这个法语单词拼写错误，前面多写了字母s，在此更正。——译者注

优美的诗歌来："一切都铭记在曼佐尼神圣的诗歌里。"（Tout est grave et l'on peut dire céleste dans l'ode de Manzoni①）②。

1823年1月，这首俄得体诗歌的翻译发表于歌德晚年关于艺术、上帝和世界的杂志《论艺术与古代》（*Über Kunst und Altertum*）的第四期第一部分中。对于曼佐尼的诗歌而言，这意味着在欧洲的首次出版，因为在奥地利统治下的北部意大利，无论以何种形式公开发表关于拿破仑的言论都是被禁止的。歌德在同一期杂志的封面旁边偏偏让人印上 "惠灵顿的徽章"——即打败拿破仑者的徽章，这一举动或许流露出歌德政治上的审慎意识。不管怎样，魏玛喜欢艺术的朋友们以此发出其超越党派的信号。

歌德在1822年8月15日和1828年8月15日的日记中记上皇帝拿破仑的生日以提醒自己，这种记录比有些详细的表达都更多地表明，歌德一直感觉已故的拿破仑与他本人关系很近。歌德对讽刺漫画和任何对拿破仑的贬低都很反感，他根本就不愿意理睬这些玩意儿。关于那些对死者拿破仑的控告，歌德留下一首诗，这首诗如此亵渎神灵，以至于在歌德辞世后25年，单单印刷这首诗就会因为亵渎上帝而为人们招致一场官司：

在世界末日，英雄拿破仑
终于站在上帝的御座前。
魔鬼针对他和他的兄弟姐妹（S.233）
做了一个大记录本，
他是一个神奇的邪恶的人：
撒旦开始读这记录本。

---

①这是法语。——译者注

②伯朗克（Blank），《歌德与曼佐尼》（*Goethe und Manzoni*），第228页。

圣父或者圣子，
两位中的一位坐在御座上说，
倘若不是圣灵
最多听到这句话：
“别在上帝的耳朵前重复！
你说话就像德国教授一样。
我们知道一切，做事简短！
在世界末日只有一位……
倘若你竟敢侵犯他，
那你就会根据地狱的规则教训他。”[①]

毕竟虔诚的曼佐尼就把“造物主”（creator spirito[②]）纳入了纪念拿破仑的这首诗中，因此，歌德引用圣父和圣子几乎就没有上升到亵渎神灵的程度。古典语文学者里莫尔在1826年3月8日的一次谈话中使用了一个在当时已经非常现实的、神话学的对比，他还联系到歌德早期的一首颂歌：“我们谈论拿破仑，我觉得身处圣海伦岛岩石上的他就像普罗米修斯，他遭到其他王朝君主的对待，就像普罗米修斯遭到宙斯对待一样。”他向人类说明了其政治关系，他向民众表明，民众能做什么，为此他现在必须忏悔。

在歌德的日常生活中，他也把皇帝拿破仑当做口头禅似的挂在嘴边。当马车夫在路上不避开路面上的坑洼，而是巧妙地穿过坑洼处行驶时，歌德就会赞美他：拿破仑会把他招募为御用马车夫。当他生病时，他会要求医生，“按照拿破仑的方式”去工作，也就是说：非常果断地工作。当歌德感觉身体不适时，他就会说，他感觉“并不像岛上的拿破仑那么糟糕”[③]。歌德还在弗劳恩

①MA，第十八卷，第一部分，第77、78页，带有第509页的评论。这首诗可能写于1828年。
②这是意大利语。——译者注
③1822年8月26日谈话（与格律纳），1823年2月（在歌德生病期间），1823年12月7日（与索雷谈话）。

开阔地的家里向贵妇们惬意地解释过，拿破仑只是以沉默不语的威胁目光回应他夫人的那些厚脸皮供货商的金钱要求。（S.234）博爱这种独特的氛围总是一再闪光，假如歌德想起伟大的皇帝，他甚至把自己比作拿破仑。一种他自己根本不喜欢的细腻柔软的、多愁善感的旋律使他想到，身为暴君的拿破仑应该喜欢舒缓的音乐："人总是渴望他没有所处的状态。"[①] 拿破仑这位被罢黜的皇帝在圣海伦岛不得不让人把他的制服翻新，翻过来加工，因为搞不到他很久以来一直穿的绿色布料，也就是说，拿破仑不得不放弃其已经变成圣象的外衣，这使歌德真正大发雷霆："您对此怎么说？"他于1830年2月10日这样对艾克曼说，"这难道不是一种完全悲剧的特征吗？看到国王中的主宰最后被如此地贬低，以至于他不得不穿翻新的制服，这难道不让人感到寒心吗？然而，当我们转念一想，一个践踏了数百万人的生命和幸福的人落得这个下场，遭遇到这样的命运，这也算是非常温和的了。"歌德以前从来没有这么言简意赅地而且冷静地谈论过拿破仑政治的后果；这个可怕的人的形象在此期间通过历史书籍增添了很多色彩。艾克曼然后联系到的话显得并不完全可信：拿破仑是一个例子，把自己抬高到绝对地位并且把一切牺牲给一个理念，这有多么危险。因为歌德在《准则与反思》（*Maximen und Reflexionen*）中明确地解释："完全生活在理念中的拿破仑在意识中无法把握理念；他完全否认一切理念，并且否认任何现实有理念，尽管他极度渴望实现理念。"[②] 这听起来有些像黑格尔说的话。1826年2月26日，歌德干脆称拿破仑为"世界的汇编"。

正如经常被使用的表达所说的那样，在这些年里，歌德"自己变成了历史的"[③]。1822年初，歌德完成了《我也在香槟！》和《占领美因茨》这两部关于1792年和1793年革命战争的自传体文章，一个为期20年的时期，以这些革命战争开始，歌德早就把这个时期理解为统一。关于《与拿破仑谈话》的梗概记

①1826年6月24日与米勒谈话。

②《准则与反思》（*Maximen und Reflexionen*），第134号（HA，第十二卷，第382页）。

③歌德通信，1829年10月7日（致信黑克尔Hecker）以及1831年12月1日（致信洪堡）。

录也属于同样的内在联系，我们已经论述过这篇梗概。不久之后，歌德在与艾克曼的谈话中把自己列为拿破仑社交圈中伟大的人物之一："为了在世界上创造时代，显而易见，需要两件事：第一，人们需要一个好的头脑；第二，人们继承巨大的遗产。（S.235）拿破仑继承了法国大革命的遗产，弗里德里希大帝继承了西里西亚战争的遗产，路德继承了牧师们的这个黑暗遗产，而我分到了牛顿学说的谬误。"[①] 歌德在此又是对个人与一般人的一个集中反思，这种反思会使人们回忆起历史哲学，这种思想离歌德并不是很遥远。

这种把自己变成历史的做法已经把《诗与真》变成一部历史书，此种做法对于歌德而言反过来变成他自己时代的历史，变成个人的经历空间。歌德在弗劳恩开阔地的房子也充满了对伟大皇帝拿破仑的回忆片段。1821年，卡尔·古斯塔夫·卡鲁斯（Carl Gustav Carus）在歌德的纪念币柜子中发现了一枚很小的拿破仑金制纪念章。歌德纪念币的收藏目录记录了50枚关于拿破仑、他的家庭和周围人的纪念币[②]。在书房里至今仍然悬挂着一枚1815年的铜质画像纪念章，在花园的房间里有劳赫（Rauch）创作的柏林布吕歇尔纪念碑的石膏像，表现了解放战争场景。1821年夏天，歌德向他的波西米亚朋友讲述，就在1813年莱比锡大会战之后的那一天，他家里的一幅拿破仑画像因钉子松动而掉了下来。为了他的亲笔签名收藏，歌德如此迫切地寻找拿破仑皇帝的书信和签名，以至于他觉得拉普（Rapp）将军夫人在1828年1月28日提供的他自己写给莱茵哈特的一份通知很有价值：他终于有了"明确而清晰的拿破仑签字！"1830年3月7日，正如艾克曼所说的那样，人们在歌德的家里发现一幅大卫赠送的画像，上面画着拿破仑拿着礼帽，摆着各种姿势。歌德说，"这是送给我儿子的"，他接下来马上就把这张纸寄走。他也并不错过他的作用，小歌德很快就过来，并且充满喜悦地宣布他的英雄的这些礼帽为其收藏品中不可超越

①1824年5月2日与艾克曼谈话。

②约翰·克劳斯（Jochen Klauß），《歌德的纪念币收藏》（*Die Medaillensammlung Goethes*），第一卷，收藏目录（Bestandskatalog），柏林，2000年，第1690～1740号。

（Nonplusultra[①]）的藏品。

歌德在一份文章的补遗中写道，自从拿破仑这个重要人物悲哀的或许羞辱的离开以来，人们再也不会在这个一直以来使世界陷入惧怕与恐慌中的人面前感到震惊[②]。这样，系列画像可以更新他对时代的回忆。歌德为《论艺术与古代》两次撰写了关于“总是忙碌的石版画”这些产品的文章。第一次，就在他写完《与拿破仑谈话》之后间隔不久，这篇文章关于一系列宝石雕刻，这些雕刻根据的是在此期间被消除的、源自米兰皇宫的明暗对照画法的绘画（Chiaroscuro）[③]浮雕，在这块浮雕上，意大利的宫廷画家安德里阿·阿皮阿尼（Andrea Appiani）描绘了拿破仑在意大利北部的多场胜利。歌德这位伟大的评论家指出，它们是“以精湛的艺术和完整的灵魂被画出来的，渗透着其主人公的权力与力量”。[④] 歌德对根据拿破仑的另一位宫廷画家弗兰索瓦·热拉尔（François Gérard）[⑤]的绘画制作的石版画的描述更加感人，这些画作于1826年在巴黎出版，题目是《历史的肖像画收藏》（*Collection des Portraits historiques*）。尽管歌德赞誉热拉尔的艺术，他却更多地关心时代历史被描绘的人物，他自己认识绝大多数这些人物，而且这些画作使歌德更接近这些人物。我们在形式上可以看到，一位老人如何俯身整理他自己的回忆，他的方式是，一幅接一幅地把玩和审查这些画作，然后把它们翻译成话语。被描绘的肖像变成了被描写的画像，现在，它们又都出来亮相：“威严的人物”亚历山大一世、路易·波拿巴，后者长着“一张很有修养的、忠诚的、诚实的脸”，歌德作为朋友怀念他，还有曾于1806年住在歌德家里的拉纳元帅——“伟大的克制是这位英雄的特征”，但尤其是“贝尼文托亲王卡尔·莫里茨·塔列朗，绘于1808

①这是拉丁语。——译者注

②MA，第十三卷，第二部分，第698页。

③这是意大利语。——译者注

④MA，第十三卷，第二部分，第180～183页（1832年才发表）。

⑤弗兰索瓦·热拉尔（François Gérard，1770—1837）是法国新古典主义画家，因画欧洲名人肖像，特别是法兰西第一帝国与复辟时期要人肖像画著名。——译者注

年”这幅画，绘画时间恰恰是歌德结识他的这一年。

歌德在这里才找到了其时代有关这个主要人物的话语。歌德感觉这位主要人物：

> 完全不动声色（impassible[①]）。我们并不抵制对伊壁鸠鲁式的众神的怀念，他们住在“既不下雨，又不下雪，又不刮风暴的地方”；这个人如此平静地坐在这里，面对所有在他周围肆虐的风暴，他坚不可摧，可以理解的是，他看上去如此，但并非像他容忍的那样。他的目光是最无法被研究透的；他低头沉思，但是他是否看见观察者，这是值得怀疑的。他的目光并非像思考者的目光那样内敛，也不像观察者的目光那样向前看；眼睛停留在自身和自身之上，就像整个人物形象那样，人们不能说，该人物形象暗示着一种自我满足，却意味着一种缺乏，缺乏一种对外的关联。这就够了。

所以歌德在这里得出结论，“我们想在此相见，并且想随便阐释，这样，我们就觉得我们的见识太短浅，我们的经验太贫乏，我们的想象太受到限制，而我们又无法对这样一种本质有充分的认识。”一个男人，（S.237）莫不如说是“本性”，以镇定自若的姿态坐在这里，而这种本性是他的皇帝能胜任的。

自己变成历史，这对于歌德而言意味着什么，我们可以从歌德与艾克曼进行的一次谈话中获悉，1824年2月25日，歌德对艾克曼说：“我出生的时代，一个最伟大的世界事件正在上演，并且贯穿我的人生继续发展，这对于我而言是很大的好处，这样一来我就成了如下事件的见证人：七年战争、美洲同英国分离、法国大革命，最终是拿破仑时代，一直到这位英雄的衰落，接下来发生了一些事件。通过这些事件我就得出了完全不同于所有这些人的结论和洞见：如

① 这是法语。——译者注

果他们现在出生，就不得不通过书本了解这些他们并不理解的大规模事件。”时代见证人的永恒论点是：谁没有身临其境，谁就无法理解过去！歌德对待时代历史就像对待自己人生的一部分，当他阅读文学时——他尤其在人生最后20年直接做的——最后为了追踪他自己理解的足迹。

这些诱发时代历史自传学的最重要时间在歌德最后岁月里变成了英国伟大小说家瓦尔特·司各特（Walter Scott，1771—1832）创作的《拿破仑·波拿巴的一生》（*Das Leben von Napoleon Buonapart*）。司各特是这个时代成功的作家之一，他真正创立了19世纪的文学引领类别：历史小说。歌德也高度评价司各特用细腻的笔墨勾勒出来的对过去的绘画，这些历史小说至今还拥有大量读者。歌德对司各特长达数千页的对拿破仑时代的描述感到好奇，这个时代以法国大革命一个详细细节作为序曲开始。司各特是歌德的一位崇拜者，1827年夏天，他亲自向歌德宣告，要把自己的作品寄给歌德，歌德的出版商写了一封亲笔信催促，抱有一种好奇的不耐烦，而歌德同时代的文学很少表现出这种好奇的焦躁。

11月19日，9卷本的英文原版书终于放到了歌德的写字台上，两天之后，歌德就向文书口授，确定了其书评观点比较详细的纲要[①]。在此，我们借这一个特殊情况可以了解歌德的阅读方法，尤其看到对他自己期待的解释。（S.238）按照这种模式，他不仅希望作家具有很强的能力、清晰的理解、“丰富的面貌”、认识内涵，而且还希望诗艺的成就，“他的方式是，通过虚构的主题使得历史与真实更接近，并且统一成一个可理解的东西，否则，它就与历史相去甚远，并且几乎无法在精神层面表现自己，但是能有把握地向心灵展示自己”。也就是说，通过虚构反映真实！一个今天变得荣耀的观点，然而，这种观点恰恰在历史学科专业化过程中使这个时期失去了合法地位：长篇小说和历史应该分开。歌德的诗学在方法上并不要求强制，而是要求展示叙事态度：

①MA，第十八卷，第二部分，第92～94页：《瓦尔特·司各特！拿破仑的人生》（*Walter Scott! Napoleons Leben*）。

> 瓦尔特·司各特出生于1771年，也就是说，他的童年恰好在北美战争更如火如荼地爆发的时候。法国大革命爆发时，他17岁或者18岁。他在这样的时代以这样的方式什么没有经历过呢？现在，他已经步入50多岁，并且完全足够近地被世界历史触摸，于是他带着上述各种特征出场亮相，为了公开和我们聊过去的重要事情。

歌德想延续这种闲聊方式，而且是公开地聊，他也表明了他自己的态度："我恰恰在20岁时站到了保利（Paoli）[①]本人面前，而我在60岁时站在拿破仑本人面前，凡是了解这一点的、比我年轻20岁的人都会很容易接受，这一切在我的内心里肯定引起了哪些期待。"也就是说，歌德要求司各特，而且也要求自己用自传体看待历史的观察视角，他在同艾克曼的谈话中已经发展了这个观察视角："我是通过亲身经历才熟悉这段世界历史的。经历这些漫长的岁月，我接触了诸多世界事件，或远或近，我不失时机地思考这段世界历史，并且以个人的方式整理各种历史对象，然后形成一种内在联系。"歌德在向艾克曼口授自己的观点时已经以此为前提：司各特按照他的方式做了同样的事情，即他也不会否认其英国人的立场。在法国人和德国人针对法国大革命说了五花八门的、充满矛盾的观点之后，"听听一个英国人，而且是最著名的英国人的观点，这肯定是很有趣的。"歌德为此得出结论，他会表达，为的是搞清楚"到底谁在说话，而且在对谁说"。（S.239）从1827年11月到1828年1月，歌德都在阅读司各特的描述，歌德的日记仔细地记录了所有的阅读步骤。歌德还向他的朋友蔡尔特流露他的观点，他同样通过卡莱尔（Carlyle）[②]转达了他对司各特的美好祝愿。没有无聊的聚会，没有宫廷庆典，而是事后体验他自己的人生时

①1769年，歌德在法兰克福经历了这位科西嘉岛的解放斗士。

②托马斯·卡莱尔（Carlyle，Thomas，1795—1881）是苏格兰散文作家和历史学家。——译者注

代的历史，这成了歌德在这个冬天每个夜晚的内容。歌德于1828年2月20日致信蔡尔特时进行的最后概括非常重要："够了，直到现在我才完全清楚明了地而且有内在联系地了解到从1789年开始那段漫长的、重要的而且有时困难的时间，在我从意大利旅行归来之后，革命的梦魇开始让我感到压抑。我也可能现在又要忍受回忆这个时期的所有细节带来的痛苦，因为我在某种系列中看到了这些细节。"至理名言把歌德阅读的司各特的书提升到超越许多其他同时代历史文学的高度，这些至理名言陪伴着歌德人生的最后岁月，同时代其他历史文学书包括布里埃内（Bourienne）①、诺尔文（Norvin）、贡斯当（Constant）②写的书，尤其是在歌德与艾克曼的评论中介绍了这些书。

更加引人注目的是，歌德却没有进一步发展到整理他自己阅读司各特著作的迹象。为此他于1828年1月28日致信政治领域的老朋友、拿破仑的侍者莱茵哈特时说出了最坦诚的话："因为他（司各特）完全用弱音器演奏了所有英雄人生的最神奇的人生③的大型交响乐，假如我们不愿意接受教益，去了解这些重大事件越过英吉利海峡是如何被看待的，或者了解在英国的人们应该如何看待这些重大事件，那么，我们就会感到不舒服。"但是，毕竟，"我把这部作品看成一个编织得很好的网，我用这个网有了另一种能力：从忘川冲到岸边的波浪中重新钓到我自己的人生中默默无闻的鱼，而且与之相联系的和正在发展的世界事件，我获得了更多的兴趣"。

如此看来，歌德从一开始就预料到的片面的观点现在却妨碍干扰了他！拿破仑的人生被用弱音器（con sordino④）进行演绎，这是多么充满损害的事情，以至于对他而言，仅仅只能认可那些带有倾向性的观点。这样，后世会觉得自

①布里埃内（Bourienne，1769—1834）是法国外交官，曾任拿破仑的秘书，其《回忆录》对第一帝国有精彩的描述。——译者注

②贡斯当（Benjamin Constant，1767—1830）是法国–瑞士小说家、政论家。其《阿道尔夫》开现代心理小说之先河。——译者注

③指拿破仑的人生。——译者注

④这是法语。——译者注

己在这一独特的事件上遭受了欺骗：歌德详细地、用回顾的方式解释了他的皇帝拿破仑及其人生历史。今天，倘若哪一位不辞辛劳地看一眼司各特的著作，那么，他就会明白，并没有出现外界所谓的商谈。（S.240）司各特的书富有细节，但并非长篇小说，而是具有更多冷静清醒的近处观察所得的观点。在这种观点中，拿破仑的天赋完全被揉碎了。拿破仑战争的速度和幸运完全被记录下来；但是，他同时记录下一种无法持久的残酷统治——这种统治如此毫无王法。在这种有倾向性的立场所提出的问题是英国式的：帝国通过哪些手段可以得到维系。司各特的回答是：肯定不是用暴力和显而易见的非正义。

斯科特对在西班牙尤其对德国的解放运动中那些随和的民族作出了完全合理的反映。司各特在第18部分的第三章中写道："法国篡权的无情暴力结束了不同的小国家，它们的消失使得全国或多或少忍受痛苦的压迫体制被打破，""撕碎了不同的民族之间存在的分水岭"。除此之外，德国的古典文学家歌德与席勒的名字也常常成为关键词，作为受到爱国主义感染、学术方面有为的年轻人出现。假如歌德详细地研究探讨过司各特的作品，那么，他就不会绕过那幕令人毛骨悚然的黑夜情景。司各特这位英国人完全站在叙事技巧的高度上描绘了击毙当甘公爵时那个黑夜的情景：在谋杀可怜的波旁王朝亲王当甘公爵的那天夜里，雾气朦胧，人们为他挖掘好了敞开的坟墓，人们不得不把一盏灯挂在他的脖子上，以便处决他的执行命令的小分队能够击中他。拿破仑派人把当甘公爵从巴登地区劫持走，然后下令匆忙结束审理程序而后击毙他，而歌德这一辈子都持这样的态度，觉得当甘公爵是一个反对革命的导火索一样。所以他在1827年7月5日与艾克曼谈论了很多关于"当甘公爵及其不谨慎的反革命的行为"。而在司各特的书中他现在可以看到，根本就谈不上这一点。事实上相反，拿破仑错就错在通过选择牺牲品来杀一儆百，开展自己的惩罚行动。司各特在这里并不是描述一种犯罪，而是完全在塔列朗的意义上描写拿破仑这一命令充满暴力行为特征，这一错误极大地损害了拿破仑在全世界的威望。

此外，司各特撰写的关于拿破仑的著作还是一个历史知识的里程碑，因为它超出了一部传记的话题范围，（S.241）还考虑到了与法兰西第一帝国皇帝行为同等重要的社会的和文化的发展、立法和金融、教育事业以及所有其他内部关系。其描述如此平静、范围如此广泛并且充满细节——海涅在其书评里无情地批评指责了司各特描述中的慢节奏——以至于英国的视角几乎不起决定作用；只有那个伟大的人物毁灭了。或许司各特的著作是一本大型的罪孽记录簿，歌德在世界末日时派人把这位撒旦叫到上帝的御座前，而仅仅把神圣的三位一体当成个“屁”打发掉了。这在时间上会吻合，因为歌德激烈的讽刺诗写于1828年。

关于歌德与拿破仑完全个人的关系，这部著作却只字未提。1828年3月11日，就在歌德看完司各特著作几周以后，在与艾克曼的谈话中，歌德对拿破仑这个了不起的人物进行了最详细的、众所周知的谈论，当然，这次谈论显然发生在司各特在书中展开描述法兰西第一帝国的新鲜印象之后[①]。在这次谈话中，歌德说出了他著名的、多次被引用的句子，这些句子完全把注意力集中在皇帝这个人物及其提坦神式的能力上，但歌德很少把灯光打在历史背景上：

> 拿破仑真是个家伙！——他总是突然领悟，总是思维清晰，行动果决，他每个小时都具有充沛的精力，能够将他认为有利的和必要的事情立即付诸实施。他的人生是一个半神，从一场战役走向另一场战役、从胜利走向胜利的人生。关于他人们大概可以说，他处于一种不断顿悟的状态中，所以他的命运也是一种熠熠生辉的命运，他以前的诗人并没有看到这种熠熠生辉的命运，而在他以后的诗人恐怕再也看不到这种熠熠生辉的命运。

艾克曼的草稿以“是的、是的，我的好人”被打发，而歌德在后来说道，同类人只能被同类人认识，他当然在谈论他自己：“你们想干什么！我也没有第二

①MA，第十九卷，第604～606页。

次出版我的爱情诗歌和我的《少年维特之烦恼》。我们总是以青春和联盟中的创造性找到那种神圣的顿悟，出类拔萃的事通过这种顿悟产生，拿破仑是自古以来最有创造力的人之一。是的，是的，我的好人，为了有创造力，人们并非仅仅需要诗歌和戏剧。还需要一种英雄伟大业绩的创造力。”（S.242）歌德认为，这是天才的真正特征，这种创造性的力量完全不取决于专业和职业，此外还完全不受大众产品的触及。对一种天才现象学的解释就这样展开，一种“恰如其分的身体”也属于天才现象学。“假如人们听拿破仑说，他是一个花岗岩打造的人，那么，这尤其是指他的身体。他苛求自己做到一切，并且能够让自己过高地期待一切！”歌德以曼佐尼式的跳跃继续说：“从叙利亚沙漠灼热的沙子，到莫斯科大片的雪原，大量的行军、战役和夜间露营地（Bivouacs[①]），哪一个不处于核心位置呢！——他不得不克服怎样的辛劳和体力上的匮乏透支啊！睡眠少、营养不良，而且总是处于最高强度的精神活动中！”

歌德就这样在脑子里追忆（Revue[②]）拿破仑毕生的许多内容，尤其是拿破仑青年时代的光芒，他吸引天才到自己身边并且为才华横溢的人打造自由的人生轨迹的能力。倘若我们寻找同时期与这种视角相似的观点，那么，人们会毫不迟疑地想到司汤达的长篇小说《红与黑》，这部长篇小说以完全相似的手法演绎了伟大人物对全社会产生的唯能论的影响力。在1829年4月6日，歌德比较了拿破仑这种统帅人们的天赋和优秀导演和剧院领导的能力——我们从1808年10月的情况就了解过这种对比，这种人使人们感到目标明确，使他们在他的麾下会达到他们的目标。歌德在其他的时间节点上也经常谈到这种作用，比如在1831年3月21日，歌德又和艾克曼谈起了拿破仑在法国年轻人中间引起的“自私自利”，他们不会消停，直到“他们中间又有一位了不起的专制君主站起来，他们在这位专制君主身上看到了他们自己盼望成为的最高的等级”。

①这是法语。——译者注

②这是法语。——译者注

在1828年3月11日的长篇谈话中，艾克曼被歌德火一样的激情深深打动了："其禀性的最高贵之处似乎在他的内心是活跃的；他说话的声音以及他炯炯有神的眼睛的力量如此强大，仿佛他被最好的青春烈焰烧得通红一样。"歌德把他的英雄想象成年轻人，他自己也因此而变得年轻了，所以他宣告："这些男人以及类似的人都是天才的人物，他们有自己的本性；他们的青春期周而复始，而别人仅仅年轻一次。"至少在这里我们明白，（S.243）这次谈话并未涉及人们后来所称的"历史的伟大"；虽然拿破仑也是这样一位具有伟大历史意义的人物，而且在歌德的眼里，拿破仑还是革命的继承人，是天才的开拓者，是社会"自私自利"的暴力的妨碍者。但是，他有更重要的意义：他是顿悟的，富有创造性的，是用花岗岩制成的——而且被魔鬼陪伴着。它们框定了这个奇怪的对话的范围。开始，艾克曼抱怨自己不舒服，歌德要让他高兴起来，他说出这样一番话："人的忧郁消沉和乐天开朗决定其命运！我们有必要让魔鬼每天用襻带牵引着我们，并且让它告诉我们，驱赶我们，总还应该去做的事情是什么。但是，卓越的英才离开了我们，我们疲惫懈怠，并且在黑暗中摸索前行。"就在这个地方出现了感叹句"拿破仑可真是一个家伙！"更多的对话还在进行，而这次讲述又以魔鬼一样的话结束："人类肯定会再次被毁灭！——每个出类拔萃的人都有一种特定的天职使命，他有义务履行这个天职使命。假如出类拔萃的人完成了这个使命，那么，承载他的尘世形象就没有必要了，天意又使他成为别的什么人物。然而，人世间一切都按照自然的方式发生，所以，魔鬼一次又一次给他使腿绊，直到他最后衰落垮台。拿破仑和许多其他人都是这种下场。莫扎特36岁时英年早逝，拉斐尔同样36岁离世，拜伦仅仅比他们稍微年长一些。"后来歌德挑明，这些伟大的英雄豪杰——他还把大公爵卡尔·奥古斯特纳入这些英雄豪杰的行列中——不仅仅屈从于魔鬼，而且自己就具有魔性，而且具备"天生禀性，生而伟大，还有诸多与生俱来的品格"[1]。

①1829年12月6日，与艾克曼谈话，还参见1831年3月2日的谈话。

魔性，天生禀性，生而伟大，还有诸多与生俱来的品格！这样就触及了歌德理解世界时的一个概念，这个概念在历史世界的另一面。历史学家在这一点上站在一个交界处，他仅仅可以越过这个界限向外指，而又不能超越这个界限。他也可以失灵，不用再长篇累牍地调出《诗与真》第20卷中那些一再被引用的关于魔性的段落。这些段落可能在1813年被构思出来，主要涉及各种矛盾："魔性并非神圣的，因为魔性似乎是不合理的，不人道的，因为魔性没有理智，并非魔鬼的，因为魔性是乐善好施的，魔性并非天使般的，因为魔性经常让人认识到幸灾乐祸。"[①] 这段话并非是定义"魔性"，而像是一个半含神秘色彩半含自然宗教色彩的迷。（S.244）拿破仑属于一种不能再按照常理去把握的"果决"的人物形象，歌德在其一生中都常常认为这种果决是有益于健康的；有时他也会认为这种果决具有破坏性。赋予这些人物以优势的自然力量生活在人为想象的世界里，这种人为想象的世界从幽灵世界延伸到泛神论的神之本性，即延伸到星象学。拿破仑的例子恰恰说明应该如何理解《诗与真》中引用的那段话中为什么会突然出现与幽灵相关的事情：当拿破仑打败仗时，歌德书房里的一幅画从墙上掉下来，而当他在艾尔巴被驱赶下台时，歌德那枚戒指上刻的首字母已经宣告了他的垮台衰落，这几乎就像是查哈里亚斯·维尔纳的一部戏剧作品一样，无论如何这与其说是政治，毋宁说是命运剧。

"心魔"，人物的内在声音和本质核心，由希腊的女预言家、先知和星象力量事先标示的命运，处于生命力的核心。这种生命力聚焦在更软弱的、更有感受性的禀性的人身上而达到极致。歌德把自己算成这种更软弱的、更有感受性的人。面对艾克曼，歌德否认自己具有魔性："它并不存在于我的天性中，但是我屈从于它。"[②]面对这种半清楚半模糊的玄虚学说，人们需要作出选择，但人们甚至都无法通过某些假设来判别哪些事是清楚的，哪些事是模糊的。而

①《诗与真》，第839、840页。

②1831年3月2日。

在文学这门学科上，这种模糊的区分最好被消除[①]。然而对我们而言，重要的依然是，歌德在此找到了说明他与拿破仑的关系的最具有普遍性的和最果敢的简单表达方式。歌德与拿破仑的关系并非政治的——无论歌德在政治上是多么的追随拥护拿破仑皇帝。其实这种关系的建立，其基础在于，面对一个非凡的人物所具备的禀性及其产生的魔性力量，人们能够发挥创造力去感受它。这样，歌德与拿破仑最终的会见并没有赶上历史政治的繁荣，而是命运的偶然，是一种机缘巧合，作为上苍的礼物出现。

历史学家可以提供的唯一说明是：歌德对魔性提出了决疑论，而且，他基于自己与拿破仑的关系让人们认识到了什么是个人伟大的概念。这个概念尽管与黑格尔同时提出的“世界历史的个人”这一构想有某些暗合之处，但二者从根本上还是有区别的。这些“世界历史的个人”通过追随自己的目标也完成了他在这个时代的重要事情，并因而成为“世界精神的引领者”。（S.245）虽然他们的洞见和本能也可能存在非理性的联系，但黑格尔谈论这些“心灵领袖”“自己的、内在精神不可抗拒的威力”主要谈论的是他们人生中的不幸。最为关键的差别在于他们与历史的关联：“这些是伟大的人，但恰恰因为他们想要一种伟大而且不是自负、臆测，而是想要完成正确的、必要的事情”。黑格尔认为，“这种思考方式”也排除从心理学角度的思考，即排除宫廷侍从对有经验之人的看法[②]。拿破仑的历史任务是，在法国的国家统治阶级恢复统一的意志，并且在欧洲传播自由主义精神，这种自由主义在革命中通过斗争获得过。当然，最后，他的胜利是昏厥的，无能为力的，因为他想要强迫各个民族获得自由。歌德在其生命的尽头根本不愿意对这种解释表示苟同，这些解释无非是皇帝拿破仑在政治上想要什么、做了什么和错过了什么。通过霸权获得秩

---

①我觉得最有益处的还是瓦尔特·穆施克（Walter Muschg）撰写的古老的论文“论歌德相信魔性”（Goethes Glauben an das Dämonische），参见：W.M.:《论悲剧的文学史的研究》（*Studien zur tragischen Literaturgeschichte*），第31～58页。

②黑格尔，《历史哲学》（*Hegel，Philosophieder Geschichte*），斯图加特：雷克拉姆出版社（Stuttgart: Reclam），1982年，第74～77页。

序与和平，这是在政治上打动歌德的地方，此外还有比如知识产权这样的附带观点。这一切都与人类历史的走向相距甚远。歌德一生真正的主题恰恰就是个人违背理性的过程。

尽管如此，第三位思想家成功地融合了黑格尔和歌德关于历史的伟大构想，尽管他们的看法在逻辑上截然不同：雅各布·布尔克哈特（Jacob Burckhard）[①]。在其关于历史研究的讲座即后来所称的《世界历史的思考》（*Weltgeschichtliche Betrachtungen*）中写到的关于个人与普遍性的那个段落中，他完全按照黑格尔的方式开始论述“集中在个人身上的关联性运动”；但是，他马上就开始论述体验伟大之非理性的观点。这种对伟大的体验是一种“神秘”的感觉，更多的根据一种模糊的感觉被承认，通过许多人的协商被承认，而不是通过卷宗中的评价被认可。这“就是个人人格魅力的全部”，这种个人人格魅力在我们看来很伟大，并且超越各个民族和诸多世纪、具有魔力般地对我们产生后续的影响。布尔克哈特与歌德一样，不仅把历史的行为人而且还把艺术家纳入思考范畴，他谈论独一无二性和不可替代性，谈论心灵的强大，谈论无法被欺骗迷惑的现实意识，他还谈论意志力量，“这种意志力量在自己周围传播具有魔力的强制思想，并且把权力和统治的所有基本要素都吸引到自己身边，并且让它们听命于自己”。（S.246）并不喜欢拿破仑的布尔克哈特——他称拿破仑“在人格上没有原则”——却情不自禁地根据拿破仑这位皇帝的轮廓勾勒出伟大这个概念，并且在此遵循他在主人公方面的钦佩者黑格尔和歌德。

这样，歌德就遗留了一篇关于历史美学提坦主义的重要文章，这种提坦主义自从19世纪中叶开始在德国占统治地位，并且成为一种治疗手段，针对尼采诊断的无所不知和让一切发挥作用的“历史疾病”的。在结尾纠缠不休的问题是：《浮士德》中隐藏着多少个拿破仑？歌德本人在这里留下了一个痕迹，当

---

①雅各布·布尔克哈特（Jacob Burckhard，1818—1897）是瑞士杰出的文化和艺术史家。——译者注

他于1815年夏天重新开始创作《浮士德》第二部之前，他按照女巫预言的方式对布瓦萨雷说：“《浮士德》让我思考过拿破仑。”[①] 我们可以把与此相联系的句子——“自身拥有威力并且如此声称的人做出了最艰难的和最伟大的事情”——与那种毫无止境的欲望关联起来，1816年，歌德在《厄皮墨尼得斯的苏醒》之前的八行体诗中称这种无止境的欲望才是拿破仑覆灭的原因。《浮士德》结尾向贫瘠的、破坏性的海洋扩大疆土这个情节发生在世界历史中海洋与陆地这两个对立概念的领域中，这个范畴早在1807年就已经在布赫霍尔茨附近给歌德留下深刻印象，并且承载了1812年写给皇后玛丽-露易丝的诗歌最重要的诗节。“只有海洋和陆地有其分量”，这谈论了拿破仑的世界观：

> 假如才从那个人手里夺得海岸，
> 使得自负的波浪在此碰壁，
> 那么，通过明智的结论，通过权力结构，
> 陆地进入它的权力中。

在《浮士德》第二部第四幕中，浮士德表达了自己的最后打算：

> 把汹涌的海浪从岸边赶走，
> 逼海水远远地向自己的深处回流，
> 使湿地地带的圈子缩小。（Faust II，V.10229ff.）[②]

如果说，歌德在1812年写的献给皇后玛丽-露易丝的八行体诗中谈论陆地的“权利”，那么，在《浮士德》第二部第五幕开头，菲勒蒙（Philemon）的嘴

---

①1815年8月3日。《拿破仑岁月》（*Napoleonische Jahre*）第二卷，第484页。

②引自《浮士德》第二部，根据MA，第十八卷，第一部分。（此处引文翻译参考以下译本：歌德，《浮士德》，樊修章译，南京：译林出版社，2012年，第475页，有个别改动。——译者注）

里说出了相似的话：

聪明的主人；悍勇的仆人，
挖掘沟堑，筑起堤坝，
限制了海洋的权利，
取而代之地成为海洋的主人。（Faust II，V.11091ff.）[①]

不久之后，魔鬼梅菲斯特在评价向前推进的殖民工程时声称，海岸和海洋已经和解（Faust II，V.11222）。

面对没有止境的权力争夺和财产争夺，浮士德无法忍受菲勒蒙和包喀斯（Baucis）夫妇竟可以在海滩沙丘上的田园风光中生存下来：

那几棵树，并不属于我，（S.247）
却破坏了我对世界的占有。（Faust II，V.11241ff.）[②]

对浮士德权力的这种难以忍受的限制，使他选择的表达几乎明白无误地指向了拿破仑：

无比强大的意志的自由（Des allgewaltigen Willens Kür）
不料竟毁在这块沙丘上。（Faust II，V.11241ff.）[③]

①此处引文仅参考以下两个译本翻译，但与二者均不同：歌德，《浮士德》，樊修章译，南京：译林出版社，2012年，第515页。歌德，《浮士德》，绿原译，北京：人民文学出版社，2003年，第368页。——译者注

②此处引文翻译参考以下译本，但有差别：歌德，《浮士德》，绿原译，北京：人民文学出版社，2003年，第372页。——译者注

③此处引文翻译采纳以下译本，但有个别改动：歌德，《浮士德》，绿原译，北京：人民文学出版社，2003年，第373页。——译者注

然而，艾克曼1833年在“最后版本”的遗著卷中给予这些诗行的印刷形态是完全流露真情的：“无比强大者的专断”（des Allgewaltigen Willens-Kür）[1]。“无比强大的人”：截止1814年，这曾经是魏玛国家通信和私人信件中对拿破仑的称谓之一。《浮士德》第四幕中那位懈怠的皇帝认为，统治和享乐可以联系起来。浮士德对这一点更清楚，这不禁使人想起了拿破仑：

> 这其实是大谬不然！谁发号施令，
> 就肯定在下命令时感受到快乐。
> 他的胸中充满崇高的意志，
> 然而谁都不许探明他的意愿。
> 他向最忠诚者耳语的事情，
> 现在已经完成并且全世界为之震惊。
> 于是他将始终成为至高无上者，
> 最值得尊重的人，享乐使人平庸。（Faust II，V.10252ff.）

歌德1828年写了一首诗，该诗在他去世后发表，在这首诗中，撒旦想在世界末日这一天把拿破仑拖到地狱去，在他后面跟着神圣的三位一体；谁要是愿意，就可以在这首诗中重新发现《浮士德》结尾最简短的版本。浮士德无休无止地努力追求那种无限度的无拘无束，这与拿破仑皇帝从战役中神一般地从容走向凯旋如出一辙。歌德当着艾克曼的面经常赞不绝口地夸耀拿破仑皇帝，称他如花岗岩一般，顿悟，并且总是站在力量与天才的高度上发挥作用：

> 在前进途中他遇到痛苦与快乐，

① 弗里德里希·狄克曼（Friedrich Dieckmann）指明了这一点。参见弗里德里希·狄克曼，《成功的平衡》（*Geglückte Balance*），第152页。

他任何时刻都不满足！（Faust II，V.11451）[①]

任何时刻都不满足，毋庸置疑拿破仑就是如此，而这种无休无止被简明地表达出来，具有了普遍意义，这种毫不停歇成为拿破仑没有能力稳定法兰西第一帝国的原因。

尽管如此，《浮士德》的第二部与《潘多拉》一样，同样很难说得上是一部拿破仑戏剧。诗剧中浮士德获得不受赔偿要求拖累的新陆地，有研究者想从中发现1815年之后新波旁王朝时期的财产问题，（S.248）而这种尝试减少了该剧结尾对时事政治评论模糊的、历史的诊断。关于自由的人民生活在自由的土地上这个幻景，即便人们不会对之望文生义，但任何比较新的阐释都可能不会对浮士德的殖民工程望文生义[②]。

这里准确无误地指向了拿破仑：它们指明了一种异乎寻常的人的类型，（S.249）它是对某种世界历史和人类学倾向的最极端的表达；这种倾向不能被局限于政治或者军事，甚至都不能被局限在陆地和海洋的争端这个层面上。甚至魔鬼拿破仑都比《浮士德》最后一幕展现在后世眼前的那个人物更渺小，后者捉摸不透、既强大又可怜、又需要得到拯救。但拿破仑完全属于在这个人物身上汇集的各种人生经验。最后，我们不得不说：在歌德的笔下，拿破仑从来没有比在《浮士德》结尾闪烁跳动的照明中更加捉摸不定，而这个结尾完全放弃狭隘的道德说教。

在歌德辞世前一年半，当他还在潜心创作《浮士德》时，拿破仑在歌德书房里的站立写字台上得到了一个荣誉位置，这个荣誉位置至今岿然不动。1830

①此处引文翻译参考以下两个译本，与二者均有差别：歌德，《浮士德》，樊修章译，南京：译林出版社，2012年，第531页。歌德，《浮士德》，绿原译，北京：人民文学出版社，2003年，第380页。——译者注

②弗里德里希·狄克曼（Friedrich Dieckmann）：《成功的平衡》（*Geglückte Balance*），第147～149页。相反也可参见米歇尔·耶格尔（Michael Jaeger），《浮士德的殖民地》（*Fausts Kolonie*），第388～390页。（作者这句话的意思是：以往有人在阐释时望文生义地强调浮士德开拓疆土的积极意义，即让自由的人民在自由的土地上劳作；而比较新的阐释更强调其消极意义，即浮士德开拓疆土是在进行殖民工程。——译者注）

年秋天，艾克曼正从意大利旅行归来，在施特拉斯堡，他注意到一家理发店的橱窗里有一个用发乳白色光的玻璃制作的盛香水用的小玻璃瓶，玻璃瓶的瓶塞展示了一个拿破仑胸像的样子。这种情况之所以是可能的，是因为它是半年前法国七月革命的一个结果。因为在复辟时期，拿破仑的画像在法国遭到了禁止。司汤达的长篇小说《红与黑》中的主人公于连·索雷尔（Julien Sorel）炽热地崇拜被推翻的拿破仑皇帝，他当时不得不把拿破仑的微缩像章藏在他的床垫里。而现在，理发师们又可以把拿破仑皇帝的塑像竖起来了，艾克曼出手买下这个胸像。

1830年10月13日，就在莱比锡大会战那一天的前一天，这个玻璃瓶到了歌德的手里。他把它放在一面镜子前面的写字台上，使得人们从通向书房的门就能够观察到色彩学的原始现象。“这个乳白色的玻璃瓶作为光线暗的手段赋予耀眼的、白色的光一种黄颜色，这种颜色随着暗色的加强上升为黄红色和红色。面对黑色的背景，出现了一种蓝紫色，这种蓝紫色又发展成蓝色。”[①] 歌德故居的官方导游这样描述这件事。歌德得到这个礼物时很高兴，他于1831年2月3日致信蔡尔特时说到了这个新宝贝：“艾克曼作为真正的阿里，头脑中渗透着这种崇高的概念：明与暗在暗色调中产生各种颜色。艾克曼给我带来这个拿破仑的小胸像，（S.250）单单就为了这个胸像去周游世界都值了。它放在那儿，迎着初升的太阳：在迎来太阳的第一束光线时，这胸像就会发出超过所有宝石的光芒和所有华丽斑斓的色彩的声响[②]。倘若我继续让它对着太阳，那么，它就整天重复这样的‘工作’。”发出声响的华丽斑斓的色彩：这可能比描述的现象更美丽。然而，假如艾克曼是穆罕默德最忠诚的随从阿里，那么，歌德就是穆罕默德这位先知。

① 吉塞拉·毛尔和玛加蕾特·奥普尔（Gisela Maul und Margarete Oppel）：《歌德在魏玛的住房》（*Goethes Wohnhaus in Weimar*），魏玛古典文学基金会，慕尼黑：1999年，第125、126页。

② “发出声响”是指声音，用听觉，而华丽斑斓的色彩是指视觉，这里歌德明显使用了联觉手法，把听觉和视觉结合起来，以增强表现力，表达他对拿破仑胸像的喜爱。——译者注

后记

人民和仆从与征服者，
他们随时都承认：
尘世之子的至高幸福
仅仅是人格魅力。

——献给卡尔

19世纪末，（S.251）弗里德里希·尼采在他的著作《众神的黄昏》（*Götzen-Dämmerung*）中指出："在一个并非现实地被思考的时代中间，歌德是一位坚定的现实主义者：他对一切与他有亲缘关系的事物都说是——他再也没有什么比一切'现实的基础'（ens realissimum[①]），即所称的拿破仑更伟大的经历了。"研究德国诗人歌德与法国人的皇帝拿破仑会见的许多思想家和小说家都停留在尼采这种认识轨迹上。瓦莱里（Paul Valéry）[②]于1932年在巴黎大学（Sorbonne[③]）发表的纪念歌德逝世一百周年大会讲话中说到，歌德与拿破仑在埃尔福特的会见成为一种魔幻的、"浮士德特征的"瞬间，在这个瞬间，一个完整的世界帝国似乎在说话：请你停一停[④]。完美的业绩遇到了一个男人，"也就是说：万物的一个尺度。""作家那神奇美妙的大眼睛捕捉到了皇帝的眼神，拥有许多生命的人和拥有许多幽灵的人互相结识——或者彼此重

①这是拉丁语。——译者注

②瓦莱里（Paul Valéry，1871—1945）是法国诗人、小品文作家和评论家。——译者注

③这是法语。索邦大学（Sorbonne）是巴黎大学的前身。——译者注

④这是在借用歌德《浮士德》中浮士德说的一个名句："太美了，请你停一停。"——译者注

新认识。”

无论在这里彼此相遇的这两个人物应该被怎样称呼——最普遍地被称为“权力”和“精神”——脱离时间和地点等具体状况的总是优势，1947年保尔·汉卡莫尔（Paul Hankamer）说：“对于他（歌德）而言，拿破仑是第一位他直接看到的具有神话特征的人物形象，歌德不可能把拿破仑理解成别的人物。”这也适用于汉斯·布洛姆贝克（Hans Blumenberg）对歌德的神话研究进行的细致入微的探讨，歌德这段研究只知道一个唯一的瞬间：在拿破仑之前和在拿破仑之后。1806年在这里发生的突变通过“现实”中的拿破仑闯入魏玛美学的领域而进行：布洛姆贝克认为，在歌德的自我感知中，普罗米修斯这个人物漫游到了法国人皇帝拿破仑身边。在世界各种力量达到平衡这种多神论的想法中，歌德克服了其早期的、普罗米修斯式的自我苛求，（S.252）并且通过在皇帝的眼神前“忍受”而赢得了新的把握。

这种描述并不敢涉及如此高的职位。如果这种描述跟随的是某种启发，那么就是跟随古斯塔夫·施特雷泽曼（Gustav Stresemann）1924年提出的问题：歌德眼睛看着欧洲地图——时而看看英国，时而看看俄国——他是否有充足的理由拥护大陆皇帝拿破仑呢？人们是否必须把歌德感知中的拿破仑特征同法国人的特征分开，就像歌德本人区分弗里德里希大帝身上的弗里茨特征和普鲁士人的特征那样呢？在我看来，彼得·哈克斯（Peter Hacks）的观察也具有启发意义：“强者的强大表现在他没有能力成为易怒的人。”歌德在1806年之后的行为也是被这样描述出来的。而且：“在最进步、最宽容的人群中间，拿破仑是悲惨可怜的。他和歌德一样，一已之力便确立了自己的地位，反对所有人，怀有一种乌托邦的一面。”然而，在这里，哈克斯也表达了英雄具有的相似特征：“自从拿破仑以来，世界上有这样一个人物，歌德认为，这个人物与他自己一样是决定性的、权威性的。在此期间，有了两个提坦神。”这时，这种观点就很容易理解了：《潘多拉》中的普罗米修斯就是拿破仑；而艾皮梅托斯就是歌德本人。但这无法得到最终的证明。历史学家会比诗人和文学研究者更害怕完全精确地证明歌德的头脑中考虑的内容是什么。

事实上，我这本书的研究是附带的。2006年，我在克里斯蒂安娜·蔡勒（Chirstine Zeile）的启发下读了塔列朗写的回忆录，并且在他的回忆录中读到了埃尔福特会见，我觉得他的描写比歌德自己的说法更加生动，更加诙谐。于是出于本能，我想要知道是怎么回事。这个问题早在一百多年以前就已经被伯恩哈特·苏凡（Bernhard Suphan）、奥托卡尔·洛伦茨（Ottokar Lorenz）和路德维希·盖格尔（Ludwig Geiger）详细地解答过了：其实根本就没什么事。但是我不久就深入素材，为的是证明，尽管两个人会见的许多重要事实早已为人熟知了，但迄今为止，针对具体状况的描述还很肤浅。尽管有安德里阿斯·菲舍尔（Andreas Fischer，1898）、艾德温·雷德斯洛普（Edwin Redslob，1944）和彼得·贝尔格拉尔（Peter Berglar）写的富有启发性的随笔，尽管有日耳曼学研究的无数成果，但难以置信的是，重点依然是：在路德维希·盖格尔（Ludwig Geiger）1897年写的《老魏玛》（*Alt-Weimar*）和托马斯·曼（Thomas Mann）1939年写的长篇小说《绿蒂在魏玛》（*Lotte in Weimar*）中，你可以找到最为冷静的评判。（S.253）其原因可能在于，自50年代以来，对卡尔·奥古斯特公爵的政治通信的编辑工作适逢外交史文献资料难以获取的状况。这一切都使我觉得C.H.贝克出版社的总编审戴特莱夫·菲尔肯（Detlef Felken）在2007年初给我提的建议非常有吸引力：为了纪念1808年10月2日这次埃尔福特会见二百周年，描述一下歌德对拿破仑的看法。

这本书出版以后成为一本小说而不是文学阐释。这二者虽然难以被分开，在仍然意味着区分明确。我在写作过程中随时与充满热情的歌德读者谈论我的主题，这时就会马上打开敞开广阔的含义地平线，得出最丰富多样的关联和共性。倘若我遵循所有这一切，那就会意味着写一部内容比这广泛三倍的、完全不成形的书。而我更看重的是，尽可能地把许多经常和不太经常被引用的歌德的话放置在时代运行的地方，即放在当时的时代背景中。少数例外被仔细认真地考虑过，并且通过重复引用又被平衡。只有在“谈话”本身的文本中，即使无法被人理解，也忍受着这个原则。除了歌德的想法以外，我对歌德的知识水平及其个人的经历也很感兴趣。外在的状况、抢劫、进贡和戏剧演出肯定会让一位历史学家感觉很值得关注，就像普罗米修斯或者魔性都值得关注一样。当然，此处不应该与一种闻所未闻的敏锐的文学研究同日而语，也并非要同狂热的歌德爱好者心中丰富的突发奇想进行比照。倘若我成功地在一个非同寻常的背景中展示诗人歌德，比如，把他当作根茨、塔列朗和梅特涅关注的同时代人，或者当作奥地利皇后以及拿破仑的一个胞弟的朋友，那么我就达到了我的目的。

最后，我要非常快乐地感谢所有帮助过我的人、贵人和朋友。戴特莱夫・菲尔肯带着极大的信任和非凡的耐心陪伴着这本书。倘若没有延斯・比斯基（Jens Bisky）、（S.254）洛塔尔・米勒（Lothar Müller）、约翰内斯・萨尔茨维德尔（Johannes Saltzwedel）、盖尔哈特・舒斯特（Gerhard Schuster）、米歇尔・施托莱斯（Michael Stolleis）和约翰内斯・维尔姆斯（Johannes Willms）无私的支持和意见，我就会无法回答许多大大小小的问题。我得以继承盖尔哈特・舒斯特在魏玛的个人参考藏书，这从一开始就像魔法一样把真正的精神带到我的书房里。我在柏林国家图书馆地狱般的恐怖景象中遇到了一位保护天使，这成为一种被拯救的经历，这次经历让我真诚地感谢罗伯特・蔡普夫（Robert Zepf）。在建立参考书目方面，图宾根的亚历山大・高勒（Alexander Goller）提供了无价的帮助。

然而关键是，卢卡・鸠里安尼（Luca Giuliani）和沃尔夫・莱普尼斯（Wolf Lepenies）支持我，邀请我到柏林科学院短期做客，没有半点官僚作风。而且《南德意志报》编辑部成员库尔特・基斯特（Kurt Kister）和托马斯・施泰因菲尔特（Thomas Steinfeld）表现出了宽容和友善，允许我到科学院去。我衷心感谢科学院为我提供的全新的柏林体验：亲切、高效、使人充满活力激情的交流，还有无噪声的自由和出色的饮食。我还应该把这本书归功于科学院工作人员的专业能力和友好态度，我在此仅提到他们中的代表——盖塞纳・伯托姆利和莱茵哈特·迈耶尔-卡尔库斯——在一份后记里，我根本无法充分表达对他们的感激之情。无论格鲁纳森林庄重的精灵如何评价这个结论：对于我而言这是美妙的半年。如同身处天堂乐园，在科学院的逗留却只投下唯一的一道阴影：所有的不足我都必须归咎于自己。

古斯塔夫·塞普特

柏林 2008年5月15日

附录

注释

脚注中的缩写：

FA=Frankfurter Ausgabe，法兰克福版；

HA=Hamburger Ausgabe，汉堡版；

MA=Münchner Ausgabe，慕尼黑版；

WA=Weimarer Ausgabe，魏玛版；

PB2，PB3=Politischer Briefwechsel von Carl August， Band 2 und Band 3.《卡尔·奥古斯特的政治通信》第二卷与第三卷；

Grumach VI.=Goethe. Begegnungen und Gespräche， Band VI.格鲁玛赫第六卷，即《歌德，会见与谈话》，第六卷；

Bode II=Bode，Goethe in vertraulichen Briefen，Band 2.博德：《在亲密书信中的歌德》第二卷。

原始资料来源与文献

卡尔·阿尔特：《关于歌德〈诗与真〉的创作历史的研究》，希尔德斯海姆，1976年（首先是1898年）（Alt，Carl：Studien zur Entstehungsgeschichte von Goethes Dichtung und Wahrheit，Hildesheim 1976，zuerst 1898.）。

维利·安德里阿斯：《魏玛的卡尔·奥古斯特与拿破仑》，莱比锡，1942年（Andreas，Williy：Carl August von Weimar und Napoleon，Leipzig 1942.）。

维利·安德里阿斯："歌德与圣艾格南"，见《德语文学研究与精神史季刊》第37卷（1967年），第249～253页[Andreas，Williy：Goethe und St.Aignan.In: Deutsche Vierteljahrsschrift für Literaturwissenschaft und Geistesgeschichte 37（1963）.]。

维利·安德里阿斯：《拿破仑时代与各个民族的起义》，海德堡，1955年（Andreas，Williy：Das Zeitalter Napoleons und die Erhebung der Völker，Heidelberg 1955.）。

维利·安德里阿斯与汉斯·梯姆勒主编：《魏玛公爵与大公爵卡尔·奥古斯特的政治通信》，三卷本，哥廷根，1954—1973年[Andreas，Williy und Tümmler，Hans（Hrsg.）：Politischer Briefwechsel des Herzogs und Großherzogs Carl August von Weimar. 3 Bände. Göttingen 1954—1973.]。

卡尔·奥特玛尔·冯·阿雷丁：《1648—1806年的古老王国》，第三卷：《1745—1806年王国与奥地利—普鲁士的二元制》，斯图加特，1992年（Aretin，Karl Otmar von：Das Alte Reich 1648—1806.Band 3：Das Reich und der österreichisch-preußische Dualismus 1745—1806，Stuttgart 1992.）。

伊格纳茨·费尔迪南德·阿尔诺尔德：《1808年9月至10月期间处于其最高光芒中的埃尔福特》，两卷本，埃尔福特，1808年，刊印本，埃尔福特，2008年（Erfurt in seinem höchsten Glanz während der Monate September und Oktober 1808，2 Bände，Erfurt 1808，ND Erfurt 2008.）。

恩斯特·莫里茨·阿恩特：《1769—1815年回忆录》，罗尔夫·维伯主编，柏林，1985年（Arndt，Ernst Moritz：Erinnerungen 1769—1815.Hrsg.von Rolf Weber，Berlin 1985.）。

保尔·百洛伊："诸位君主致拿破仑一世的信件"，见《历史杂志》，第58期（1887年），第435～464页[Bailleu，Paul：Fürstenbriefe an Napoleon I.In：Historische Zeitschrift 58（1887）.]。

尤阿希姆·鲍尔与盖尔哈特·米勒：《"泥瓦工的转变，与人生相似，"殿堂泥瓦工，启蒙思想与古典魏玛中的政治》，鲁道尔夫施塔特，2000年（Bauer，Joachim/Müller，Gerhard：„Des Maurers Wandeln，es gleicht dem Leben."Tempelmaurerei，Aufklärung und Politik im klassischen Weimar，Rudolfstadt 2000.）。

曼夫雷德·贝茨："幸免于难的世界剧院，歌德对约瑟夫二世的选举及其1764年在法兰克福的加冕的描述"，见约克·尤很·伯恩斯与托马斯·拉恩主编的《仪式作为中世纪晚期和近代早期的宫廷美学》，图宾根，1995年，第572～599页[Beetz，Manfred：Überlebtes Welttheater.Goethes autobiographische Darstellung der Wahl und Krönung Josephs II.in Frankfurt/H.1764. In：Jörg Jochen Berns und Thomas Rahn（Hrsg.）：Zeremoniell als höfische Ästhetik in Spätmittelalter und Früher Neuzeit，Tübingen 1995.]。

赫尔穆特·贝尔丁：《1807—1813年威斯特法伦法国中的拿破仑统治政策与社会政策》，哥廷根，1973年（Berding，Helmut：Napoleonische Herrschafts und Gesellschaftspolitik im Königreich Westfalen 1807—1813，Göttingen 1973.）。

彼得·贝尔格拉尔：《歌德与拿破仑，权力对精神的吸引》，达姆施塔特

1968年（Beglar，Peter：Goethe und Napoleon. Die Faszination des Geistes durch die Macht，Darmstadt 1968）。

米歇尔·伯尔纳伊斯：《论比较新的和最新的文学史》，四卷本，莱比锡，1895—1903年（Bernays，Michael：Zur neueren und neuesten Literaturgeschichte. 4 Bände，Leipzig 1895—1903）。

《描述萨克森-魏玛公爵卡尔·奥古斯特阁下1808年10月6日和7日在魏玛与耶拿举办的庆祝活动，参加这些活动的有皇帝亚历山大一世和拿破仑陛下以及许多被加冕的君主，连同他们在埃尔福特奇怪的聚会概览》，魏玛，1809年（Beschreibung der Feierlichkeiten，welche bei Anwesenheit von Ihro Majestäten der Kaiser Alexander und Napoleon und mehrerer gekrönten Häupter in Weimar und Jena am 6ten und 7ten October 1808 von Sr.Durchlaucht dem Herzoge Carl August von Sachsen-Weimar veranstaltet wurden. Nebst einem Überblicke ihrer merkwürdigen Zusammenkunft in Erfurt，Weimar 1809.）。

奥托·贝森洛特：《1806—1815年图林根诸国的外部政策》，米尔豪森，1925年（Bessenrodt，Otto：Die äußere Politik der thüringischen Staaten von 1806—1815，Mühlhausen 1925）。

恩斯特·鲍伊特勒：《围绕歌德的随笔》，不莱梅，1957年（Beutler，Ernst：Essays um Goethe，Bremen 1957.）。

弗洛多阿尔特·比德尔曼·冯与沃尔夫冈·海尔维希主编：《歌德谈话录》，六卷本中四卷，慕尼黑，1998年[Biedermann，Flodoard von und Herwig，Wolfgang（Hrsg.）：Goethes Gespräche，4 in 6 Bänden，München 1998.]。

艾菲·比尔德吕基恩斯基：《歌德的魏玛，人物和场所词典》，慕尼黑，1992年（Bierdrzynski，Effi：Goethes Weimar. Das Lexikon der Personen und Schauplätze，München 1992.）。

胡戈·布朗克：《歌德与曼佐尼，魏玛与米兰》，海德堡：1988年（Blank，Hugo：Goethe und Manzoni. Wiemar und Mailand，Heidelberg 1988.）。

胡戈·布朗克（主编）：《魏玛与米兰，书信与纪实》，海德堡：1992年[Blank，Hugo（Hrsg.）：Wiemar und Mailand.Briefe und Dokumente，Heidelberg 1992.]。

汉斯·布鲁门贝克：《对神话的研究》，美茵河畔的法兰克福，1986年（Blumenberg，Hans：Arbeit am Mythos，Frankfurt am Main 1986）。

里泽洛特·布鲁门塔尔："论歌德的《与拿破仑会谈》的文本形成"，见《歌德，歌德协会年鉴新系列》，第20卷（1958年），第264～276页[Blumenthal，Lieselotte：Zur Textgestaltung von Goethes "Unterredung mit Napoleon". In：Goethe. Neue Folge des Jahrbuchs der Goethe-Gesellschaft 20（1958）]。

威廉·博德："维兰德在拿破仑面前"，见：《与歌德一起的几个小时》，柏林，1908年，第241～252页（Bode，Wilhelm：Wieland vor Napoleon. In：Stunden mit Goethe，Berlin 1908.）。

威廉·博德：《歌德的儿子》，重印本，柏林，2002年，第一版1918年（Bode，Wilhelm：Goethes Sohn，ND Berlin 2002，zuerst 1918.）。

威廉·博德主编：《歌德在其同时代人亲密的书信中》，第二卷，1794—1816年，柏林与魏玛，1979年[Bode，Wilhelm（Hrsg.）：Goethe in vertraulichen Briefen seiner Zeitgenossen.Bd.II，1794—1816，Berlin und Weimar 1979.）。

拿破仑·波拿巴一世：《克里松与欧也妮》，双语对照版，海尔贝尔特·考赫翻译并撰写后记，慕尼黑，1969年（Bonaparte，Napoléon I.：Clisson und Eugénie，zweisprachige Ausgabe，übersetzt und mit einem Nachwort versehen von Herbert Koch，München 1969.）。

拿破仑·波拿巴一世：《拿破仑通信，60封工作通信（1806—1810年）》，由马克西米利安·沃克斯推荐并且做评注，巴黎，没有年份标记（Bonaparte，Napoléon I.：Correspondance de Napoléon. Six cents lettres de travail（1806—1810）présentées et annotées par Maximilien Vos，Paris o.J.）。

拿破仑·波拿巴一世：《通信全集》，迄今出版四卷，巴黎，2004，

2005，2006年（Bonaparte，Napoléon I.：Correspondance générale，bisher 4 Bände，Paris 2004ff.）。

拿破仑·波拿巴一世：《其人生回忆录》，弗里德里希·温克尔-威尔顿贝克主编，第11卷，维也纳，1930年（Bonaparte，Napoléon I.：Die Memoiren seines Lebens，hrsg. von Friedrich Wencker-Wildenberg，Bd.11，Wien 1930.）。

艾里奥诺勒·冯·博雅诺夫斯基：《萨克森-魏玛大公爵夫人露易丝及其与同时代人的关系，根据绝大部分未被发表的书信和文字记载》，斯图加特，1903年（Bojanowski，Eleonore von：Louise，Großherzogin von Sachsen-Weimar und ihre Beziehungen zu den Zeitgenossen. Nach größtenteils unveröffentlichten Briefen und Niederschriften，Stuttgart 1903.）。

狄特·波希迈耶尔：《歌德，时代的公民》，慕尼黑，1999年（Borchmeyer，Dieter：Goethe，der Zeitbürger，München 1999.）。

路易·安东尼·福维莱特·德·波里艾纳：《国务大臣波里艾纳论拿破仑、五人执政内阁、执政官执政任期、皇帝王国和复辟时期的回忆录》，10卷本，莱比锡1829年和1830年（Bourrienne，Louis Antoine Fauvelet de：Memoiren des Staatsministers von Bourrienne über Napoleon，das Directorium，das Consulat，das Kaiserreich und die Restauration，10 Bände，Leipzig 1829—1830.）。

尼考拉斯·伯伊勒："歌德笔下的历史书写和自传学（1810—1817年）"，见：《歌德年鉴》第110期（1993年）[Boyle，Nicholas：Geschichtsschreibung und Autobiographik bei Goethe（1810—1817），In：Goethe-Jahrbuch 110（1993）.]。

保尔·布劳恩："法国人在魏玛"，刊于《图林根与萨克森的历史与艺术杂志》第10期刊（1920年），第1～42页[Braun，Paul：Die Franzosen in Weimar. In：Thüringisch-Sächsische Zeitschrift für Geschichte und Kunst 10（1920）.]。

保尔·费尔迪南德·弗里德里希·布赫霍尔茨：《罗马和伦敦或者论下一个世界君主制的性质》，图宾根，1807年（Buchholz，Paul Ferdinand Friedrich/ Massenbach，Christian Karl August Ludwig：Rom und London oder über die

Beschaffenheit der nächsten Universal-Monarchie，Tübingen 1807.）。

保尔·费尔迪南德·弗里德里希·布赫霍尔茨和克里斯蒂安·卡尔·奥古斯特·路德维希·马森巴赫：《普鲁士人物性格特征的美术馆》，根据法语手稿翻译，柏林，1808年（Buchholz，Paul Ferdinand Friedrich/Massenbach，Christian Karl August Ludwig：Gallerie Preussischer Charaktere. Aus der französischen Handschrift übersetzt，Berlin 1808.）。

亚当·海因里希·狄特里希·冯·比洛：《从军事和政治角度观察1805年的战役》，两卷本，莱比锡，1806年（Bülow，Adam Heinrich Dietrich von：Der Feldzug von 1805 militärisch-politisch betrachtet，2 Bände，Leipzig 1806.）。

卡尔·布林：《〈耶拿文学汇报〉在其创刊第一个十年、第二个十年和第三个十年中的书评》，三卷本，魏玛：1962—1965年（Bulling，Karl：Die Rezensenten der Jenaischen Allgemeinen Literaturzeitung im ersten/zweiten/dritten Jahrzehnt ihres Bestehens，3 Bände，Weimar 1962—1965.）。

沃尔夫冈·布尔格多夫：《一幅世界画面丧失了它的世界，旧王国的毁灭和1806年这一代人》，慕尼黑，2006年（Burgdorf，Wolfgang：Ein Weltbild verliert seine Welt. Der Untergang des Alten Reichs und die Generation von 1806. München 2006.）。

亚历山大·卡尔泰里利：《1806—1813年在德国的困境和起义时期的魏玛与耶拿》，耶拿，1913年（Cartellieri，Alexander：Weimar und Jena in der Zeit der deutschen Not und Erhebung 1806—1813.Jena 1913.）。

恩斯特·卡西勒：《歌德与历史的世界》，柏林，1932年（Cassirer，Ernst：Goethe und die geschichtliche Welt， Berlin 1932.）。

阿尔曼特·奥古斯丁·路易·玛吉·德·科兰古：《与拿破仑的单独会见，科兰古将军，维琴察[①]公爵，御马总管值得纪念的事》，比勒菲尔德，

① 维琴察（Vicenza）是意大利北部城市。——译者注

1937年（Caulaincourt，Armand Augustin Louis Marquis de：Unter vier Augen mit Napoleon. Denkwürdigkeiten des Generals Caulaincourt，Herzog von Vicenza，Großstallmeisters des Kaisers，Bielefeld 1937.）。

卡尔·冯·克劳泽维茨：《1812年的俄国战争》，威斯巴登，1953年（Clausewitz，Carl von：Der russische Feldzug 1812，Wiesbaden 1953.）。

乌尔里希·克莱默尔：《魏玛大臣弗里德里希·冯·米勒的政治特征及其1806—1813年〈回忆录〉的可信性》，耶拿，1934年（Crämer，Ulrich：Der politische Charakter des weimarischen Kanzlers Friedrich von Müller und die Glaubwürdigkeit seiner „Erinnerungen“ 1806—1813，Jena 1934.）。

乌尔里希·克莱默尔：“拿破仑于1807年7月23日在魏玛”，刊于：《歌德协会年鉴》第20卷（1934年），第84～113页[Crämer，Ulrich：Napoleon in Weimar am 23.Juli 1807.In：Jahrbuch der Goethe-Gesellschaft 20（1934）.]。

乌尔里希·克莱默尔：“歌德政治活动中不为人所知的事”，刊于：《欧福良》第33期（1932年），第300～311页[Crämer，Ulrich：Unbekanntes aus Goethes politischer Tätigkeit.In：Euphorion 33（1932）.]。

高尔顿A·克莱克：“约翰内斯·冯·米勒，在寻觅一位英雄人物中的历史学家”，刊于：《美国历史杂志》第74期（1969年），第1487～1502页[Craig，Gordon A：Johannes von Müller. The Historian in Searche of a Hero.In：American Historical Review 74（1969）.]。

卡尔·奥托·康拉迪：《歌德生平与作品》，慕尼黑，苏黎世，1994年（Conrady，Karl Otto：Goethe.Leben und Werk，München/Zürich 1994.）。

西格里特·达姆：《克里斯蒂安娜与歌德》，美茵河畔法兰克福，1998年（Damm，Sigrid：Chirstiane und Goethe，Frankfurt am Main 1998.）。

汉斯·戴尔吕克：《战争艺术的历史》，第4卷，《近代》，重印本，柏林，2000年，第一版1920年（Dellrück，Hans：Geschichte der Kriegskunst.Band 4，Die Neuzeit，ND Berlin 2000，zuerst 1920.）。

弗里德里希·狄克曼：《幸运的平衡，看一眼歌德》，美茵河畔法兰克福，2008年（Dieckmann，Friedrich：Geglückte Balance.Auf Goethe blickend，Frankfurt am Main 2008.）。

伯恩哈特·J.·多茨勒主编：《文学研究基础，典范文本》，科隆，1999年[Dotzler，Bernhard J.（Hrsg.）：Grundlagen der Literaturwissenschaft. Exemplarische Texte，Köln 1999.]。

赫尔曼·冯·艾格洛夫施泰因男爵：《卡尔·奥古斯特在1814年的荷兰战役中》，魏玛，1927年（Egloffstein，Hermann Freiherr von：Carl August im niederländischen Feldzug 1814，Weimar 1927.）。

赫尔曼·冯·艾格洛夫施泰因男爵：《卡尔·奥古斯特在1813年的战役中》，柏林，1913年（Egloffstein，Hermann Freiherr von：Carl August während des Krieges von 1813，Berlin1913.）。

沃尔夫·冯·恩格尔哈特：《歌德的世界观，也是一部传记》，魏玛，2007年（Engelhardt，Wolf von：Goethes Weltansichten. Auch eine Biographie，Weimar 2007.）。

米歇尔·艾尔伯：《革命者，动荡和再平衡，1785—1830年的国际关系》，帕德布恩，2004年（Erbe，Michael：Revolutionäre，Erschütterung und erneuertes Gleichgewicht. Internationale Beziehungen 1785—1830，Paderborn 2004.）。

《魏玛事件，魏玛宫殿博物馆展览目录》，魏玛古典文学基金会，魏玛，2007年（Ereignis Weimar.Katalog zur Ausstellung im Schlossmuseum Weimar. Klassikstiftung，Weimar 2007.）。

查尔斯·J·艾斯莱勒：《拿破仑战争，1803—1815年国际历史》，伦敦，2007年（Eslaile， Charles J.：Napoleon ‘s Wars. An International History 1803—1815，London 2007.）。

弗里德里希·法丘斯：“拿破仑与1808年10月7日在阿珀尔达附近的猎兔活动”，刊于《图林根历史与古代学协会杂志》第5期（1943年），第326～351

页[Facius，Freidrich：Napoleon und die Hasenjagd bei Apolda am 7.Oktober 1808. In：Zeitschrift des Vereins für Thüringsche Geschichte und Altertumskunde 5（1943）.]。

弗里德里希·法丘斯："在主权与变成附属邦国之间，1806至1813年图林根各个小国的生存问题"，见《歌德时代的国家与社会（纪念汉斯·提姆勒70岁华诞纪念文集）》，科隆，1997年，第163～205页（Facius，Freidrich：Zwischen Souveränität und Mediatisierung. Das Existenzproblem der thüringischen Kleinstaaten von 1806 bis 1813. In：Staat und Gesellschaft im Zeitalter Goethes. Festschrift für Hans Tümmler zu seinem 70.Geburtstag，Köln 1997.）。

约翰内斯·法尔克：《战争小手册，描述1806至1813年这段时期，在耶拿、吕岑和莱比锡战役之后魏玛的战争困境》，莱比锡，1911年（Falk，Johannes：Kriegsbüchlein. Darstellung der Kriegsdrangsale Weimars in dem Zeitraum von 1806—1813 nach den Schlachten von Jena，Lützen und Leipzig，Leipzig 1911.）。

奥斯卡尔·法姆巴赫主编：《歌德与其批评家》，柏林，1955年[Fambach， Oscar（Hrsg.）：Goethe und seine Kritiker，Berlin 1955.]。

伊丽莎白·菲布伦巴赫：《从法国大革命前社会政治制度到维也纳会议》，慕尼黑，1993年（Febrenbach，Elisabeth：Vom Ancien Régime zum Wiener Kongress，München 1993.）。

盖尔特·菲塞尔和莱茵哈特·永舍尔主编：《在拿破仑阴影下的突变，耶拿和奥尔施台特战役及其后果》，耶拿，1998年[Fesser，Gerd/Jonscher，Reinhard（Hrsg.）：Umbruch im Schatten Napoleons. Die Schlachten von Jena und Auerstedt und ihre Folgen，Jena 1998.]。

盖尔特·菲塞尔：《1806年，在耶拿和奥尔施台特的两场战役》，耶拿，2006年（Fesser，Gerd：1806.Die Doppelschlacht bei Jena und Auerstedt.Jena 2006.）。

约翰·高特里普·费希特：《致德意志民族的演讲》，由莱茵哈特·劳特作序，汉堡，1978年（Fichte，Johann Gottlieb：Reden an die deutsche Nation. Mit einer Einleitung von Reinhard Lauth，Hamburg 1978.）。

贡蒂埃-路易·芬克："歌德与拿破仑"，刊于《歌德年鉴》第107期（1990年），第81～101页[Fink，Gonthier-Louis：Goethe und Napoleon.In：Goethe-Jahrbuch 107（1990）.]。

安德里阿斯·菲舍尔：《歌德与拿破仑，一项研究》，弗劳恩菲尔德，1900年（Fischer，Andreas：Goethe und Napoleon. Eine Studie，Frauenfeld 1900.）。

狄特里希·菲舍尔-狄斯考：《歌德作为剧院经理，在古典魏玛的戏剧激情》，慕尼黑，2006年（Fischer-Dieskau，Dietrich：Goethe als Intendant. Theaterleidenschaften im klassischen Weimar，München 2006.）。

维利·弗拉赫："歌德对魏玛诸国科学与艺术的思考"，刊于《档案杂志》第50、51期，1955年，第463～484页[Flach，Willy：Betrachtungen Goethes über Wissenschaften und Künste in den weimarischen Landen. In：Archivalische Zeitschrift 50/51（1955）.]。

霍尔斯特·弗莱舍尔主编：《拿破仑或者世界剧院来到图林根》，鲁道尔施塔特，2002年[Fischer，Horst（Hrsg.）：Napoleon oder das Welttheater kommt nach Thüringen，Rudolstadt 2002.]。维尔弗里特·弗略克主编：《文学内部接受的形式》，威斯巴登，1987年[Floeck，Wilfried（Hrsg.）：Formen innerliterarischer Rezeption，Wiesbanden 1987.]。

奥古斯特·弗尔尼尔："歌德与拿破仑，1896年3月21日在维也纳歌德协会作的学术报告"，刊于《维也纳歌德协会编年史》第6、7期，1896年[Fournier，August：Goethe und Napoleon. Vortrag gehalten im Wiener Goethe-Verein am 21.März 1896. In：Chronik des Wiener Geothe Vereins 6/7（1896）.]。

奥古斯特·弗尔尼尔：《历史研究与梗概》，第二系列，维也纳与莱比锡，1908年（Fournier，August：Historische Studien und Skizzen.Zweite Reihe，Wien und Leipzig 1908.）。

奥古斯特·弗尔尼尔：《拿破仑一世》，三卷本，维也纳，1922年（Fournier，August：Napoleon I. 3 Bände，Wien 1922.）。

米歇尔·弗劳伊恩特：《拿破仑与德国人，专制君主还是自由的英雄？》，慕尼黑，1969年（Freund，Michael：Napoleon und die Deutschen. Despot oder Held der Freiheit? München 1969.）。

沃尔夫冈·弗律瓦尔特：《歌德的婚礼》，美茵河畔法兰克福，2007年（Frühwald，Wolfgang：Goethes Hochzeit，Frankfurt am Main 2007.）。

汉斯·约根·盖尔茨："论歌德的庆典戏剧《潘多拉》"，刊于《歌德，歌德协会年鉴新系列》第24期，1962年，第44～57页[Geerdts，Hans Jürgen：Zu Goethes Festspiel "Pandora".In：Goethe.Neue Folge des Jahrbuchs der Goethe-Gesellschaft 24（1962）.]。

路德维希·盖格尔：《来自老魏玛，同时代人的讲述，连同梗概和解释》，柏林，1897年（Geiger，Ludwig：Aus Alt-Weimar. Mitheilungen von Zeitgenossen nebst Skizzen und Ausführungen，Berlin 1897.）。

路德维希·盖格尔："论歌德与拿破仑"，刊于《歌德年鉴》第27期（1906年），第254～257页[Geiger，Ludwig：Zu Goethe und Napoleon. In：Goethe-Jahrbuch 27（1906）.]。

弗里德里希·冯·根茨：《源自欧洲政治平衡最新历史的残篇》，圣彼得堡（莱比锡），1806年 [Gentz，Friedrich von：Fragmente aus der neuesten Geschichte des Politischen Gleichgewichts in Europa，St.Petersburg（Leipzig）1806.]。

弗里德里希·冯·根茨：《国家文稿与通信》，两卷本，由汉斯·冯·艾卡特主编，慕尼黑，1921年（Gentz，Friedrich von：Staatsschriften und Briefe.2 Bände，hrsg.von Hans von Eckardt，München 1921.）。

弗里德里希·冯·根茨：《文稿，一座纪念碑》，由古斯塔夫·斯莱西尔主编，五卷本，曼海姆，1838—1840年（Gentz，Friedrich von：Schriften.Ein Denkmal，hrsg.von Gustav Schlesier，5 Bände，Mannheim 1838—1840.）。

布鲁诺·冯·盖玛尔：《拿破仑一世与魏玛的卡尔·奥古斯特》，鲁拉，1909年（Germar，Bruno von：Napoleon I. und Karl August von Weimar，Ruhla 1909.）。

鲁道夫·戈伊肯与台奥多·伊尔根主编：《威斯特法伦王国，1807—1813年法国在德国心脏七年的外族统治》，杜塞尔多夫，1888年（Goecken，Rudolf/Ilgen，Theodor：Das Königreich Westphalen：Sieben Jahre französischer Fremdherrschaft im Herzen Deutschlands 1807—1813，Düsseldorf 1888.）。

约翰·沃尔夫冈·冯·歌德：《官方文书》，四卷本，维利·弗拉赫主编，魏玛，1950—1987年（Goethe，Johann Wolfgang von：Amtliche Schriften. 4 Bände，hrsg.von Willy Flach，Weimar 1950—1987.）。

约翰·沃尔夫冈·冯·歌德：《通信》，汉堡版，卡尔·罗伯特·曼德尔考主编，六卷本，慕尼黑，1988年（Goethe，Johann Wolfgang von：Briefe. Hamburger Ausgabe. Hrsg.von Karl Robert Mandelkow. 6 Bände，München 1988.）。

约翰·沃尔夫冈·冯·歌德：《1800—1832年诗歌》，卡尔·艾伯尔主编，美茵河畔法兰克福，1998年（Goethe，Johann Wolfgang von：Gedichte 1800—1832，hrsg.von Karl Eibl，Frankfurt am Main 1998.）

约翰·沃尔夫冈·冯·歌德：《歌德与格奥尔格·萨尔托琉斯与卡洛琳娜·萨尔托琉斯从1801—1825年的通信》，艾尔泽·冯·蒙洛伊主编，魏玛，1931年[Goethe，Johann Wolfgang von：Goethes Briefwechsel mit Georg und Caroline Sartorius（von 1801—1825），hrsg.von Else von Monroy，Weimar 1931.]。

约翰·沃尔夫冈·冯·歌德：《歌德与他的儿子通信》，盖尔林德·乌尔姆·散福尔特主编，两卷本，魏玛，2005年（Goethe，Johann Wolfgang von：Goethes Briefwechsel mit seinem Sohn August，hrsg.von Gerlinde Ulm Sanford，2 Bände，Weimar 2005.）。

约翰·沃尔夫冈·冯·歌德：《歌德与克里斯蒂安·高特洛普·冯·沃伊格特通信》，汉斯·提姆勒与沃尔夫冈·胡什克主编，四卷本，魏玛，1949—1962年（Goethe，Johann Wolfgang von：Briefwechsel mit Christian Gottlob Voigt. Hrsg.von Hans Tümmler und Wolfgang Huschke. 4 Bände，Weimar 1949—1962.）。

约翰·沃尔夫冈·冯·歌德：《歌德与公爵-大公爵卡尔·奥古斯特通信》，三卷本，汉斯·瓦尔主编，1911—1920年（Goethe，Johann Wolfgang von：Briefwechsel mit Herzog-Großherzog Carl August. 3 Bände，hrsg.von Hans Wahl 1911—1920.）。

约翰·沃尔夫冈·冯·歌德：《歌德与哥塔通信》，多洛苔阿·库恩主编，四卷本，斯图加特，1980—1983年（Goethe，Johann Wolfgang von：Briefwechsel mit Cotta. Hrsg.von Dorothea Kuhn，4 Bände，Stuttgart 1980—1983.）。

《歌德与莱茵哈特，1807—1832年通信》，美茵河畔法兰克福，1957年（Goethe und Reinhard.Briefwechsel in den Jahren 1807—1832，Frankfurt am Main 1957.）。

《歌德书信中的婚姻》，汉斯·盖尔哈特·格莱夫主编，美茵河畔法兰克福，1956年（Goethes Ehe in Briefen，hrsg. von Hans Gerhard Gräf，Frankfurt am Main 1956.）

《歌德与维伦莫尔通信》，汉斯·J. 魏茨主编，美茵河畔法兰克福，1986年（Goethe-Willenmer. Briefwechsel，hrsg.von Hans-J.Weitz，Frankfurt am Main 1986.）。

约翰·沃尔夫冈·冯·歌德：《歌德的作品〈诗与真〉》，古斯塔夫·冯·略普尔主编，三卷本，柏林，1882—1884年（Goethe，Johann

Wolfgang von： Goethes′ Werke. Dichtung und Wahrheit， hrsg.von Gustav von Loeper，3 Bände，Berlin 1882—1884.）。

约翰·沃尔夫冈·冯·歌德：《诗与真》，克劳斯·戴特莱夫·米勒主编，美茵河畔法兰克福，1986年（Goethe，Johann Wolfgang von：Dichtung und Wahrheit，hrsg.von Klaus-Detlef Müller，Frankfurt am Main 1986.）。

《歌德作品》，魏玛版，147卷，重印本，慕尼黑，1987年（Goethes Werke.Weimarer Ausgabe.147 Bände，ND München 1987.）。

《歌德作品》，汉堡版，艾里希·特伦茨主编，14卷，慕尼黑，1987年，时常参考这套书（Goethes Werke. Hamburger Ausgabe. Hrsg.von Erich Trunz，14 Bände，München 1987 u.ö.）。

约翰·沃尔夫冈·冯·歌德：《歌德作品全集、书信、日记和谈话》，40卷本，美茵河畔法兰克福，1985年起[Goethe，Johann Wolfgang von：Sämtliche Werke，Briefe，Tagebücher und Gespräche ，40 Bände，Frankfurt am Main 1985ff.（Frankfurter Ausgabe）]。

约翰·沃尔夫冈·冯·歌德：《歌德作品各个时期全集》，赫尔伯特·G·戈伊普菲尔特、诺尔伯特和盖尔哈特·绍德尔主编，慕尼黑，1985年起，慕尼黑版[Goethe，Johann Wolfgang von：Sämtliche Werke von Epochen seines Schaffens. Hrsg.von Herbert G.Göpfert，Norbert Miller und Gerhard Sauder. München 1985 ff. （Münchner Ausgabe）]。

约翰·沃尔夫冈·冯·歌德：《日记，历史批评版，1801—1808年和1813—1816年各两卷》，魏玛，2004年和2007年（Goethe，Johann Wolfgang von： Tagebücher. Historisch-kritische Ausgabe. 1801—1808 und 1813—1816. Je 2 Bände. Weimar 2004 und 2007.）。

约翰·沃尔夫冈·冯·歌德：《1805—1811年和1812—1816年的拿破仑岁月》，两卷本书信、日记和谈话，洛泽·温特尔贝尔格主编并评论，法兰克福版第二组，第六和第七卷，1993年和1994年[Goethe，Johann Wolfgang von:

Napoleonische Jahre 1805—1811 und 1812—1816. 2 Bände.Briefe，Tagebücher，Gespräche. Hrsg.und kommentiert von Rose Unterberger（Frankfurter Ausgabe II.，6 und 7），Frankfurt am Main 1993 und 1994.]。

约翰·沃尔夫冈·冯·歌德：《我也在香槟！》，古斯塔夫·赛普特主编，慕尼黑，2007年（Goethe，Johann Wolfgang von：Auch ich in der Champagne!Hrsg.von Gustav Seibt，München 2007.）。

《歌德按照时代顺序编排的诗歌》，海因茨·尼考莱主编，美茵河畔法兰克福，1982年（Goethes Gedichte in zeitlicher Folge. Hrsg.von Heinz Nicolai，Frankfurt am Main 1982.）。

约翰·沃尔夫冈·冯·歌德：《西东合集》，亨德里克·毕鲁斯主编，两卷本，法兰克福版第一组，第一卷和第二卷，美茵河畔法兰克福，1994年（Goethe，Johann Wolfgang von：West-östliche Divan，hrsg.von Hendrik Birus，2 Bände，FA I，3.1-2，Frankfurt am Main 1994.）。

《枢密顾问歌德夫人》，路德维希·盖格尔主编，莱比锡，没有年份标注（Frau Rat Goethe. Gesammelte Briefe. Hrsg.von Ludwig Geiger，Leipzig o.J.）。

歌德协会主编：《歌德年鉴》第107期，1990年[Goethe-Gesellschaft（Hrsg.）：Goethe-Jahrbuch 107（1990）.]。

皮埃尔·格拉宾："歌德与拿破仑"，刊于《歌德年鉴》第107期，1990年，第71～80页[Grappin，Piere： Goethe und Napoleon.In：Goethe-Jahrbuch 107（1990）.]。

赫尔曼·格林：《歌德的人生》，莱茵哈特·布赫瓦尔德主编，斯图加特，1939年，第一版1876年（Grimm，Herman：Das Leben Goethes. Hrsg. von Reinhard Buchwald. Stuttgart 1939，zuerst 1876.）。

卡尔·格里旺克："歌德、法国大革命与拿破仑"，刊于《对于勤勉的人而言，这个世界没有任何事物是缄默不语的，关于歌德形象论文集》，耶拿大学城和弗里德里希·席勒大学顾问委员会，耶拿，1948年，第35～47页

（Griewank，Karl： Goethe， die französische Revolution und Napoleon. In：Dem Tüchtigen ist diese Welt nichts stumm. Beiträge zum Goethebild，hrsg. vom Rat der Univerversitätsstadt Jena und der Friedrich Schiller-Universität，Jena 1948.）。

卡尔·格里旺克："1808年歌德与拿破仑的谈话"，刊于《对于勤勉的人而言，这个世界没有任何事物是缄默不语的，关于歌德形象论文集》，耶拿大学城和弗里德里希·席勒大学顾问委员会，耶拿，1948年，第48～60页（Griewank，Karl：Goethes Unterredung mit Napoleon 1808. In：Dem Tüchtigen ist diese Welt nichts stumm. Beiträge zum Goethebild，hrsg. vom Rat der Univerversitätsstadt Jena und der Friedrich Schiller-Universität，Jena 1948.）。

沃尔夫冈·冯·格鲁特：《拿破仑一世与其时代的国家世界》，弗莱堡，布莱斯高区，1969年（Groote，Wolfgang von：Napoleon I. und due Staatenwelt seiner Zeit，Freiburg i.Br.1969.）。

艾尔泽·R·格洛斯主编：《卡尔·弗里德里希·莱茵哈特，1761—1837年》，斯图加特，1961年[Gross，Else R.（Hrsg.）：Karl Friedrich Reinhard 1761—1837，Stuttgart 1961.]。

恩斯特·格鲁玛赫与蕾娜特·格鲁玛赫主编：《歌德，会见与谈话》，第六卷，1806—1808年，蕾娜特·格鲁玛赫主编，柏林，纽约，1999年[Grummach，Ernst/Renate， Grummach（Hrsg.）：Goethe.Begegnungen und Gespräche. Band VI，1806—1808，herausgegeben von Renate Grummach，Berlin-New York 1999.]。

欧金·古格里阿："歌德与根茨"，刊于《维也纳歌德协会编年史》第13期，1899年，第10～11页[Guglia，Eugen：Goethe und Gentz. In：Chronik des Wiener Goethe-Vereins 13（1899）.]。

弗里德里希·贡多尔夫：《歌德》，莱比锡，1916年（Gundolf，Friedrich：Goethe，Leipzig 1916.）。

弗里德里希·贡多尔夫：《凯撒，其荣耀的历史》，柏林，1924年

（Gundolf，Friedrich：Caesar. Geschichte seines Ruhms，Berlin 1924.）。

彼得·哈克斯：《艺术的标准》，汉堡，1996年（Hacks，Peter：Die Maßgaben der Kunst，Hamburg 1996.）。

卡伦·哈格曼：《“男人的勇气和德国的荣誉”，普鲁士反抗拿破仑战争时期的民族、军事和性别》，帕德布恩，2002年（Hagemann，Karen：“Männlicher Muth und Teutsche Ehre”Nation，Militär und Geschlecht zur Zeit der Antinapoleonischen Kriege Preußens，Padeborn 2002.）。

盖尔特鲁特·哈格尔：“歌德日记中的基本形式和特点”，刊于《德语文学研究与精神历史季刊》第25期，1951年，第351～371页[Hager，Gertrud：Grundform und Eigenart von Goethes Tagebüchern. In：Deutsche Vierteljahrsschrift für Literaturwissenschaft und Geistesgeschichte 25（1951）.]。

保尔·汉卡莫：《权力的游戏》，图宾根和斯图加特，1947年（Hankamer，Paul：Spiel der Mächte，Tübingen und Stuttgart 1947.）。

汉森·幅尔克玛：“亚历山大一世、弗兰茨一世、拿破仑三位皇帝与歌德，”刊于《作为记忆的文学，纪念温弗里特·沃伊斯勒65岁寿辰文集》，博多·普拉赫塔主编，图宾根，2004年，第153～163页（Hansen，Volmar：Alexander I.，Franz I.，Napoleon-drei Kaiser und Goethe. In：Literatur als Erinnerung. Winfried Woesler zum 65.Geburtstag，hrsg.von Bodo Plachta. Tübingen 2004.）。

汉森·幅尔克玛主编：《音乐艺术家约翰·弗里德里希·莱夏尔特与歌德：“……从音乐角度看使我们的朋友；从政治角度看使我们的对手……”》，杜塞尔多夫，2002年[Hansen，Volmar（Hrsg.）：Der Tonkünstler Johann Friedrich Reichardt und Goethe：“...von der musikalischen Seite unser Freund，von der politischen Seite unser Widersacher...”，Düsseldorf 2002.）。

弗里茨·哈尔同：《1775—1828年在卡尔·奥古斯特统治下的萨克森大公国》，魏玛，1923年（Hartung，Fritz：Das Großherzogtum Sachsen unter der

Regierung Carl Augusts 1775—1828，Weimar 1923.）。

汉斯·豪斯海尔：“大臣歌德与卡尔·奥古斯特的对外政策”，刊于《历史杂志》第169期，1949年[Hausherr，Hans：Der Minister Goethe und die Äussere Politik Carl Augusts. In：Historische Zeitschrift 169（1949）.]。

汉斯·豪斯海尔：“歌德对其时代政治事件的关心”，刊于《歌德，歌德协会四月杂志》第11期，1949年，第165～186页[Hausherr，Hans：Goethes Anteil am politischen Geschehen seiner Zeit. In：Viermonatszeitschrift der Goethe-Gesellschaft 11 （1949）.]。

胡贝尔特·高特弗里特·海勒曼：《病人歌德》，马尔堡，拉恩，1999年（Heilemann，Hubert Gottfried：Patient Goethe，Marburg/Lahn 1999.）。

阿尔图尔·亨克尔：“你们为什么这么做？”，刊于《歌德体验》，斯图加特，1982年，第181～189页（Henkel，Arthur：„Warum habt ihr das gethan? “. In：Goethe-Erfahrungen，Stuttgart 1982.）。

阿尔图尔·亨克尔：“拿破仑是如何阅读《少年维特之烦恼》的”，刊于《海德堡年鉴》，第34期，1990年，第1～17页[Henkel，Arthur：Wie Napoleon den Werther las.In：Heidelberger Jahrbücher 34（1990）]。

尤斯特·赫尔曼特：《赞成和反对歌德：文学创作界与日耳曼学界对其作品的态度》，牛津，2005年（Hermand，Jost：Pro und contr Goethe：dichterische und germanistische Stellungnahmen zu seinen Werken，Oxford 2005.）。

保尔·海勒：“歌德与弗里德里希大帝”，刊于《歌德协会年鉴》第21期，1935年，第26～62页[Herre，Paul：Goethe und Friedrich der Große. In：Jahrbuch der Goethe-Gesellschaft 21（1935）.]。

海因里希·胡伯特·霍本：《当时在魏玛，约翰娜·叔本华的回忆与通信以及对她的回忆与致她的信》，柏林，1929年（Houben，Heinrich Hubert：Damals in Weimar. Erinnerungen und Briefe von und an Johanna Schopenhauer，Berlin 1929.）。

威廉·冯·洪堡："论当前法国悲剧舞台"，见《威廉·冯·洪堡作品》，阿尔贝尔特·莱茨曼主编，第二卷：1796—1799年，柏林，1904年（Humboldt，Wilhelm von：Über die gegenwärtige französische tragische Bühne. In：Wilhelm von Humboldts Werke，hrsg. von Albert Leitzmann，Band 2：1796—1799，Berlin 1904.）。

米歇尔·耶格尔：《浮士德的殖民地，歌德对现代现象的批评》，维尔茨堡 2005年（Jaeger，Michael：Fausts Kolonie. Goethes kritische Phänomenologie der Moderne，Würzburg 2005.）。

汉斯·罗伯特·姚斯："一种双重的繁荣：歌德与拿破仑，瓦莱里与布鲁门贝克"，刊于《腔调》第37卷，1990年，第50～79页 [Jauß，Hans Robert：Eine doppelte Konjunktur：Goethe und Napoleon，Valéry und Blumenberg. In：Akzente 37（1990）.]。

艾里希·耶尼施："我称古典的是健康的；我称浪漫的是病态的"，刊于《歌德，歌德协会年鉴新系列》第19期，1957年，第50～79页[Jenisch，Erich："Das Klassische nenne ich das Gesunde，und das Romantische das Kranke." In：Goethe.Neue Folge des Jahrbuchs der Goethe-Gesellschaft 19（1957）.]。

阿尔弗雷德·耶里克：《歌德与其在弗劳恩开阔地附近的房子》，魏玛，1959年（Jericke，Alfred：Goethe und sein Haus am Frauenplan，Weimar 1959.）。

耶略米鑫《讽刺诗》，未注明书籍出版地点，1813年（Jerömchen：Satirisches Gedicht，o.O.1813.）。

克劳斯·狄特·凯泽尔：《1802至1816年埃尔福特、拿破仑与普鲁士》，埃尔福特，2002年（Kaiser，Klaus-Dieter：Erfurt，Napoleon und Preußen 1802 bis 1816，Erfurt 2002.）。

哈拉尔德·凯贝尔：《1806至1814年解放战争时期的魏玛》，魏玛，1955年（Kebbel，Harald：Weimar in der Zeit der Befreiungskriege 1806—1814，

Weimar 1955.）。

里夏尔特·凯尔和罗伯特·凯尔：《歌德、魏玛与耶拿在1806年，根据歌德的私人档案》，莱比锡，1882年（Keil，Richard/Keil，Robert：Goethe，Weimar und Jena im Jahre 1806.Nach Goethes Privatacten， Leipzig 1882.）。

弗里德里希·冯·凯尔茨：《欧洲有什么好害怕的和希望的？或者普莱斯堡和约签订之前与之后欧洲的政治状况，连同审视地概览因反对法国产生的最后一个联盟》，杜塞尔多夫，1806年（Kerz，Friedrich von：Was hat Europa zu fürchten und zu hoffen?Oder Europas politischer Zustand vor und nach dem Frieden von Presburg. Nebst einer prüfenden Uebersicht der letzten gegen Frankreich erzeugten Coalition，Düsseldorf 1806.）。

艾丽泽·考伊戴尔和卡尔·布凌：《歌德作为魏玛图书馆的读者》，莱比锡，1982年（Keudell，Elise und Bulling，Karl：Goethe als Benutzer der Weimarer Bibliothek，Leipzig 1982.）。

弗里德里希·马克斯·基尔海森：《快活的国王，拿破仑最小的弟弟》，柏林，1928年（Kircheisen，Friedrich Max：König Lustig. Napoleons jüngster Bruder，Berlin 1928.）。

弗里德里希·马克斯·基尔海森：《诸位君主致拿破仑一世的信》，两卷本，斯图加特和柏林，1929年（Kircheisen，Friedrich Max：Fürstenbriefe an Napoleon I. 2 Bände，Stuttgart und Berlin1929.）。

弗里德里希·马克斯·基尔海森："拿破仑一世与德国诗人"，刊于《外交史杂志》第46期，1932年，第487～501页[Kircheisen，Friedrich Max：Napoléon Ier et les poètes Allemands. In：Revue d´Histoire Diplomatique 46（1932）]。

维尔纳·基尔希纳："拿破仑与约翰内斯·冯·米勒的谈话"，刊于《歌德协会年鉴》第16期，1930年，第109～120页[Kirchner，Werner：Napoleons Unterredung mit Johannes von Müller. In：Jahrbuch der Goethe-Gesellschaft 16（1930）.]。

约很·克劳斯：《歌德作为纪念币藏家》，魏玛，1994年（Klauß，Jochen：Goethe als Medaillensammler，Weimar 1994.）。

约很·克劳斯（整理）：《歌德的纪念币收藏》，两卷本，柏林，2000年[Klauß，Jochen（Bearb.）：Die Medaillensammlung Goethes，2 Bände，Berlin 2000.）。

阿尔图尔·克莱因施密特：《威斯特法伦王国的历史》，哥塔，1893年（Kleinschmidt，Arthur：Geschichte des Königreichs Westfalen，Gotha 1893.）。

艾卡尔特·克莱斯曼主编：《目击证人报告中拿破仑统治下的德国》，杜塞尔多夫，1965年[Kleßmann，Eckardt（Hrsg.）：Deutschland unter Napoleon in Augenzeugenberichten. Düsseldorf 1965.]。

艾卡尔特·克莱斯曼主编：《目击证人报告中的拿破仑在俄国的征战》，柏林，1966年[Kleßmann，Eckardt（Hrsg.）：Napoleons Russlandfeldzug in Augenzeugenberichten，Berlin 1966.]。

赫贝尔特·考赫："1807年还是1808年？"，刊于《歌德年鉴》第25期，1963年，第362～367页[Koch，Herbert：1807 oder 1808? In：Jahrbuch Goethe 25（1963）.]。

马克斯·考迈莱尔：《没有歌德作品的青春岁月》，美茵河畔法兰克福，1931年（Kommerell，Max：Jugend ohne Goethe，Frankfurt am Main 1931.）。

汉斯约根·考什维茨：《反对"浪费杂志和日报"，歌德的新闻观和对新闻使用》，明斯特，2002年（Koschwitz，Hansjürgen：Wider das "Journal-und Tageblattsverzeddeln".Goethes Pressesicht und Pressenutzung，Münster 2002.）。

莱茵哈特·考塞莱克：《歌德的不合时宜的历史》，海德堡，1997年（Koselleck，Reinhart：Goethes unzeitgemäße Geschichte，Heidelberg 1997.）。

艾克哈尔特·克里彭多尔夫：《歌德，反对时代精神的政策》，美茵河畔法兰克福，1999年（Krippendorf，Ekkehart：Goethe. Politik gegen den Zeitgeist，

Frankfurt am Main 1999.）。

君特·克洛恩比特：《话语与权力，弗里德里希·根茨作为政治作家》，柏林，1994年（Kronenbitter，Günther：Wort und Macht. Friedrich Genz als politischer Schriftsteller，Berlin 1994.）。

乌尔里希·昆策尔：《伟大人物的财政》，维也纳，1966年（Küntzel，Ulrich：Die Finanzen großer Männer，Wien 1966.）。

乔治·拉考尔-盖耶特："塔列朗回忆录的真实性与之后的一份从未发表的纪实"，刊于《巴黎杂志》第4期，1934年 [Lacour-Gayet，Georges：L'authenticité des Mémoires de Talleyrand d'après d'un document inédit. In：Revue de Paris 4（1934）.]。

乔治·拉考尔-盖耶特：《塔列朗》，F·傅雷作序，巴黎，1990年（Lacour-Gayet，Georges：Talleyrand. Préface de F.Furet，Paris 1990.）

格奥尔格·莱菲布弗勒：《拿破仑》，彼得·雪特勒主编，斯图加特，2003年（Lefevre，Georges：Napoleon，hrsg. Von Peter Schöttler，Stuttgart 2003.）。

奥斯卡尔·冯·莱托-弗尔贝克：《1806年和1807年的战争》，柏林，1899年（Lettow-Vorbeck，Oscar von：Der Krieg von 1806 und 1807，Berlin 1899.）。

伊尔纳·李斯特主编：《拿破仑一世与埃尔福特，源自德国与法国资料》，埃尔福特，1969年[List，Irna（Hrsg.）：Napoleon I. und Erfurt. Aus deutschen und französischen Quellen，Erfurt 1969.]。

奥托卡尔·洛伦茨：《歌德的政治学习时代》，柏林，1893年（Lorenz，Ottokar：Goethes politische Lehrjahre，Berlin 1893.）。

弗雷德里克·鲁林·德·夏托维克斯：《以不为人所知的方式来自圣海伦岛的手稿》，莱比锡，1817年（Lullin de Châteauvieux，Frédéric：Handschrift auf unbekannte Art von St.Helena gekommen，Leipzig 1817.）。

路易·玛德林：《执政官执政任期与法兰西第一帝国历史》，16卷本，巴黎，1937—1954年。其中第七卷：《1807—1809年西班牙事件》（Madelin，Louis：Histoire du Consulat et de l´Empire，16 Bände，Paris 1937—1954. Darin：Band VII：L´affaire d´Espagne 1807—1809.）。

卡尔·罗伯特·曼德尔考主编：《歌德在其批评家的评价中，关于歌德在德国接受历史纪实》，四卷本，慕尼黑，1975—1984年[Mandelkow，Karl Robert（Hrsg.）：Goethe im Urteil seiner Kritiker. Dokumente zur Wirkungsgeschichte Goethes in Deutschland，4 Bände，München 1975—1984.]。

克劳斯·曼格尔主编：《歌德与世界文化》，海德堡，2003年[Manger，Klaus（Hrsg.）：Goethe und die Weltkultur，Heidelberg 2003.]。

高洛·曼：《弗里德里希·冯·根茨，一位欧洲国务活动家的历史》，苏黎世，1947年（Mann，Golo：Friedrich von Gentz. Geschichte eines europäischen Staatsmanns，Zürich 1947.）。

弗里茨·玛蒂尼："维兰德、拿破仑与启蒙思想家"，见《民族对话，纪念阿尔贝尔特·福克斯70岁寿辰》，慕尼黑-巴黎，没有年代标明，第65～95页（Martini，Fritz：Wieland，Napoleon und die Illuminaten. In：Un dialogue des nations. Albert Fuchs zum 70.Geburtstag. München-Paris o.J.）。

弗里德里希·奥古斯特·路德维希·冯·戴尔·马尔维茨：《来自我人生的消息》，君特·德·布吕恩主编，柏林，1989年（Marwitz，Friedrich August Ludwig von der：Nachrichten aus meinem Leben.Hrsg.von Günter de Bruyn，Berlin 1989.）。

弗里德里希·美奈克：《英雄主义的产生》，两卷本，慕尼黑，1936年（Meinecke，Friedrich：Die Enstehung des Historismus，2 Bände，München 1936.）。

克莱门斯·温策尔·奈珀穆克·洛塔尔·冯·梅特涅：《源自梅特涅遗留的文件》，里夏尔特·克莱门斯·冯·梅特涅和阿尔冯斯·冯·克林考施特略姆，第一卷，维也纳，1880年（Metternich，Klemens Wenzel Nepomuk Lothar von：Aus Metternich´s nachgelassenen Papieren，hrsg. von Richard Clemens von Metternich und Alfons von Klinkowström，Band I，Wien 1880.）。

海因里希·迈耶尔：《歌德，作品中的人生》，苏黎世，1994年（Meyer，Heinrich：Goethe. Das Leben im Werk. Zürich 1994.）。

威廉·莫姆森：《歌德的政治观点》，斯图加特，1948年（Mommsen，Wilhelm：Die politischen Anschauungen Goethes，Stuttgart 1948.）。

马克西米利安·约瑟夫·蒙特格拉斯伯爵：《巴伐利亚大臣马克西米利安·冯·蒙特格拉斯伯爵值得纪念的事》，路德维希·冯·蒙特格拉斯伯爵主编，斯图加特，1887年（Montgelas，Maximilian Joseph Graf von：Denkwürdigkeiten des bayerischen Staatministers Maximilian Grafen von Montgelas，hrsg. von Ludwig Graf von Montegelas，Stuttgart 1887. ）。

霍斯特·莫里茨：“1806—1814年法国对埃尔福特的统治”，刊于《埃尔福特历史与古代学通报》第67期，新系列第14期，2006年，第161～199页[Moritz，Horst：Die französische Herrschaft über Erfurt 1806—1814. In：Mitteilungen des Vereins für die Geschichte und Altertumskunde von Erfurt 67，Neue Folge 14（2006）.]。

君特·米希勒：《“像一面真诚的镜子”，〈哥塔汇报〉历史》，达姆施塔特，1998年（Müchler，Günter：“Wie ein treuer Spiegel“.Die Geschichte der Gotta´schen Allgemeinen Zeitung. Darmstadt 1998.）。

弗里德里希·卡尔·费尔迪南德·冯·米夫灵男爵：《来自我的人生》，柏林，1851年（Müffling，Friedrich Carl Ferdinand Freiherr von：Aus meinem Leben，Berlin 1851.）。

弗里德里希·卡尔·费尔迪南德·冯·米夫灵男爵：《军官·绘图员·政治家：1775—1851年，人生回忆与比较小篇幅文稿》，科隆，2003年（Müffling，Friedrich Carl Ferdinand Freiherr von：Offizier-Kartograph-Politiker：1775—1851. Lebenserinnerungen und kleinere Schriften，Köln 2003.）。

保尔·米伦西分："法国大革命与歌德世界观中的拿破仑"，刊于《歌德协会年鉴》第16期，1930年，第73～108页 [Müllensiefen，Paul：Die Französische Revolution und Napoleon in Goethes Weltanschauung. In：Jahrbuch der Goethe-Gesellschaft 16（1930）.]。

弗里德里希·冯·米勒：《与歌德谈话》，蕾娜特·菲舍尔-拉姆贝尔格与恩斯特·格鲁姆巴赫主编，魏玛，1959年（Müller，Friedrich von：Unterhaltungen mit Goethe，hrsg. von Renate Fischer-Lamberg und Ernst Grumbach，Weimar 1959.）。

弗里德里希·冯·米勒：《对1806年至1813年战争时代的回忆》，汉堡，1911年（Müller，Friedrich von：Erinnerungen aus den Kriegszeiten 1806—1813，Hamburg 1911.）。

盖尔哈特·米勒："从约翰·沃尔夫冈·冯·歌德的角度看待的古老王国"，刊于《神圣罗马帝国与其1806年的终结，德国与欧洲历史中的转折》，彼得·C.哈尔特曼与弗洛里安·舒勒主编，雷根斯堡，2006年，第51～65页（Müller，Gerhard：Das Alte Reich aus der Sicht Johann Wolfgang von Goetehs. In：Das Heilige Römische Reich und sein Ende 1806. Zäsur in der deutschen und europäischen Geschichte，hrsg.von Peter C.Hartmann und Florian Schuller，Regensburg 2006.）。

盖尔哈特·米勒："一个时代转折的景象，1808年10月7日耶拿战役的第一个周年纪念"，见《耶拿周年纪念》，比尔吉特·海尔曼主编，魏玛，2005年（Müller，Gerhard：Vision einer Zeitenwende. Die erste Jubiläumsfeier der Schlacht bei Jena am 7.Oktober 1808. In：Jubiläen in Jena，hrsg.von Birgitt Hellmann，Weimar 2005.）。

盖尔哈特·米勒：《从统治到塑造形象，歌德与耶拿大学》，海德堡，2006年（Müller，Gerhard：Vom Regieren zum Gestalten. Goethe und die Universität Jena，Heidelberg 2006.）。

约翰内斯·冯·米勒：《全集》，40卷，约翰·格奥尔格·米勒主编，斯图加特，1813年，1814年，1815年（Müller，Johannes von：Sämmtliche Werke，40 Bände，hrsg.von Johann Georg Müller，Stuttgart 1813ff.）。

约翰内斯·冯·米勒：《书信选集》，40卷，埃德加·本茹尔主编，巴塞尔，1954年（Müller，Johannes von：Briefe in Auswahl. Hrsg.von Edgar Bonjour，Basel 1954.）。

克劳斯-戴特莱夫·米勒：《自传与长篇小说，对歌德时代文学自传的研究》，图宾根，1976年（Müller，Klaus-Detlef：Autobiographie und Roman. Studien zur literarischen Autobiographie der Goethezeit，Tübingen 1976.）。

洛塔·米勒："深不可测的反射，约翰·沃尔夫冈与奥古斯特·冯·歌德"，见《父与子，12幅文学肖像画》，汉堡附近的莱茵贝克，1998年，第40～88页（Müller，Lothar：Abgründige Spiegelungen. Johann Wolfgang und August von Goethe. In：Väter und Söhne. Zwölf literarische Porträts，Reinbek bei Hamburg 1998.）。

伯恩特·冯·明考-鲍尔：《在改革和战争之间，对1809年至1812年普鲁士意识状况的研究》，哥廷根，1987年（Münchow-Pohl，Bernd von：Zwischen Reform und Krieg Untersuchungen zur Bewußtseinslage in Preußen 1809—1812，Göttingen 1987.）。

瓦尔特·穆什克：《对悲剧的文学史的研究》，伯尔尼，1965年（Muschg，Walter：Studien zur tragischen Literaturgeschichte，Bern 1965.）。

拿破仑一世：《通信》，巴黎，1858年，1859年，1860年（Napoléon Ier：Correspondance，Paris 1858ff.）。

曼弗雷特·瑙曼："德农1806年在歌德魏玛的家里"，见《克劳东·德农、弗朗西斯·德农和贝利·德农、伯纳德·德农、维旺·德农》，索恩河畔沙隆[①]，1998年，第59～71页（Naumann，Manfred：Denon 1806 chez Goethe à

①索恩河畔沙隆（ChâlonsurSaône）是法国东北部香槟—阿登大区马恩省城市和省会。——译者注

Weimar. In：Claudon，Francis und Bailly，Bernard，Vivant Denon，Châlon sur Saône 1998.）。

霍尔加·诺瓦克、比尔吉特·海尔曼、君特·克魏瑟尔、盖尔德·菲塞尔：《关于1806年耶拿战役和奥尔施台特战役词典，人物、事件、概念》，耶拿，1996年（Nowak. Holger/Hellmann，Birgit/Queisser，Günther/Fesser，Gerd：Lexikon zur Schlacht bei Jena und Auerstedt 1806.Personen，Ereignisse，Begriffe，Jena 1996.）。

让·欧琉：《塔列朗》，美茵河畔法兰克福，1972年（Orieux，Jean：Talleyrand，Frankfurt am Main， 1972.）。

阿尔弗雷特·欧沃尔曼：《埃尔福特的政府大楼，建筑物、它的使用者、它的历史》，埃尔福特，1912年（Overmann，Alfred：Das Regierungsgebäude von Erfurt. Der Bau，seine Bewohner，seine Geschichte，Erfurt 1912.）。

阿尔弗雷特·欧沃尔曼：《12个世纪中的埃尔福特，用图画展示的研究历史》，埃尔福特，1929年（Overmann，Alfred：Erfurt in zwölf Jahrhunderten. Eine Studiegeschichte in Bildern，Erfurt 1929.）。

玛提亚斯·帕珀：《约翰内斯·冯·米勒，1793年至1806年在维也纳和柏林他的精神与政治环境》，伯尔尼，1989年（Pape，Matthias：Johannes von Müller. Seine geistige und politische Umwelt in Wien und Berlin 1793—1806，Bern 1989.）。

汉斯·帕策、瓦尔特·施雷辛尔主编：《图林根历史》，五卷本中的第二卷，科隆，1984年[Patze，Hans/Schlesinger，Walter（Hrsg.）：Geschichte Thüringens，Bd.5/2，Teilbd.2，Köln 1984.]。

伊尔斯·彼得斯："1815年至1832年歌德晚期的拿破仑形象"，刊于《歌德，歌德协会四月刊》，1944年，第140～171页[Peters，Ilse：Das Napoleonbild Goethes in seiner Spätzeit（1815—1832）.In：Goethe. Viermonatsschrift der Goethe-Gesellschaft，1944.]。

乌特·普拉纳特：《1792年至1841年解放战争的神话》，帕德伯恩，2007年（Planert，Ute：Der Mythos vom Befreiungskrieg 1792—1841.Paderborn 2007.）。

雅克·普莱瑟尔：《拿破仑人生与传奇》，苏黎世，1990年，第一版，1946年（Presser，Jaques：Napoleon. Das Leben und die Legende. Zürich 1990，zuerst 1946.）。

马克西米利安·冯·普洛普尔："对歌德的一首隐言诗的阐释"，刊于《歌德协会年鉴》第92期，1975年，第220～232页[Propper，Maximilian von：Zur Deutung eines Kryptogramms Goethes. Jahrbuch der Goethe-Gesellschaft 92（1975）.]。

奥古斯特·普律林尔："歌德《少年维特之烦恼》中的'错误'，为破解一个120年的文学史的谜"，刊于《拜罗伊特报》第54期，1931年，第25～47页[Prüringer，August：Der "Fehler" in Goethes Werther. Zur Erledigung einer 120jährigen litteraturgeschichtlichen Rätselfrage. In：Bayreuther Blätter 54（1931）.]。

玛里努斯·皮茨："从政治角度看歌德的〈厄皮墨尼得斯的苏醒〉"，刊于《歌德年鉴》第113期，1996年，第287～290页[Pütz，Marinius：Goethes "Des Epimenides Erwachen" politisch betrachtet. In：Goethe-Jahrbuch 113（1996）.]。

奥古斯特·拉伯：《在歌德的思想与创作中对魔性的体验》，柏林，1942年（Raabe，August：Das Erlebnis des Dämonischen in Goethes Denken und Schaffen，Berlin 1942.）。

让·拉辛：《戏剧创作与宗教诗歌》，法语与德语对照版，两卷本，威廉·维凌斯主编并翻译，达姆施塔特，1956年（Racine，Jean：Dramatische Dichtungen und geistliche Gesänge. Französisch und deutsch，2 Bände，hrsg.und übersetzt von Wilhelm Willings，Darmstadt 1956.）

艾德温·雷德斯娄：《歌德与拿破仑的会见》，魏玛，1944年（Redsloh，

Edwin：Goethes Begegnung mit Napoleon，Weimar 1944.）。

约翰·弗里德里希·莱夏尔特：《来自巴黎的亲密信件》，两卷本，柏林，1802年，1803年（Reichardt，Johann Friedrich：Vertraute Briefe aus Paris，2 Bände，Berlin 1802/1803）。

汉斯·莱斯：《形式构成与政治，歌德研究》，维尔茨堡，1993年（Reiss，Hans：Formgestaltung und Politik. Goethe-Studien，Würzburg 1993.）。

汉斯-海因里希·劳伊特："在其日记反射中的歌德"，刊于《歌德，歌德协会年鉴新系列》第23期，1961年，第99～140页[Reuter，Hans-Heinrich：Goethe im Spiegel seiner Tagebücher. In：Goethe. Neue Folge des Jahrbuchs der Goethe-Gesellschaft 23（1961）.]。

尤阿西姆·里克斯："莪香、拿破仑与歌德《少年维特之烦恼》中的错误"，刊于《有效的话语》第50期，2000年，第347～357页 [Rieckes，Joachim：Ossian，Napoleon und der „Fehler" in Goethes Werther. In：Wirkendes Wort 50（2000）.]。

弗里德里希·威廉·里莫尔：《关于歌德的讲述》，阿尔图尔·波尔莫尔主编，莱比锡，1921年（Riemer，Friedrich Wilhelm：Mittheilungen über Goethe. Hrsg.von Arthur Pollmer，Leipzig 1921.）。

尤阿西姆·里特尔：《黑格尔与法国大革命》，美茵河畔法兰克福，1972年（Ritter，Joachim：Hegel und die Französische Revolution，Frankfurt am Main，1972.）。

古斯塔夫·略特尔：《全部学术报告与论文》，柏林，1932年（Roethe，Gustav：Goethe. Gesammelte Vorträge und Aufsätze，Berlin 1932.）。

沃尔夫冈·洛特：《政治的歌德：德国封建专制主义晚期的诗人与国家公仆》，哥廷根，1998年（Rothe，Wolfgang：Der politische Goethe：Dichter und Staatsdiener im deutschen Spätabsolutismus，Göttingen 1998.）。

沃尔夫冈·洛特：《和平主义者歌德，在恐惧战争与期盼和平之间》，哥廷根，1998年（Rothe，Wolfgang：Goethe，der Pazifist. Zwischen Kriegsfurcht und Friedenshoffnung，Göttingen 1998.）。

艾格蒙特·桑德尔：《100幅图片中的埃尔福特历史，一本家乡历史的阅读书》，埃尔福特，1928年（Sander，Egmont：Erfurter Geschichte in 100 Bildern. Ein heimatgeschichtliches Lesebuch，Erfurt 1928.）。

格奥尔克·萨尔托琉斯：《试论东哥特人在意大利统治期间的执政以及国家中凯旋者与战败者之间的关系》，汉堡，1811年（Sartorius，Georg：Versuch über die Regierung der Ostgothen während ihrer Herrschaft in Italien und über die Verhältnisse der Sieger zu den Besiegten im Lande，Hamburg 1811.）。

盖尔哈特·绍德尔主编：《歌德诗歌：32个阐释，卡尔·里希特诞辰60周年纪念文集》，慕尼黑，1996年[Sauder，Gerhard（Hrsg.）：Goethe-Gedichte：Zweiunddreißig Interpretationen. Karl Richter zum 60.Geburtstag，München 1996.]。

奥古斯特·绍尔主编：《歌德与奥地利，带阐释的通信》，两卷本，未注明出版地，1902年、1904年[Sauer，August（Hrsg.）：Goethe und Österreich. Briefe mit Erläuterungen，2 Bände，1902/1904.]。

鲁特格尔·赛福尔：《弗里德里希·布赫霍尔茨——一位被遗忘的社会学先驱》，戈伊平恩，1972年（Schäfer，Rutger：Friedrich Buchholz___ein vergessener Vorläufer der Soziologie，Göppingen 1972.）。

爱弥尔·赛福尔：《歌德的外在表现》，莱比锡，1914年（Schaefer，Emil：Goethes äußere Erscheinung，Leipzig 1914.）。

齐格弗夫里特·塞伯尔："'什么都不与众神作对，假如众神不与自己作对'，歌德《诗与真》第四部分中的座右铭吗？"，刊于《歌德，歌德协会年鉴新系列》第26期，1964年，第320～324页[Scheibe，Siegfried："Nemo contra deum nisi deus ipse"①.Goethes Motto zum vierten Teil von Dichtung

①这是拉丁语。——译者注

und Wahrheit?In：Goethe.Neue Folge des Jahrbuchs der Goethe-Gesellschaft 26（1964）.]。

齐格弗夫里特·塞伯尔、汉斯·维尔纳·塞尔福特主编：《维兰德通信》，柏林与勃兰登堡科学院主编，柏林，1963年、1964年、1965年[Scheibe，Siegfried/Seiffert，Hans Werner（Bearb.）：Wielands Briefwechsel，hrsg. von der Berlin-Brandenburgischen Akademie der Wissenschaften，Berlin 1963ff.]。

卡尔·希普：《约翰内斯·冯·米勒（1752—1809年）》，泰恩根-沙夫豪森，1967年（Schib，Karl：Johannes von Müller 1752—1809，Thayngen-Schaffhausen 1967.）。

台奥多·希德："青年歌德在老王国中"，见《歌德时代的国家与社会——汉斯·提姆勒纪念文集》，彼得·贝尔格拉尔主编，科隆-维也纳，1977年[Schieder Theodor：Der junge Goethe im Alten Reich. In：Staat und Gesellschaft im Zeitalter Goethes. Festschrift für Hans Tümmler，hrsg.von Peter Berglar，Köln-Wien 1977.]。

古斯塔夫·冯·施拉卜伦多夫：《拿破仑·波拿巴与其执政官执政时期的法兰西人民》，汉堡，1804年，在《反拿破仑》这个书名下重印本，美茵河畔法兰克福，1991年（Schlabrendorf，Gustav von：Napoleon Bonaparte und das französische Volk unter seinem Consulat，Hamburg 1804.Nachdruck unter dem Titel：Anti-Napoleon，Frankfurt am Main 1991.）。

弗里德里希·施莱格尔：《论近代历史——1819年在维也纳的讲座》，维也纳，1811年（Schlegel，Friedrich：Über die neuere Geschichte. Vorlesungen gehalten zu Wien im Jahre 1810，Wien 1811.）。

瓦尔特·施莱夫：《歌德的侍者》，柏林与魏玛，1965年（Schleif，Walter：Goethes Diener，Berlin und Weimar 1965.）。

亚历山大·施密特："特权、文化与对外描述，关于萨克森-魏玛-埃森纳赫在莱茵联盟（1806—1813年）中政策的思考"，刊于《图林根历史学会杂志》，第59、60期，2005年，2006年，第153～192页[Schmidt，Alexander：Prestige， Kultur und Außendarstellung. Überlegungen zur Politik Sachsen-Weimar-Eisenachs im Rheinbund（1806—1813）. Zeitschrift des Vereins für Thüringische Geschichte 59/60（2005/2006）.]。

格奥尔格·施密特："歌德：政治思维与在老王国中以区域为标准的实践"，刊于《歌德年鉴》第112期，1995年，第197～212页[Schmidt，Georg：Goethe：politisches Denken und regional orientierte Praxis im Alten Reich. In：Goethe-Jahrbuch 112（1995）.]。

哈拉尔特·施努尔："歌德《诗与真》中的同一性与自传的描述"，刊于《自由的德国主教教堂议事会年鉴》，1990年，第28～93页[Schnur，Harald：Identität und autobiographische Darstellung in Goethes Dichtung und Wahrheit. In：Jahrbuch des Freien Deutschen Hochstifts 1990.]。

罗曼·施努尔：《革命与世界内战，对1789年之后序曲的研究》，柏林，1983年（Schnur，Roman：Revolution und Weltbürgerkrieg. Studien zur Ouverture nach 1789，Berlin 1983.）。

约翰娜·叔本华：《他们快乐的眼睛》，柏林，1978年（Schopenhauer，Johanna：Ihr glücklichen Augen，Berlin 1978.）。

汉斯-尤阿西姆·施莱肯巴赫：《歌德的签名收藏目录》，魏玛，1961年（Schreckenbach，Hans-Joachim：Goethes Autographensammlung. Katalog，Weimar 1961.）。

汉斯·尤阿西姆·施里姆普夫：《晚年歌德的世界观》，斯图加特，1956年（Hans Joachim Schrimpf：Das Weltbild des späten Goethe，Stuttgart 1956.）。

克里斯蒂安·舒哈尔特：《歌德的艺术收藏》，三卷本，耶拿，1848年，1849年（Schuhardt， Christian：Goethes Kunstsammlungen，3 Bände，Jena 1848/1849.）。

盖尔哈特·舒克：《在启蒙运动与早期自由主义之间的莱茵联盟

爱国主义与政治的公开性》，斯图加特，1994年（Schuck，Gerhard：Rheinbundpatriotismus und politische Öffentlichkeit zwischen Aufklärung und Frühliberalismus，Stuttgart 1994.）。

卡尔·许德考普夫、奥斯卡尔·瓦尔策尔主编：《歌德与浪漫派，带有阐释的书信》，两卷本，魏玛，1898年，1899年[Schüddekopf，Carl/Walzel，Oskar（Hrsg.）：Goethe und Romantik. Briefe mit Erläuterungen，2 Bände，Weimar 1898/1899.]。

弗里德里希·舒尔茨主编：《来自1806年至1815年自有战争的魏玛报道与书信》，莱比锡，1913年[Schulze，Friedrich（Hrsg.）：Weimarische Berichte und Briefe aus den Freiheitskriegen 1806—1815，Leipzig 1913.]。

瓦尔特·司各特：《法兰西皇帝拿破仑·波拿巴的人生》，见《瓦尔特·司各特全集》第11、12、17、18卷，茨维考，1828年（Scott，Walter：Leben des Napoleon Buonaparte，Kaiser von Frankreich. In：Walter Scott′s sämmtliche Werke，Bände 11，12，17 und 18，Zwickau 1828.）。

海尔穆特·Th·塞曼主编：《安娜·阿玛丽娅、卡尔·奥古斯特与魏玛事件》，哥廷根，2007年[Seemann，Hellmuth Th.（Hrsg.）：Anna Amalia，Carl August und das Ereignis Weimar，Göttingen 2007.]。

伍尔夫·塞格布莱希特：《即兴赋诗，一篇关于德国抒情诗历史与诗学的文章》，斯图加特，1977年（Segebrecht，Wulf：Das Gelegenheitsgedicht. Ein Beitrag zur Geschichte und Poetik der deutschen Lyrik，Stuttgart 1977.）。

保尔·菲利普·孔德·德·塞古尔：《拿破仑与1812年的大军队历史》，曼海姆，1835年（Ségur，Paul Philippe Comte de：Geschichte Napoleons und der Großen Armee im Jahre 1812，Mannheim 1835.）。

古斯塔夫·赛普特：“他的皇帝，法兰西第一帝国中的歌德”，刊于《通讯》第710期，2008年7月，第565～577页[Seibt，Gustav：Sein Kaiser. Goethe im Empire. In：Merkur 710（Juli 2008）.]。

里塔·塞菲尔特：《歌德与拿破仑，会见与谈话》，魏玛，2007年（Seifert，Rita：Goethe und Napoleon. Begegnugen und Gespräche，Weimar 2007.）。

齐格弗里特·塞菲尔特主编：《1950—1990年歌德书目》，三卷本，慕尼黑，2000年[Seifert，Siegfried（Hrsg.）：Goethe-Bibliographie 1950—1990，3 Bände， München 2000.]。

福尔克尔·赛林：《被抢夺的革命，拿破仑的垮台与欧洲复辟》，哥廷根，2001年（Sellin，Volker：Die geraubte Revolution. Der Sturz Napoleons und die Restauration in Europa，Göttingen 2001.）。

弗里德里希·森格勒：《天才与其君主，歌德与萨克森-魏玛-埃森纳赫公爵卡尔·奥古斯特的生活集体》，斯图加特，1993年（Sengle， Friedrich: Das Genie und sein Fürst. Die Geschichte der Lebensgemeinschuaft Goethes mit dem Herzog Carl August von Sachsen-Weimar-Eisenach，Stuttgart 1993.）。

弗里德里希·森格勒：《关于歌德的新内容，随笔与学术报告》，斯图加特，1989年（Sengle，Friedrich：Neues zu Goethe. Essays und Vorträge，Stuttgart 1989.）。

弗里德里希·森格勒：《维兰德》，斯图加特，1949年（Sengle，Friedrich：Wieland，Stuttgart 1949.）。

弗里德里希·西布尔克主编：《与拿破仑谈话》，慕尼黑，1962年[Sengle，Friedrich（Hrsg.）：Gespräche mit Napoleon，München 1962.]。

汉斯-伯恩特·施皮斯主编：《1806年至1814年和1815年对拿破仑的反抗》，达姆施塔特，1981年[Spies，Hans-Bernd（Hrsg.）：Die Erhebung gegen Napoleon 1806-1814/15，Darmstadt 1981.]。

路德维希·提莫陶伊斯·冯·施皮特勒：《欧洲国家的历史构想》，柏林，1807年（Spittler，Ludwig Timotheus von：Entwurf der Geschichte der Europäischen Staaten，Berlin 1807.）。

海因里希·里特尔·冯·斯尔比克：《梅特涅》第一卷，慕尼黑，1925年（Srbik，Heinrich Ritter von：Metternich. Band I，München 1925.）。

艾米尔·施台格尔：《歌德》，第二卷：《1786年至1814年》，苏黎世，1956年（Staiger，Emil：Goethe，Band 2：1786-1814，Zürich 1956.）。

维利·施托卡尔：《1752—1809年约翰内斯·冯·米勒的人生与作品》，苏黎世，1938年（Stokar，Willy：Johannes von Müller. Sein Leben und Werk 1752—1809. Zürich 1938.）。

托马斯·C·施塔纳斯：《克里斯托夫·马丁·维兰德人生与作品，根据同时代的文献资料按照时间顺序描述》，第三卷：《1800年至1813年德国帕尔纳斯山上的首席长老》，西格玛凌根，1987年（Starnes，Thomas C.：Christoph Martin Wieland. Leben und Werk aus zeitgenössischen Quellen chronologisch dargestellt，Band 3："Der Dekan des deutschen Parnasses"：1800—1813，Sigmaringen 1987.）。

弗里德里希·施特拉克主编：《精神的进化，1800年左右的耶拿》，斯图加特，1994年[Strack，Friedrich（Hrsg.）：Evolution des Geistes. Jena um 1800，Stuttgart 1994.]。

古斯塔夫·施特雷泽曼：《歌德与拿破仑》，柏林，1924年（Stresemann，Gustav：Goethe und Napoleon，Berlin 1924.）。

伯恩哈特·苏凡主编："拿破仑与维兰德的谈话以及冯·米勒男爵为塔列朗撰写的回忆录"，刊于《歌德年鉴》第15期，1894年，第20～30页[Suphan，Bernhard（Hrsg.）：Napoleons Unterhaltungen mit Wieland und Fr.v.Müllers Mémoire darüber für Talleyrand. In：Goethe-Jahrbuch 15（1894）.]。

查尔斯·莫里斯·普林斯·德·塔列朗：《由德布罗格力作前言和注释的回忆录》，四卷本，巴黎，1891年，重印本1998年（Talleyrand，Charles Maurice Prince de：Mémoires. Publiés avec une préface et des notes par le duc de Broglie. 4 Bände. Paris 1891，ND 1998.）。

塔列朗：《君主塔列朗的回忆录》，阿多尔夫·艾伯灵的德语版，第一卷（1754年至1808年），科隆与莱比锡，1891年[Talleyrand：Memoiren des Fürsten Talleyrand.Deutsche Ausgabe von Adolf Ebeling. Band I（1754—1808），Köln und Leipzig 1891.]。

汉斯·提姆勒："魏玛与埃尔福特公爵卡尔·奥古斯特"，刊于《埃尔福特历史与古代学协会的通报》第53期，1940年，第175～200页[Tümmler，Hans：Carl August，Herzog von Weimar und Erfurt. In：Mitteilungen des Vereins für die Geschichte und Altertumskunde von Erfurt 53（1940）.]。

汉斯·提姆勒：《魏玛的卡尔·奥古斯特，歌德的朋友》，斯图加特，1978年（Tümmler，Hans：Carl August von Weimar，Goethes Freund，Stuttgart 1978.）。

汉斯·提姆勒："克里斯蒂安·高特洛普·沃伊格特给他儿子的悼文（1813年）"，刊于《歌德，歌德协会年鉴新系列》第29期，1967年，第267～279页[Tümmler，Hans：Christian Gottlob Voigts Nekrolog auf seinen Sohn （1813）. In：Goethe. Neue Folge des Jahrbuchs der Goethe-Gesellschaft 29（1967）.]。

汉斯·提姆勒：《古典魏玛与大规模的时代事件》，科隆，1975年。其中："歌德的〈与拿破仑的对话〉在1808年埃尔福特君主会议上魏玛政治范围内"，第61～90页[Tümmler，Hans：das klassische Weimar und das große Zeitgeschehen，Köln 1975.Darin：Goethes ′Unterredung mit Napoleon′ im Rahmen der weimarischen Politik auf dem Erfurter Fürstenkongress von 1808.]。

汉斯·提姆勒：《歌德作为国务活动家》，哥廷根，1976年（Tümmler，Hans：Goethe als Staatsmann，Göttingen 1976.）。

汉斯·提姆勒：《歌德在国家与政治中》，科隆，1964年（Tümmler，Hans：Goethe in Staat und Politik，Köln 1964.）。

汉斯·提姆勒：《历史的微缩照片在上面运行》，佩克尼茨，1996年（Tümmler，Hans：Historische Miniaturen，Lauf a.d.Pegnitz 1996.）。

汉斯·提姆勒主编：《魏玛公爵与大公爵卡尔·奥古斯特的政治通信》，三卷本，斯图加特，1954—1973年[Tümmler，Hans（Hrsg.）：Politischer Briefwechsel des Herzogs und Großherzogs Carl August von Weimar，3 Bände，Stuttgart 1954—1973.]。

“关于拿破仑”：《在哥塔追寻法国人皇帝的足迹》，哥塔弗里登施泰因皇宫基金会出版，哥塔，2006年。（“Über Napoleon”：Auf den Spuren des Kaisers der Franzosen in Gotha， hrsg.von der Stiftung Schloss Friedenstein Gotha，Gotha 2006.）

齐格弗里特·温塞尔特：《歌德与其出版商》，美茵河畔法兰克福，1991年（Unseld， Siegfried：Goethe und seine Verleger，Frankfurt am Main 1991.）。

约翰内斯·乌尔齐蒂尔：《歌德在波西米亚》，苏黎世，1965年（Urzidil， Johannes：Goethe in Böhmen， Zürich 1965.）。

保尔·瓦莱里：《关于歌德荣誉的演讲》，耶拿，1947年（Valéry，Paul：Rede zu Ehren Goethes，Jena 1947.）。

阿尔贝尔特·汪达尔：《拿破仑与亚历山大一世：在法兰西第一帝国统治下的俄国同盟条约》，三卷本，巴黎，1891年至1893年（Vandal，Albert：Napoléon et Alexandre Ier：L´alliance russe sous le premier empire，3 Bände，Paris 1891—1893.）。

卡尔·奥古斯特·凡哈根·冯·恩泽：《卡尔的尝试与阻碍，近代德国历史》，柏林，1808年（Varnhagen von Ense，Carl August：Die Versuche und Hindernisse Karls. Eine deutsche Geschichte aus neuerer Zeit，Berlin 1808.）。

卡尔·奥古斯特·凡哈根·冯·恩泽：《作品》，第一卷《1785年至1810年自己人生值得纪念的事》，美茵河畔法兰克福，1987年[Varnhagen von Ense，Carl August：Werke， Band I：Denkwürdigkeiten des eigenen Lebens（1785—1810）， Frankfurt am Main 1987.]。

瓦尔特·维克托尔：《存在与作用，歌德在1809年》，魏玛，1955年

（Victor，Walter：Dasein und Wirken. Goethe 1809，Weimar 1955.）。

鲁多尔夫·菲尔豪斯：“歌德与拿破仑，关于德国政治文化中权力与精神的关系”，见《世界政治、欧洲思想、区域主义——海因茨·高尔维策尔纪念文集》，海因茨·多灵尔、霍斯特·格律恩德尔、阿尔温·汉施主编，明斯特，1982年，第157～173页[Vierhaus，Rudolf：Goethe und Napoleon. Zum Problem des Verhältnisses von Macht und Geist in der deutschen politischen Kultur.In：Weltpolitik，Europagedanke，Regionalismus. Festschrift für Heinz Gollwitzer，hrsg.von Heinz Dollinger，Horst Gründer，Alwin Hansch，Münster 1982.]。

布鲁诺·维里恩：《塔尔玛，拿破仑一世喜欢的演员》，巴黎，2001年（Villien，Bruno：Talma. L´acteur favori de Napoléon I. Paris 2001.）。

维尔纳·弗伊克尔：《儿子，奥古斯特·冯·歌德》，美茵河畔法兰克福与莱比锡，1992年（Völker，Werner：Der Sohn. August von Goethe，Frankfurt am Main und Leipzig 1992.）。

克里斯蒂安·瓦根克奈希特：“关于歌德《少年维特之烦恼》中的一个脚注”，刊于《歌德协会年鉴》第123期，2006年，第206、207页[Wagenknecht，Christian：Über eine Fußnote in Goethes Werther. Jahrbuch der Goethe-Gesellschaft 123（2006）]。

汉斯·瓦尔：《维兰德与拿破仑》，魏玛，1933年（Wahl，Hans：Wieland und Napoleon，Weimar 1933.）。

康斯坦特·路易·维尔瑞：《根据宫廷侍卫康斯坦特回忆录的拿破仑》，奥斯卡尔·马尔沙尔·冯·比伯尔施泰因，莱比锡，1904年（Wairy，Constant Louis：Napoléon I.nach den Memoiren seines Kammerdieners Constant，hrsg.von Oskar Marschall von Bieberstein，Leipzig 1904.）。

艾曼努艾尔·德·瓦勒斯奎尔：《塔列朗，一成不变的王子》，巴黎，2003年（Warequiel，Emmanuel de：Talleyrand. Le prince immobile，Paris 2003.）。

彼得·瓦尔特主编：《歌德与勃兰登堡边区》，波茨坦，2006年[Walther，

Peter（Hrsg.）：Goethe und die Mark Brandenburg，Potsdam 2006.]。

亚历山大·魏希贝尔格：《弗劳恩开阔地旁的歌德故居》，魏玛，1932年（Weichberger，Alexander：Das Goethehaus am Frauenplan.Weimar 1932.）。

赫尔曼·温多夫："塔列朗亲王的思想世界"，刊于《历史季刊》第28期，1934年，第335～384页[Wendorf，Hermann：Die Ideenwelt des Fürsten Talleyrand. In：Historische Vierteljahrsschrift 28（1934），S.335～384.]。

艾里希·维尼格尔：《歌德与将军们》，莱比锡，1943年（Weniger，Erich：Goethe und die Generale，Leipzig 1943.）。

乌尔左拉·维尔特海姆：《从塔索到哈菲斯，〈西东合集〉的抒情诗与散文问题》，柏林，1965年（Wertheim，Ursula：Von Tasso zu Hafis. Probleme von Lyrik und Prosa des West-östlichen Divans，Berlin 1965.）。

克里斯托夫·马丁·维兰德：《政治著述》，三卷本，延恩·菲利普·雷姆茨玛与汉斯和约翰娜·拉特施皮勒主编，纽尔特灵恩，1988年（Wieland，Christoph Martin：Politische Schriften. 3 Bände，hrsg.von Jan Philipp Reemtsma und Hans und Johanna Radspieler，Nördlingen 1988.）

克里斯托弗·马丁·维兰德：《维兰德的通信》，齐格弗里特·塞伯尔和汉斯·维尔纳·赛福尔特主编，第17～19卷，柏林，2001年至2007年（Wieland，Christoph Martin：Wielands Briefwechsel，hrsg.von Siegfried Scheibe und Hans Werner Seiffert，Bände 17～19，Berlin 2001—2007.）。

约翰内斯·维尔姆斯：《拿破仑，一部传记》，慕尼黑，1998年（Wilms，Johannes：Napoleon. Eine Biographie，München 1998.）。

盖洛·冯·维尔佩尔特：《歌德词典》，斯图加特，1998年（Wilpert，Gero von：Goethe-Lexikon，Stuttgart 1998.）。

布鲁诺·冯·维泽：《文学作品中的人》，杜塞尔多夫，1958年（Wiese，Bruno von：Der Mensch in der Dichtung，Düsseldorf 1958.）。

沃尔夫冈·维特考夫斯基主编：《在背景中的歌德：从启蒙运动到复

辟时期的艺术与人道主义、自然科学和政治——一次学术研讨会》，图宾根，1984年[Wittkowski，Wolfgang（Hrsg.）：Goethe im Kontext：Kunst und Humanität，Naturwissenschaft und Politik von der Aufklärung bis zur Restauration. Ein Symposion，Tübingen 1984.]。

拉尔夫-莱纳尔·武泰瑙：《画像与镜子，18世纪欧洲文学》，慕尼黑，1984年（Wuthenow，Ralph-Rainer：Das Bild und der Spiegel. Europäische Literatur im 18. Jahrhundert，München 1984.）。

人名索引（人名后数字为原书页码）

[1] 欧金·德·博阿尔内（Beauharnais，Eug è nede，1781—1824）是法国军人，法兰西第一帝国亲王，拿破仑一世的养子（继子），生父为大将军，1794年被送上断头台，其母约瑟芬与拿破仑结婚。——译者注

① 西方人可以有多个名，但经常被叫的名是其中的一个。——译者注

版权登记号：08—2015—015

图书在版编目（CIP）数据

歌德与拿破仑：一次历史性的会见 /（德）塞普特（Seibt,G.）著；
赵蕾莲译. -- 哈尔滨：黑龙江教育出版社，2015. 8
ISBN 978-7-5316-8445-9
Ⅰ. ①歌··· Ⅱ. ①塞··· ②赵··· Ⅲ. ①歌德, J.W.V.（1749～1832）—生平事迹
②拿破仑, B.（1769～1821）—生平事迹 Ⅳ. ①K835.165.6 ②K835.655.2
中国版本图书馆CIP数据核字(2015)第211884号

歌德与拿破仑：一次历史性的会见
GEDE YU NAPOLUN：YICI LISHIXING DE HUIJIAN

作　　者　〔德〕古斯塔夫·塞普特（Gustav Seibt）著
译　　者　赵蕾莲 译
选题策划　宋舒白
责任编辑　宋舒白 张　浩
营销推广　李珊慧
装帧设计　苏静宇
责任校对　徐秀梅

出版发行　黑龙江教育出版社（哈尔滨市南岗区花园街158号）
印　　刷　山东临沂新华印刷物流集团有限公司
新浪微博　http://weibo.com/longjiaoshe
公众微信　heilongjiangjiaoyu
E-mail　heilongjiangjiaoyu@126.com
电　　话　010—64187564

开　　本　700×1000　1/16
印　　张　21
字　　数　270千
版　　次　2015年11月第1版　2015年11月第1次印刷
书　　号　ISBN 978-7-5316-8445-9
定　　价　59.80元